# 純化の思想家ルソー

細川亮一

九州大学出版会

娘たちに

# 目次

## 第二章　市　民

# 序章 純化の思想家

「私はこれらの本を読んで、私がその内容について思い違いをしていたこと、美辞麗句で飾られているが支離滅裂で矛盾に満ちたけばけばしい雄弁と思わされたものが、深く思惟され、真でないかもしれないが矛盾していない緊密な一つの体系を形作るものであること、が間もなく分かりました。……彼に帰せられる悪しき意図の代わりに、快楽主義や偽善なしに人類の幸福だけを目指す健全で単純な一つの教説のみを見出した、とあなたに言う必要はないでしょう[1]」(OC1, 930)。

『ルソー、ジャン＝ジャックを裁く——対話』(以下『対話』と略)において、対話者の一人であるフランス人はこのように語っている。ルソーが生きていた時代からすでに、ルソーの思想は矛盾に満ちていると見なされていた。そして今日でもルソーは矛盾の思想家であるとされている。しかしルソー自身は「矛盾していない緊密な一つの体系」、しかも「人類の幸福だけを目指す健全で単純な一つの教説」と考えていた。ここからルソー思想のうちに矛盾でなく、思想の統一性を見出すという課題が生じる。それ故まず、これまでになされてきた「ルソーの統一像への試み」を検討することから始めよう(第一節)。次に改めてルソー思想を貫く原理と鍵概念を押さえることにしたい(第二節)。そしてルソー思想の原理と鍵概念に定位して、ルソー思想体系の頂点である『エミール』と『社会契約論』へ至る発展を見ることができる（第三節）。
本書の課題を確認する序章は三つの節を必要とする。



## 第一節　ルソーの統一像への試み

「完全に決める前に、それまでより一層忍耐強く注意深く彼の著作を読み直そうと私は決心しました。その思想と格率の或るものは非常に逆説的であり、他のものは私がよく理解できないと私は思っていました。不整合、さらに矛盾さえも感じたと私は信じていたのです。私にとってこれほど新しい一つの体系をしっかりと判断するのに十分には全体を把握していなかったわけです。これらの本は今日の本のように、読者の精神がそれぞれに頼れるような切り離された諸思想の集合体ではありません。それは孤独者の省察であり、我々の国民の趣味にあまり属さない持続的な注意を要求します」（OC1, 932）。

『対話』においてフランス人はこのように言っている。「不整合、さらに矛盾さえも感じた」という印象は、今日の読者も同様に抱くだろう。ルソーはさまざまに解釈されるが、ルソーに関する膨大な文献に共通なことが一つある。それはルソーの研究書や解説書が必ずルソー思想における矛盾を指摘するという点である。最終的に矛盾の巣窟として非難するにしろ、矛盾のうちに思想の可能性を見るにしろ、表層的な矛盾の下に深い統一性を見出すにしろ、解釈の出発点は矛盾の思想家というルソー像である。ともかくルソーはその統一的な全体像を捉えるのが困難な思想家と見なされている。[2] しかし「持続的な注意」をもってルソーの著作を読むならば、「切り離された諸思想の集合体」でないルソーの全体像が立ち現われるだろう。まず矛盾の思想家という像を検討することから始めよう。

## 一　矛盾の思想家？

「矛盾の思想家」という規定は、「思想の矛盾」と「矛盾した思想を語る者（思想家）」という二つの契機をもっている。矛盾の思想家というルソー像は、ルソーの思想が矛盾を含んでいること、そしてルソーという人間自身が矛盾を孕んでいることを意味する。

思想の矛盾と見えるのは、ルソーが極めて多方面にわたる仕事をしていることに起因する。『エミール』は教育論、哲学、宗教思想として読まれる。『社会契約論』は政治学から、『言語起源論』は言語学から、『人間不平等起源論』は文化人類学から光が当てられる。さらにオペラの制作、『新エロイーズ』という小説、『告白』という自伝、『孤独な散歩者の夢想』という詩作を考えれば、ルソーの多面性は明らかである。このように研究分野によって分断されたルソーを全体として捉えることは極めて困難である。しかし単に多様なだけでなく、こうした著作の間の矛盾が指摘される。『エミール』と『社会契約論』との矛盾（人間と市民の矛盾、自然宗教と国家宗教との矛盾）。『人間不平等起源論』と『社会契約論』との矛盾（個人主義と集団主義との矛盾、自然法と契約論に関する不整合）。自然法をめぐる『人間不平等起源論』と『エミール』との矛盾。こうした著作に『告白』や『孤独な散歩者の夢想』を加えれば矛盾・不整合はさらに大きくなるだろう。さらに同じ著作のうちにも矛盾が含まれているとされ、それが解釈の対立となって現われる。『エミール』は人間を作るのか市民を作るのか、あるいは理性主義か感情主義（ロマン主義）かの解釈の対立。『社会契約論』は個人主義か集団主義（全体主義）か、あるいは自然法論か反自然法論（実定法論）かという解釈の対立、さらに功利主義（現実主義）か道徳主義（理想主義）かの対立。[3]

このような思想の矛盾を思想として統一へともたらすことが困難なため、思想の矛盾はこのように矛盾した思想を語るルソーに、つまりルソーが矛盾した性格をもっていることに求められる。思想の矛盾はルソーという人間の内部矛盾へと還元される。この内部矛盾は彼の思考の非論理性に求められる。ルソーは論理の飛躍を平気で犯す、一貫性・厳密性を欠いた非論理的な思想家だとされるわけである。さらにその非論理性は彼の病的人格にまで還元され、精神病理学までが援用されることになる。[4]

偉大な思想家はさまざまに解釈され、それが思想家の魅力・拡がり・深さを示している。しかしルソーほど多様に解釈されてきた思想家はいないだろう。しかもそれぞれの解釈が完全に対立し、相互に矛盾している。しかしルソー自身は彼の思想を「矛盾していない緊密な一つの体系を形作るもの」（OC1, 930）と考えていた。『ボーモン氏への手紙』ははっきり書いている。「私はさまざまの主題について書きましたが、しかしいつも同じ原理に基づいて書きました。いつも同じ倫理、同じ信仰、同じ格率、そしてそう言いたければ、同じ意見を書きました」（OC4, 928）。そして人間ルソーに関しても「私はいつも同じ人間のままです」（OC4, 928）と書いている。こうして我々は二つの可能性の前に立つことになる。つまりルソーは誰にでも分かる矛盾に気づかないほど愚かな思想家なのか、それともルソーを矛盾の思想家と捉える解釈が誤っているのか。前者であるとすれば、愚かな思想家など読むに価しないだろう。ルソーを読むとすれば、それはルソーを読む価値のある思想家と見なしていることであるから、解釈者の課題は「ルソーの統一像」を描くことでなければならない。矛盾の思想家ルソーという像は解釈者の無理解の反映にすぎないことになるだろう。[5]

ルソーの統一像を求める試みは、矛盾の思想家という規定が含む二つの契機（思想の矛盾、人間ルソーの矛盾）に即してなされる。つまり思想の統一性と人間ルソーの一性という二つの側面において遂行されるだろう。ルソーという人間への還帰の試みは後にして（三）、まず思想の統一を求める解釈を検討しよう（二）。

## 二　人間と市民を統一する試み

同一の思想家における思想の矛盾を取り除く最も簡単な方法は、矛盾した思想をそれぞれ別の時期に割り当て、思想の矛盾を発展史的に解消することである。しかしこの方法はルソーに対して不可能である。彼の代表作である『エミール』と『社会契約論』は同時期に平行して執筆され、同じ一七六二年に出版されている。ルソーにおける思想の矛盾は『エミール』と『社会契約論』との対立のうちに最も鮮明に現われる。この二つの著作の矛盾が人間と市民との矛盾にあることは、一般に認められているし、この矛盾こそがルソー思想の最大の矛盾と見なされている。それ故ルソー思想の統一性は人間と市民の統一のうちに求められる。ルソーの見かけ上の矛盾の下に統一性を見出した最初の一人はカントである。カントは『人間の歴史の憶測的始元』において次のように書いている。

「かくして、自然の歴史は善から始まる。なぜならそれは神の作品であるから。しかし、自由の歴史は悪から始まる。なぜならそれは人間の作品だから。……有名なJ・J・ルソーの主張はしばしば誤解され、一見したところ互いに矛盾しているようにみえるけれども、このようにすれば相互に調和させ、理性と一致させることができる。ルソーは学問の影響についての著作と、人間の不平等についての著作のなかで、まったく正当にも、文化と人類の自然本性とのあいだの不可避的な対立抗争を指摘している。ここで人類とは、一つの自然的な類のことであり、この類のなかで各個人は、自分の指命を完全に達成することを求められている。これにたいし、『エミール』や『社会契約論』やその他の著作のなかで、ルソーはより難解な問題の解決をふたたび試みている。すなわち、道徳的な類としての人類の素質を、この類の使命に適合したかたちで展開させ、道徳的類としての人類がもはや自然的類としての人類と対立しないようにするためには、文化はどのように進行しなければならないか、という難問である。そのような対立があるとき（人間と同時に市民を育成する教育の真の原理に従った文化的陶冶は、おそらくまだ本当には始まっていないし、まして完成などしていないのだから）、そこからは、あらゆる真性の災悪と悪徳が生じ、これによって人間の生活は、圧迫され、汚される。こうしたわけで、これら災悪と悪徳へと促すものを人は責めたりする。しかし、この促しそれ自体は善いものだし、自然素質としては合目的的である。ただし、これらの素質は単なる自然状態のうえに据えられたものだから、進行する文化によって毀損されたり、逆に文化を毀損したりする。この状態は、完全な技術がふたたび自然となるまでつづく。そしてこのことこそが、人類の道徳的な使命の最終目標なのである」[6]。

カントがルソーのうちに読み取ったのは「人間と同時に市民を育成する教育（Erziehung zum Menschen und Bürger zugleich）」、同時に人間であり市民である者をつくることである。それは「完全な技術がふたたび自然となる」という人類の道徳的な使命の最終目標である。カントはルソーの思想の統一性を教育による「人間と市民の統一」のうちに見出したのである。

このようなカントのルソー解釈は、カッシーラー『ジャン＝ジャック・ルソー問題』に引き継がれる。「ルソーの教育計画はエミールを『市民』に教育することを決して拒否しない。そうでなく言うまでもなくひたすら『来るべき市民の一人に』教育するのである」[7]。カント的な解釈は現在に至るまで支配的であり、こうした解釈の流れのうちにドラテも立っている。

ドラテ『ルソーとその時代の政治学』の狙いは、ルソーの政治思想を自然法の伝統のうちに位置づけること、「ルソーのすべての努力は自然法の理想に一致する一つの政治体系を見出すことに向かう」[8]と主張することである。良心は自然法論に属し（RS, 341）、一般意志はルソーの政治体系（『社会契約論』）の核心にあるから、ドラテは良心と一般意志が一致していることを示さねばならない[9]。しかし『社会契約論』は良心についてまったく言及していない。それ故ドラテは結局次のように言わざるをえなかった。「ルソーにおいて良心の理論と一般意志の理論は相互に無関係に作られた。それらは決して出会うことなく、それぞれの道をたどる思想の二つの流れである。……ともかく、良心が人間の導き手であり、一般意志が市民の規則であると認めることは、解決ではない。ルソーの作品のすべてにわたって、人は人間と市民の二律背反に突き当たるのであり、ルソーがそれを解決するに至ったと断言できない」(RS, 343-344)。良心と一般意志との一致・統一をルソーのうちに見出しえないとすれば、『社会契約論』を自然法論とする解釈は根拠を失うだろう。実際『社会契約論』は反自然法論である(第七節)。『エミール』において良心は自然法と密接に結びついているから(第五節五)、ドラテの試みは『エミール』と『社会契約論』を統一すること、つまり人間と市民の統一を目指すことを意味する。しかし「人間と市民の二律背反(矛盾)」のもとでは、良心と一般意志との一致など不可能であり、自然法と国家法の統一を求めることもできないだろう。ドラテが「人間と市民の二律背反(矛盾)」に繰り返し突き当たったことは、彼の論文「ルソーにおける人間」からも明らかである。彼は「人間をつくるか市民をつくるかを選ばねばならない」という『エミール』の言葉を引用して、次のように言わざるをえなかった。「それ故ルソーによって理想あるいは模範として提示された二つの生き方の間に、中間も妥協も存在しない」[10]。ドラテの例が示しているのは、「人間と市民の統一」を安易に主張できないということである。

「人間と市民の統一」をルソーのうちに見出すことができないとすれば、結局ルソーは矛盾の思想家となるのだろうか。しかしルソー自身には人間と市民の矛盾を統一しようとした痕跡さえない。それとは逆に、ルソーは人間と市民との両立不可能性を際立たせることに努めている(四、第四節)。矛盾として非難するにしろ、矛盾のうちに魅力を感じるにしろ、そもそも矛盾をルソーのうちに見ること自体が誤っているだろう。人間と市民の両立不可能性こそルソーの洞察であり、この洞察が独自なルソー思想を生み出した(第九節九)。

ともかくルソーの思想のうちに人間と市民の統一を見出す試みは失敗する。この認識に基づいてルソー解釈は、思想のうちでなく思想家の志向のうちに一性を見るという別の方向に向かう。つまりルソーという人間への還帰によってルソーの統一像を求める試みである。

## 三　ルソーという人間への還帰

ルソー思想がもつ多様性と矛盾を、思想内容のレベルで統一へともたらすことが困難であることから、そうした思想を生み出す思想家ルソーのうちにその一性を求める試みがなされる。カッシーラーは言う。「ルソーの著作に没頭しそこから人間、思想家、芸術家ルソーについての見解を得るあらゆる者は、『ルソーの教説』と称されるあの抽象的な思想図式が、我々の前に現われる内的な豊かさをほとんど把握できない、と即座に感じる。我々の前に開示されるものは、固定した出来上がった教義でない。むしろそれは不断に新しくなる思想の運動、それに対して『客観的』歴史的考察の静止への脱出がほとんど不可能に思えるような力と情熱の運動である」(PR, 3)。「不断に新しくなる思想の運動」、「力と情熱の運動」が、ルソーの豊かな思想を生み出すのであり、この運動こそがルソー思想を一つの全体たらしめる、とされる。しかし「力と情熱の運動」といったものはいかなる偉大な思想家のうちにも見出されるから、どんな思想の一性をも説明できる。つまりルソー独自の思想の具体的な豊かさを何も説明できない[11]。

グレトゥイゼンはルソー思想のうちに二つの理想形態を見る。「社会的なものと自然的なものは、我々のうちで互いに戦う二つの傾向、人間が同時に実現できない二つの理想形態である」[12]。ここに選択説という解釈の可能性を見ることができるが(四)、しかし彼はこの二つの理想形態を理論のレベルで解決できない矛盾と見なし、人間ルソーへ向かってしまう。「しかし互いに矛盾し根本的な対立をなす二つの理想形態をルソーの精神が同じ熱意と等しい愛をもって捉えることをいかにして説明するのか。この問いに対する満足な答えを理論的な公式のうちに、ルソーの公式のうちにさえ我々が求めることは無駄だろう。……／それ故理論的な公式をわきに置こう。それにそうした公式はルソーにおいてしばしば互いに矛盾している。彼の個人的な経験だけに基づこう……」(JJ, 120)。しかしこうした試みが失敗に終わることは、人間ルソーへの還帰の試みの成功例とされるスタロバンスキー『透明と障害』を検討することによって露となるだろう。

スタロバンスキーの解釈の狙いは次の言葉から明らかである。「これほど異なった構想なので完全に満足な仕方で調停することは極めて困難であるが、それらが共通にもっているただ一つのものを記憶にとどめておかねばならない。つまり、危うくされた透明の保護あるいは復原を目指す志向の統一性である」（TO, 25）。彼はルソーの思想の一性を人間ルソーにおける「透明への志向の統一性」に求める。例えば『社会契約論』と他の著作との矛盾に対して彼は次のように言う。「実際にルソーは透明の原則に極めて忠実なままである。もし透明が一般意志において実現されるなら、社会的な世界を選ばねばならない。もし透明が孤独な生においてのみ実現されうる場所や時や条件だけに関わっているを選ばねばならない。ルソーの躊躇、彼の『動揺』は、透明が彼に取り戻されうる場所や時や条件だけに関わっている」（TO, 62）。スタロバンスキーはルソーが目指したすべてを、透明という形式的な概念によって説明する。それが『新エロイーズ』の祭であれ、『エミール』の人間であれ、『社会契約論』の一般意志であれ、『孤独な散歩者の夢想』の孤独な生であれ、ルソーが肯定的に語ったものはすべて、透明への志向として解釈される。ルソー思想の矛盾とされているものは形式的な「透明」概念のうちでその差異がすべて消し去られる。ヘーゲルの言葉「その中ですべての牛が黒い夜[13]」を使えば、スタロバンスキーの「透明」概念は「その中ですべての牛が透明である夜」である。しかもいかなる透明のあり方をルソーが選ぶかという具体的な問題となると、「ルソーの躊躇、彼の『動揺』は、透明が彼に取り戻されうる場所や時や条件だけに関わっている」と言わざるをえない。つまりルソーのいわゆる矛盾は放置されたままである。だからスタロバンスキーはルソーのうちに矛盾の統一への渇望を見るのであり、そしてその挫折をも語ることになる。「ルソーの思想のスタイルは二極的である、と言うこともできた。彼は同様に統一への不変の渇望によっても駆り立てられている。二つが共存していることによって、二極性と統一への欲求は弁証法の運動を起こさせることができ、その運動をとても遠くへ導くことさえできる。しかし内的な矛盾と統一への渇望は、秩序ある『体系』のうちで分節化されることもなく、知的に調停されることもない。……それ故統一の意志は完全な概念的な明晰さによって助けられることがない。それは全人格の混乱した飛躍であり、知的な方法でない。……統一への渇望は永久に満たされないままである」（TO, 141-142)。「透明」概念は、ルソーが肯定的に提示するすべてのものを説明できるが、しかし何でも説明できる概念装置は実際何も説明していない。ルソー思想の矛盾は何も解決されずに、思想の矛盾は「アンビヴァレンツに悩まされている不安な魂」（TO, 142）へとずらされるだけである。つまり思想の矛盾は人間ルソーの矛盾に移されただけで、矛盾の思想家ルソーという像はそのままである。

ルソーという人間に立ち返り、「力と情熱の運動」や「透明への志向の統一性」といった形式的な概念によってルソーの統一像を提示することは、ルソー思想の矛盾という具体的な問題に何も寄与しないだろう。

## 四　選択肢の提示

人間と市民を統一する試み（二）もルソーという人間への還帰（三）も、ルソーの統一像を確立することに失敗する。やはりルソーは矛盾の思想家なのだろうか。しかし矛盾とは何か。AとBの矛盾は相反するAとBを同時に主張することから生まれる。矛盾を逃れるためには、二つの方法、つまり統一と選択という二つの解決がありうる。AとBを統一することは、矛盾を表面的な対立にすぎないとして、対立の背後により深い統一を見出すことである。だがその試みは失敗する（二、三）。しかし矛盾はAとBを同時に主張することによって生じるのだから、Aを選ぶか、Bを選ぶか、そのどちらかを選択すれば、矛盾は解消する。つまりルソーはAとBを可能な選択肢、どちらかを選ぶべき選択肢として提示した、と解釈する道が残っている。

明確に選択説を打ち出したのは、メルツァー『人間の自然的善性』である。確かに彼は選択説の最初の提唱者でないし、選択説への可能性を示している解釈が多く見出される。[14] しかしメルツァーはルソー思想における矛盾と体系という問題に正面から取り組み、ルソー自身の言葉に基づいて選択説を主張している。彼はルソーの言葉を引用している。「人間を全部残らず国家に与えよ、あるいは人間を全部残らず人間自身に引き渡せ。しかしもしあなたが彼の心を二つに分けるとすれば、あなたは彼の心を引き裂くことになる」（OC4, 510）。ここにメルツァーはルソー思想を解釈する鍵を見出す。「人間の問題を人格的な依存の矛盾へと還元したことによって、ルソーの建設的な思想は二つの相容れない理想へと必然的に分かれる。つまり極端な個人主義と極端な集団主義であり、一性という唯一の目標への、対立しているが唯一可能な二つの道である」[15]。極端な個人主義の道、個人主義的な解決は「完全な孤独」（NG, 91）のうちに求められ、その典型は『孤独な散歩者の夢想』に見出される（NG, 92）。それに対して『エミール』は単に「個人主義的な解決のより不完全な形態」（NG, 92）とされる。そして極端な集団主義の道、政治的な解決は『社会契約論』のうちに求められる[16]。

ルソーの矛盾を揺れ動きとして放置するのでも、矛盾を弁証法的に統一するのでもなく、「一性という唯一の目標への、対立しているが唯一可能な二つの道」として理解することは、ルソーの思想の統一性を捉える正しい解釈である。しかし選択肢を「極端な個人主義か極端な集団主義」として提示することが正しいわけではない。メルツァーが引用する「人間を全部残らず国家に与えよ、あるいは人間を全部残らず人間自身に引き渡せ」という選択は、市民となるか、人間となるかの選択を意味する（五）。しかし人間であることと極端な個人主義とは決して同じではない。『エミール』が育てようとした人間は、「完全な孤独」のうちに生きる個人主義者でないし、『孤独な散歩者の夢想』で描かれる「孤独な散歩者」でもない。ルソーが『エミール』で提示した選択肢は、「人間をつくるか市民をつくるかを選ばねばならない」（OC4, 248）という選択であり、ルソーの思想を貫くのは「人間と市民」という対概念である。この対概念は個人主義と集団主義の対比と決して重ならない。ルソー解釈者がよく利用する「個人主義と集団主義」といった主義の対比でなく、ルソー自身が定式化した「人間か市民か」という選択にこそ定位すべきである。

しかしルソー思想を全体として捉えるためには、『孤独な散歩者の夢想』における孤独な散歩者を無視してはならない。体系としてのルソー思想は『エミール』と『社会契約論』によって完成した。そしてルソーが思想体系として提示したのは人間と市民という二つの選択肢である。それ故確かに「孤独な散歩者」はルソーが選択肢として提示したタイプでない。しかしルソー思想を全体として理解するために、「人間・市民・孤独な散歩者」という三つのタイプに定位する必要がある。(17) これが本書の基本的な解釈地平を形作るだろう(六)。

## 五　純化の力

従来のルソー解釈を簡単に検討してきたが、本書の基本的な解釈視点を明確にするために、そうした検討から離れて改めてルソーの思考の特徴を見ておくことにしよう。彼は『ド・マブリ氏への覚え書』で次のように書いている。

「私は幸福 (félicité) へ至る二つの仕方を考える。一つは情念を満足させることによって、もう一つは情念を抑えることによって、である。第一の仕方によって人は享受し、第二の仕方によって人は何も求めない。真の幸福 (bonheur) を構成する持続が一方に、そして生気が他方に欠けていなければ、二つの仕方によって人は幸福だろう。／この二つの状態へ至るための道は完全に対立している。それ故選ばねばならない……」(OC4, 13)。

ここでルソーは幸福に至る二つの道、「情念の満足」と「情念の抑制」を提示している。この二つの選択肢は相反する道であるから、どちらかの道を選択しなければならない。幸福に至るために、相反する二つの道のどちらかを選ばねばならないという選択肢の提示は、ルソーの思考の特徴を鮮明に示している。メルツァーも引用していた「公的な幸福について」という政治断章においてルソーは次のように語っている。

「人間の惨めさをなしているものは、我々の現状と欲望の間、義務と性向との間、自然と社会制度との間、人間と市民との間に見出される矛盾である。人間を一つにせよ。そうすればあなたは人間を可能なかぎり幸福にするだろう。人間を全部残らず国家に与えよ、あるいは人間を全部残らず人間自身に引き渡せ。しかしもしあなたが彼の心を二つに分けるとすれば、あなたは彼の心を引き裂くことになる」(OC3, 510)。

幸福になるために「人間を全部残らず国家に与えよ」と「人間を全部残らず人間自身に引き渡せ」という相反する二つの選択肢の提示は、『ド・マブリ氏への覚え書』における選択肢の提示と同型である。つまりルソーは幸福を求める思想家であり、選択を迫る思想家である。「我々の現状と欲望の間、義務と性向との間、自然と社会制度との間、人間と市民との間に見出される矛盾」が人間の惨めさをなしているとすれば、この矛盾を解消することが人間を幸福にするだろう。人間を全部残らず国家に与えることは市民となることである。そして人間を全部残らず人間自身に引き渡すことは人間となることである。人間となるか、市民となるか、どちらかを選択することによって、人間と市民との間に見出される矛盾は解消される。「人間を一つにせよ」とは、人間と市民の統一でなく、はっきりどちらかを選べという選択を命じている。どちらかの純粋形態を選ぶことによって、二つに引き裂かれることはなくなり、人間の惨めさから解放され、人は幸福になることができる。ルソーにとっての幸福は「引き裂かれずに一つであること」を意味する。そしてこの二つの選択肢の提示は『エミール』の選択肢の提示と完全に同じである (cf. OC3, 1526)。

「自然か社会制度と戦うことを強いられ、人間をつくるか市民をつくるかを選ばねばならない。何故なら人は同時に人間と市民をつくることができないからである」(OC4, 248)。

『エミール』は「人間をつくるか、市民をつくるか」という二つの相反する選択肢を提示している。これは『ド・マブリ氏への覚え書』と「公的な幸福について」と同じ思考方法である。こうした選択肢の提示は、人間のあり方を二つの相反する可能性へと純化し、どちらかを選ぶことを求めている。『エミール』は人間をつくることを選択し、『社会契約論』は市民をつくることを選択するだろう。「同時に人間と市民をつくる」といった試みは、中途半端なあり方として次のように描写されている。

「国家の秩序のうちで自然の感情の優位を保持することを望む者は、彼が望んでいるものを知らない。つねに自分自身と矛盾し、つねに彼の性向と義務との間を揺れ動き、彼は決して人間でも市民でもないだろう。彼は自分のためにも他人のためにも決して役に立たないだろう。それは我々の時代の人間の一人、フランス人、イギリス人、ブルジョワだろう。それは無だろう」(OC4, 249-250)。

「国家の秩序(l'ordre civil)のうちで自然の感情の優位を保持する」ことは、同時に人間(自然の感情の優位を保持する)と市民(国家の秩序)であろうとすることである。しかしそれは「自然と社会制度との間、人間と市民との間に見出される矛盾」に引き裂かれることであり、「つねに自分自身と矛盾し、つねに彼の性向と義務との間を揺れ動き、彼は決して人間でも市民でもない」。中途半端はルソーにとって「無(rien)」である。ここにルソーの思考の特質が現われている。幸福について『告白』は書いている。

「幸福と喜びに関して、私にとってすべてか無でなければならなかった」(OC1, 422)。『告白』は繰り返し「すべてか無か(tout ou rien)」と語っている。「私はつねにすべてか無であった」(OC1, 522)。「すべてか無」であるから、その中間は存在しない。「私にとってすべてと無の間に中間状態は決して存在しなかった」(OC1, 332)。ルソーは中間状態を認めないから、一方の極端から他方の極端へと移行することになる。「もし革命が私を自分自身に立ち返らせ、そこにとどまるだけにしたなら、すべてがうまくいった。しかし不幸なことに革命はさらに先まで進み、またたくまに私を他の極端へと運んでいった」[19](OC1, 417)。しかしこれはルソーの単なる性向にとどまるのではない。ルソーは中途半端を拒否する思想家、純粋な姿を求めた思想家である。ここに純化の思想家ルソーを見ることができる。ミラボー宛の手紙(一七六七年七月二六日)においてルソーは、彼にとって「政治学の大問題」が「人間の上に法を置く統治の形態を見出すこと」だという有名な言葉を語る。そして次のように付け加えている。

「もし不幸にしてこの形態が見出しえないとすれば、そして見出しえないと私が信じていることを素直に告白しますが、私の意見は、他方の極端へ移行し、可能なかぎり法の上に人間を一挙に置かねばならない、従って専制的な、可能なかぎり最も専制的な専制主義を確立する、ということです。専制君主が神でありうることを私は望んでいるのです。一言で言えば、最も厳格な民主主義と最も完全なホッブズ主義との間に、私は我慢できる中間を見いのです。何故なら人間と法との対立は、国家のなかに絶えざる内乱を引き起こし、すべての政治状態のうちで最悪のものだからです」(CC33, 240, Lettre 5991)。ここでも人間と法の対立において、その中間を認めず、「人間の上に法を置く」か「法の上に人間を置く」かという相反する二つの極端を選択肢として、「可能なかぎり」純粋な形で提示している。[20]

一つの極端からその反対の極端へ移行し、中間の形態を認めず、一つの極端と反対の極端のどちらかを選択するという思考は、相反する二つの可能性へと純化するルソー思想に固有なものである。中途半端な思想にとどまることなく、思想を極端化・徹底化することこそ、思想家の優れた資質である。しかもルソーは一つの可能性を追求するだけでなく、対立する二つの契機をそれぞれ純化して、相反する二つの極端な思想を提示する。ここから選択を迫るルソー独自の思想が生まれる。ルソーは「人間と市民の矛盾」を抱えた矛盾の思想家でなく、「人間か市民かの選択」を迫る純化の思想家である。この純化の力こそがルソー思想全体を貫いている。「人間・市民・孤独な散歩者」という三つの純粋型はこの純化の力から生み出された。そしてこの同じ純化の力がルソー独自の自然状態の概念を生み出した。自然状態の概念はウェーバーの理念型へ導くだろう。

## 六　三つの理念型（人間・市民・孤独な散歩者）

「人間の現在の性質のうちで生まれつきのものと人為的なものを識別することは、そしてもはや存在せず、恐らく存在しなかったし、多分決して存在しないだろう一つの状態、にもかかわらず我々の現在の状態をよく判断するためにその正しい観念をもつことが必要である状態をよく知ることは、些細な企てでない」(OC3, 123)。

人間の現在の性質のうちに「生まれつきのもの」と「人為的なもの」という対立した二つの契機があり、自然状態は「人為的なもの」から完全に純化された「生まれつきのもの」として剔出される。このような仕事は純化の力によって可能である。しかしここではそうして剔出された自然状態の意味が問題である。「もはや存在せず、恐らく存在しなかったし、多分決して存在しないだろう一つの状態」であるとすれば、自然状態は事実的・歴史的な状態でなく、思惟によって創造された状態、一種の理念的な状態である。ここでウェーバーの理念型（Idealtypus）へと導かれる。

「理念型は思想像（Gedankenbild）であり、歴史的な現実でもなく、それどころか『本来的な』現実でもないし、ましてや現実が個別例としてそのなかに配列されるべき図式として用いられるためにあるのでもない。そうでなくこの思想像は純粋に理念的な極限概念という意味をもっており、経験的な内容の一定の重要な構成要素を明確にするために現実がそれに即して測定され、現実がそれと比較される」[21]。

「もはや存在せず、恐らく存在しなかったし、多分決して存在しないだろう一つの状態」とされる自然状態は、歴史的現実でなく、「思想像、純粋に理念的な極限概念」である。過去・現在・未来において存在しないことは、どこにもないユートピアである。ウェーバーは言う。「その概念的な純粋性においてこの思想像は現実のうちにどこにも経験的に見出されえない。それは一つのユートピア（eine Utopie）である」（OE, 191）。ここでユートピアと言われているが、それはこの語の本来の意味において、つまり「現実のうちにどこにも経験的に見出されえない」という意味において言われている。それ故理念型は獲得されるべき理想状態を意味しない。このことは「『本来的な』現実でない」と表現されている。ルソーにおいても自然状態は決して理想状態、そこへ人間が帰るべき状態であるわけではない。「自然状態（自然）へ帰れ」とルソーは決して主張していない（第二節二）。自然状態は「我々の現在の状態をよく判断するためにその正しい観念をもつことが必要である状態」であり、「経験的な内容の一定の重要な構成要素を明確にするために」構想される思想像である。ルソーの語る自然状態はウェーバーの意味での理念型である。

純化の思想家ルソーは理念型の創造者である。ルソーは純粋な自然状態を理念型として描いただけでなく、人間と市民、さらに孤独な散歩者という理念型を描き出した。しかし「人間・市民・孤独な散歩者」としての理念型は一つの点においてウェーバーの理念型と異なる。「存在すべきもの、『模範的なもの』という思想は、純粋に論理的な意味で『理念的な』思想像からまず第一に注意深く遠ざけられねばならない」（OE, 192）とウェーバーは言う。それに対して確かにルソーにおける人間と市民という理念型は「存在すべきもの、『模範的なもの』」という意味を帯びているが、しかし同時にカントの意味での「理念（Idee）」、決して到達しえない理念という意味をもっている。『エミール』は人間を育てる教育論として展開されているが、ルソーは手紙（一七六四年一〇月一三日の出版業者フィリヘール・クラメール宛）で書いている。「エミールのような人をつくるのは不可能である、とあなたが言うのは適切です。しかしこの題名をもっている著書を真の教育論とあなたが見なす、と私は信じられません。これは、人間は生まれつき善良であるという他の著作において著者によって発展された原理についての十分に哲学的な作品なのです」（CC21, 248, Lettre 3564）。『社会契約論』は「人間の上に法を置く統治形態を見出すこと」を課題としているが、ルソーは「それが見出しえないと私が信じていることを素直に告白しますが……」と書いている（五）。『エミール』における教育も『社会契約論』における統治形態も、「もはや存在せず、恐らく存在しなかったし、多分決して存在しないだろう一つの状態」である自然状態と同じ性格をもっている。つまり純粋な形態での人間も市民も「その概念的な純粋性において現実のうちにどこにも経験的に見出されえない」思想像、純化の力によって創造された理念型である。そして『孤独な散歩者の夢想』において描かれた孤独な散歩者もまた夢想という純化の力によって創造された一つの理念型として理解できるだろう。「私の悪い頭は事物に従うことができない。それは美化することができず、創造しようとする」（OC1, 171-172）。

確かに「人間・市民・孤独な散歩者」という三つの純粋型はウェーバーの理念型と決定的な相違がある。しかしこのことを銘記した上で、かつカントの理念の意味を込めて、この三つの純粋型を理念型と呼ぶことにしたい。この語によってルソー思想を可能にした純化の力を言い表わすことができるからである。

第一節は従来の諸解釈の検討を通して「人間・市民・孤独な散歩者」という三つの理念型にまで至った。この三つの理念型を解明することによって、矛盾の思想家と見えるルソーは純化の思想家としてその真の姿を示すだろう。この三つの理念型に定位してルソーの全体像を捉えることが本書の課題となる。しかしその課題をさらに明確にするために、「ルソー思想の原理と鍵概念」（第二節）と「ルソー思想の展開」（第三節）を予め押さえておく必要がある。

## 第二節　ルソー思想の原理と鍵概念

「私はさまざまの主題について書きましたが、しかしいつも同じ原理に基づいて書きました。いつも同じ倫理、同じ信仰、同じ格率、そしてそう言いたければ、同じ意見を書きました」（OC4, 928）。『ボーモン氏への手紙』においてルソーは「いつも同じ原理に基づいて書きました」と言っている。ルソーの統一像を描くとすれば、この「同じ原理」を正確に捉えることが不可欠である。そしてルソーが取り扱った事柄がいかに多様であるとしても、それを貫く基本的な概念（鍵概念）があるだろう。まずルソー思想の原理を検討することから始め、それを通してルソー思想の鍵概念を導くことにしよう。

### 一　大原理

「二度目の読書は最初の読書より一層秩序だっており、一層思慮深く、最善を尽くして彼の省察の筋道を辿りましたが、この二度目の読書において私は至るところで、自然は人間を幸福で善良なものにつくったが、社会が人間を堕落させ惨めにする、という彼の大原理の展開を見ました。特に『エミール』はこれほど読まれ、ほとんど理解されず評価されていませんが、人間の本源的な善に関する論説以外の何ものでもなく、いかにして人間の構造に無関係な悪徳と誤謬が外から忍び込み、知らず知らずに人間を変質させるかを示すために書かれました」(OC1, 934)。『対話』においてフランス人はルソーの大原理を語っている。「自然は人間を幸福で善良なものにつくったが、社会が人間を堕落させ惨めにする」という原理は、ルソー思想を全体として理解するための導きの糸である。「人間の本源的な善」を『ボーモン氏への手紙』は次のように書いている。「それについて私のすべての著作において論じ、この最後の著作においてできるかぎりの明晰さで展開した、すべての倫理の基本的な原理は、人間が正義と秩序を愛する生まれつき善なる存在であること、人間の心のうちに本源的な邪悪が存在しないこと、自然の最初の働きがつねに正しいこと、です」(OC4, 935-936)。ルソー思想の大原理を彼の著作において確認しておこう。「この最後の著作」と言われている『エミール』第一編の冒頭は次のように始まっている。

「万物の創造者の手で作られたばかりのときにはすべてが良い。人間の手のもとではすべてが変質する」(OC4, 245)。

「万物の創造者の手で作られたばかりのときにはすべてが良い」――「自然は人間を幸福で善良なものにつくった」、「人間の手のもとではすべてが変質する」――「社会が人間を堕落させ惨めにする」。この対応が成り立っていることは説明するまでもないだろう(第四節一)。『社会契約論』第一編第一章の冒頭の言葉も大原理の一つのヴァリアントである。

「人間は自由なものとして生まれた、しかし至るところで鎖につながれている」(OC3, 351)。

「人間は自由なものとして生まれた」――「自然は人間を幸福で善良なものにつくった」、「至るところで鎖につながれている」――「社会が人間を堕落させ惨めにする」。この対応も明白だろう。さらに大原理は、ルソー思想の本来の出発点をなすヴァンセンヌの霊感のうちにも見出される(第三節一)。その核心は次のように表現されている。

「人間は生まれつき善良であり、人間が悪くなるのはただその制度のためである」(OC1, 1136)。引用を連ねてきたが、それはルソー思想を導く原理がシンプルであり、一貫していることを示したかったからである。矛盾の思想家というイメージ、彼の思想が複雑・多様、不整合・多義的であるというイメージを破壊したいからである。『エミール』と『社会契約論』が矛盾しているとされるが、その基本思想が大原理に基づいていることだけは理解できるだろう。ルソーは原理の思想家である。

「自然は人間を幸福で善良なものにつくったが、社会が人間を堕落させ惨めにする」という大原理はシンプルであるが、この原理は基本的な問いを喚起させる。ルソーは「自然は人間を幸福で善良なものにつくった」という本源的な善性へと立ち返ることを主張したのか。「社会が人間を堕落させ惨めにする」とすれば、ルソーは人間の社会化を否定的に評価しただけなのか。こうした問いに簡単に、「自然へ帰れ」がルソーの答えだ、と思うかもしれない。しかしルソーはそのようなスローガンを掲げたことがないだけでなく、それと正反対のテーゼを主張している。ここで大原理と並ぶもう一つの原理へ導かれる。それは「人間の本性は後戻りしない」という原理である。

## 二　人間の本性は後戻りしない

「しかし人間の本性は後戻りせず、無垢と平等の時代を一度離れたら、決してその時代へ戻らない。これも彼が最も力説した原理の一つです」(OC1, 935)。

『対話』においてフランス人は大原理を語った後に、ルソー思想のもう一つの原理をこのように語っている。「人間の本性は後戻りしない」という原理は、二つの意味、つまり国家に関わる意味と、自然状態に関わる意味をもっている。そのことは『対話』がまず人民と国家について語り、次の段落で自然人について書いていることから明らかである。

フランス人はこの原理を語った後に、次のように続けている。「このようにして彼の目的は、多数の人民や大きな国家をその最初の単純さへ連れ戻すことでありえず、可能ならば、その小ささと状況によって社会の完成と種の頽廃への急激な進行から守られてきた人民と国家の進展を妨げることだけでした。……彼は彼の祖国のために、そしてそれと同様に構成されている小さな国家のために仕事をしたのです」(OC1, 935)。ここで語られている仕事は、ルソーの最初の著作『学問芸術論』である。この場合の「無垢と平等の時代」とは「その小ささと状況によって社会の完成と種の頽廃への急激な進行から守られてきた人民と国家」の時代、あるいはルソーが理想としたスパルタやローマの時代である。『学問芸術論』への反論に対する『スタニラス王への回答』においてルソーは言う。「しかし一度腐敗した人民が徳へ立ち返ることを人は決して見たことがない。……無垢を保持すべての徳の源泉であるあの最初の平等へ人間を連れ戻そうとしても、空しいだろう。人間の心は一度堕落するとつねにそのままだろう。何か大革命でもなければ、もはや治す薬は存在しない。しかし革命はそれが治療できる悪とほとんど同じほど恐るべきものであり、それを望むことは非難すべきであり、予見することは不可能である」(OC3, 56)。最後の言葉は革命に対するルソーの見解をはっきり語っている。[1] しかしここではこの回答のうちにルソーの原理が表明されていることの確認が重要である。つまり「人間の心は一度堕落するとつねにそのままだろう」という言葉がルソーの原理を表現していること、そして「あの最初の平等」が人民のあり方(国家の状態)であり、それが「無垢と平等の時代」を語っていること、である。この見解は『社会契約論』においても一貫している。その第二編第八章は書いている。「人間と同じように人民は、青春時代にだけ従順であるが、年をとるに従って矯正できなくなる」(OC3, 385)。「……何故なら人民が野蛮であるかぎりにおいてのみ自由になりうるが、しかし国家の活気が弱くなったときもはや自由になれない。そのとき動乱が人民を破壊することはあっても、革命が人民を再興することはできない」(OC3, 385)。こうした言葉が『スタニラス王への回答』と同じ見解、つまりルソーの原理を表現していることは明らかだろう。

さらに「人間の本性は後戻りしない」という原理は、自然状態へ立ち帰れないということを意味する。このことは『対話』のフランス人が人民と国家について語った後に自然人のアイデアを語っていることから明白である。「今日このように歪曲され中傷されている自然の画家・弁明者は、彼自身の心からでないとしたら、どこからそのモデルを剔出したのでしょうか」(OC1, 936)。自然人(自然状態)の概念が提示されたのは『人間不平等起源論』であるが、その註Ⅸにおいて「自然へ帰れ」というテーゼを明確に否定している。「一体何としたことだろう。社会を破壊し、君のものと私のものを廃止し、熊とともに森のなかで生きるために帰らねばならないのか。これは私の敵たちの流儀での結論であって、この結論を導いたという不名誉を彼らに与えるが、同時に私はこの結論を避けたいのである」(OC3, 207)。ここから「自然へ帰れ」をルソー自身が明確に否定していることが分かる。

『人間不平等起源論』が「自然へ帰れ」を主張していると解釈することは、ルソー当時からなされていた。この著書を送られたヴォルテールはルソーへの返事に書いている。「あなたの著書を読むと、四足で歩きたい欲求を感じます。しかしながら私は六〇年以上も前にその習慣を失っているので、その習慣を取り戻すことが私に不可能だと不幸にも私は感じます。私はこの自然な歩き方を、あなたや私より相応しい者に任せます」(CC3, 157, Lettre 317)。ヴォルテールの批判に対してルソーは手紙(一七五五年九月七日)で答えている。「私としてはそれを失ったことを少し残念に思うにもかかわらず、我々を愚かさというもとの状態に戻すのを私が熱望していないことを、あなたは分かっています。……だから四足で降り立とうと試みないで下さい」(CC3, 164, Lettre 319)。「自然へ帰れと叫んだルソー」という通俗的な像は完全な虚構(虚像)である。

「自然へ帰れ」という標語と同じように、「楽園→楽園喪失→楽園再興」というミュートスがルソーに関して一般に語られている。しかし失われた楽園(自然状態にしろ、理想国家にしろ)を再興することは、「人間の本性は後戻りせず、無垢と平等の時代を一度離れたら、決してその時代へ戻らない」という原理によって不可能である。それ故失われた楽園をめぐるミュートスも単なる虚構である。ルソーは「社会を破壊する」(自然状態へ帰るにしろ、革命によってにしろ)ことなどまったく考えていない。しかしルソーの大原理は「社会が人間を堕落させ惨めにする」と言っている。ルソーは人間の社会化をいかに考えていたのか。

## 三　動物から精神的存在へ

「感覚の欲望は身体への欲望に向かい、秩序の愛は魂への愛に向かう。発展し活動的になった魂への愛は良心という名をもっている。しかし良心は人間の知恵とともにしか発展しないし、働かない。人間が秩序を認識するに至るのは、この知恵によってだけであり、良心が秩序を愛するように人間に仕向けるのは、人間が秩序を認識するときだけである。それ故良心は、何も比較したことがなくその関係を見ない人間においてゼロに等しい。そうした状態において人間は自分しか認識しない。彼は彼の満足が他人の満足と対立することも一致することも知らない。彼は何も憎まず愛さない。身体的本能のみに限られ、ゼロに等しく、動物のように愚かである。これは私の『人間不平等起源論』において示したことである」(OC4, 936)。

ルソーは『ボーモン氏への手紙』でこのように書いている。「何も比較したことがなく彼の諸関係を見ない人間」とは自然状態における自然人であるが、この自然人は「身体的本能のみに限られ、ゼロに等しく、動物のように愚か」である。実際『人間不平等起源論』は次のように語っている。「動物の間で森の中で散らばっている人類はいかなる進歩をなしうるだろうか。定まった住居をもたず、相互に他を必要とせず、恐らくその生涯にほとんど二度と出会わず、知り合うことも話し合うこともない人間は、いかなる程度に相互に自己を完成させ (se perfectionner)、自己を啓発できるのだろうか」(OC3, 146)。自然状態にある自然人は「純粋な感覚に限られ、自然が彼に与えた贈り物をほとんど利用せず、自然から何も取り上げようと考えない動物の生」(OC3, 164-165) を送るだけである。「自然が彼に与えた贈り物」とは人間の自由と完成能力 (perfectibilité) であるが、こうした自然人は「自己を完成する」ことなど不可能である。自然人に対するルソーの否定的な評価は明白だろう。

『社会契約論』は自然状態にいる自然人を「愚かで限られた動物」(OC3, 364) としている。これは「身体的本能のみに限られ、ゼロに等しく、動物のように愚かである」とまったく同じ規定である。自然状態にいる自然人に対する否定的な評価は一貫している。このような状態へ帰ろうとすることなど考えられない。『ジュネーヴ草稿』は自然人のあり方を次のように描いている。「各人は他人のなかで孤立したままであり、自分しか考えないだろう。我々の知性は発展できないだろう。我々は何も感じずに生き、生きたこともなく死ぬだろう。我々のすべての幸福は我々の惨めさを知らないことに存するだろう。我々の心のうちにやさしさはなく、我々の行動のうちに精神性(moralité)もなく、我々は徳への愛という魂の最も美味な感情を決して味わうことはないだろう[2]」(OC3, 283)。

こうした愚かで身体的本能に限られた動物としての自然人に精神性を与えるのは、人間の社会化である。このことは「自然状態について」と題された断章からはっきり読み取ることができる。

「もし人間が孤立して生きたとすれば、他の動物に対する優越性をもたなかっただろう。最も崇高な能力が発展し、人間の本性の卓越性が示されるのは、相互的な交際においてである。／自分の欲求に答えることだけを考えながら、人間は彼の同胞との交渉によって、彼を啓発すべき知恵とともに、人間を幸福にすべき感情を獲得する。一言で言えば、人間が精神的存在、理性的な動物、他の動物の王、地上における神の似像となるのは、社交的になることによってのみである」(OC3, 477)。

人間が社会のうちでのみ動物から精神的存在となることは、ルソーの一貫した主張である[3]。『ダランベール氏への手紙』から引用しておこう。「獣にとってつねに未知の精神性を人間の感情に与えるために、人間の種のうちに社会の最初の関係を確立することだけが必要である。動物は心と情念をもっているが、しかし正直と美の聖なるイメージは人間の心のうち以外に決して入らなかった」(OC5, 79)。

ルソーが人間の社会化を肯定していることは否定できない。社会化こそが動物から精神的存在へと人間を高めるのである。しかし社会化の肯定と「社会が人間を堕落させ惨めにする」という大原理とは矛盾するように見える。これまでの考察で得られた論点を改めて検討しなければならない。

## 四　最初から始める

(1)「自然は人間を幸福で善良なものにつくったが、社会が人間を堕落させ惨めにする」という大原理（一）、(2)「人間の本性は後戻りしない」という原理（二）、(3)「人間が精神的存在……となるのは、社交的になることによってのみである」という社会化の肯定（三）。この三つの命題はそれぞれ否定しえないルソー思想の基本テーゼである。これらの関係を明らかにすることは、ルソー思想を統一的に解釈するための手がかりを与えるだろう。

(1)から「社会の否定を通して自然状態へ立ち帰ること」（自然へ帰れ）をルソーが主張すると見えるが、しかしこの理解は(2)によって否定される。(1)と(2)を同時に認めれば、人間は堕落し不幸にならざるをえないように思える。しかしルソーは(3)を主張する。だが(3)は(1)と矛盾するように見える。もう一度考えてみよう。

「自然は人間を幸福で善良なものにつくった」というテーゼは、現実の人間が善良でなく悪であること（否定しえない事実）と矛盾するように見える。この見かけの矛盾を解決するのが「社会が人間を堕落させ惨めにする」という大原理の後半のテーゼである。ルソーは『エミール』について次のように書いていた（第一節六）。「これは、人間は生まれつき善良であるという他の著作において著者によって発展された原理についての十分に哲学的な作品なのです。この原理を、人間は悪であるという同様に確かな他の真理と一致させるために、人間の心のうちにすべての悪徳の起源を示さねばなりませんでした」(CC21, 248, Lettre 3564)。この悪徳の起源は社会に求められる。人間の本性は善であり、人間を悪にするものは人間の外部から来る。「社会が人間を堕落させ惨めにする」というテーゼは、人間の本性的な善と人間が悪であるという事実との矛盾を解消する。

しかしルソーは人間の本性的な善という視点から人間の社会化そのものを否定することを意図したわけでない。それは(3)のテーゼを積極的に主張していることから明らかである。そして(2)のテーゼを認めた上でルソーは「社会が人間を堕落させ惨めにする」ことからの解放を構想する。ここにルソー思想の核心がある。

人間は生まれつき善良であるが、社会（人間と人間との関わり）が人間を悪とする。人間との関わり、人間への依存こそが人間を悪とする。これが「人間が生まれつき善」と「人間は悪である」という二つのテーゼを整合的に解釈するルソーの方法である。しかし人間の社会化は否定できないし、純粋な自然状態には戻れない。しかも社会化が初めて人間の完成能力を開花させる。とすれば人間と人間の関わり（社会化）から悪が生まれないようにすればいいだろう。一つの道は社会化による悪影響を受けないように人間を教育する道であり、それは『エミール』が選んだ人間をつくる道である。もう一つは「人間を堕落させ惨めにする社会」が生じないようにする道であり、それは『社会契約論』が選んだ市民をつくる道である。

しかし(2)のテーゼを認めるとすれば、すでに堕落した人間や悪しき社会を変えることはできない。(2)の「人間の本性は後戻りしない」という原理と(3)の社会化の肯定は、失われた楽園を回復することがルソーの狙いでないことを示している。ルソーの試みは、すでに失われたものを回復することでなく、最初から新たに始めること（個人の歴史として、そして国家誕生の歴史として）である。ルソーは子供の誕生と国家の創設という二つの始まりの時点に立つ。『エミール』は生まれたばかりの子供を教育することから始めるのである。[4] それは自然の秩序に従った自然の道である。そして社会化が人間を悪にする可能性があるが故に、子供が社会化する瞬間（第二の誕生）こそが決定的に重要となる（第五節三）。同様に『社会契約論』において国家の誕生の瞬間こそが決定的である（第九節七）。それ故『社会契約論』は既存の悪しき社会制度を変革するという革命の書では決してない。『社会契約論』は国家が誕生する瞬間において正当な国家の創設を目指す。それは完全な人為による脱自然の道である。自然と脱自然というこの二つの道によって「社会が人間を堕落させ惨めにする」という可能性から解放され、人間は幸福になれるだろう。

人間も市民も社会のなかで生きる。人間は一般社会のうちで、そして市民は特殊社会（国家）のうちで生きる（第四節二）。ルソーが構想した幸福への道、つまり人間と市民という二つの理念型は社会を前提している。この二つの理念型は、人間との関わりにおける幸福な二つのあり方である（第九節五）。それに対して第三の理念型である孤独な散歩者は孤独な存在として、人間との関わり（社会）から切り離されている。しかしこの第三の理念型もそれ独自の幸福をもっているだろう。孤独な散歩者という理念型はルソーが思想体系として構想したのでなく、強いられた孤独によって生み出された理念型であるが、しかしルソーはそこにおいても幸福を創造するのである。この幸福もまた、人間と市民の幸福と異なった意味においてであるが、「引き裂かれず一つであること」のうちに求められるだろう（第十二節）。しかも孤独な散歩者のうちにも大原理が生きている。つまり第三の理念型は「自然は人間を幸福で善良なものにつくった」という善良さにとどまり、その意味において幸福である。

「人間・市民・孤独な散歩者」は幸福であるあり方を示す三つの理念型である。ルソーは幸福を求める思想家であり、幸福は三つの理念型に通底する概念（鍵概念）である。ルソー思想を全体として捉えるために、彼の思想に一貫している鍵概念を予め押さえておくことが必要だろう。

## 五　ルソー思想に通底する鍵概念（幸福・自由・秩序・神）

ルソー思想を貫く鍵概念は彼の大原理とそのヴァリアント（一）から導くことができる。まず大原理に定位しよう。

「自然は人間を幸福で善良なものにつくったが、社会が人間を堕落させ惨めにする」がルソー思想の大原理であるが、ここから「幸福」がルソー思想の鍵概念であることが読み取れる。ルソーが幸福を求める思想家であることは今までの考察からすでに明らかである。[5]「引き裂かれず一つである」ことがルソーの幸福概念の基本であるが、「人間・市民・孤独な散歩者」という三つの理念型に応じて、その内実が変容するだろう（終章二）。

大原理の一つのヴァリアントである『社会契約論』第一編第一章の冒頭の言葉は、「人間は自由なものとして生まれた、しかし至るところで鎖につながれている」であった。ここから「自由」がルソー思想の鍵概念であることが導ける。ルソーが自由の思想家であることは、誰でも認めるだろう。幸福は自由であることのうちにのみある。幸福の思想家ルソーは自由を求める思想家である。自由であることをルソーは一貫して求めたが、しかし自由概念もまた三つの理念型において、異なった意味をもつことになるだろう（終章三）。

『エミール』第一編の冒頭は「万物の創造者の手で作られたばかりのときにはすべてが良い。人間の手のもとではすべてが変質する」という言葉で始まっている。このテーゼも大原理のヴァリアントであるが、「万物の創造者」は神であり、「宇宙を動かし、万物を秩序づける存在者」（OC4, 581）である。それ故「万物の創造者の手で作られたばかりのときにはすべてが良い」とは秩序ある状態を意味する。それに対して「人間の手のもとではすべてが変質する」とは秩序なき状態である。秩序のうちに自分の位置を見出す者は幸福（自由）であり、無秩序の中にいる者は不幸（不自由）である。幸福と自由の思想家ルソーは秩序を求める思想家である。「人間・市民・孤独な散歩者」という理念型に応じて、秩序は「自然の秩序」（第五節）、「国家の秩序」（第八節）、「神の秩序」（第十一節）である（終章四）。

「万物の創造者の手で作られたばかりのときにはすべてが良い」という言葉から明らかなように、神の秩序からすべてが始まるから、神の秩序こそがすべての秩序の根底に想定される秩序である。つまり「神」はルソー思想の核心をなす鍵概念である。しかし神が全能であるとすれば、何故「人間の手のもとではすべてが変質する」ことを黙って見過ごすのだろうか。「人間が生まれつき善良である」とすれば、神は何故人間を善良なままにしておかず、「社会が人間を堕落させ惨めにする」ことを許すのだろうか。「人間は自由なものとして生まれた」にもかかわらず、人間は何故「至るところで鎖につながれている」ままにされているのか。大原理とそのヴァリアントは、「神は義しい」と「社会が人間を堕落させ惨めにする」（至るところで鎖につながれている、人間の手のもとではすべてが変質する）との矛盾を含んでいるように見える。ここに「神は義しい」ことを証明する神義論という問題がある。この視点から見れば、ルソー思想は全体として一つの神義論という性格を示すだろう（第十一節、終章五）。

大原理の確認から出発し、ルソー思想の鍵概念（幸福、自由、秩序、神）にまで至った。大原理（そのヴァリアント）とそれから導かれる鍵概念に定位することによって、多義性・多様性として現われる謎めいたルソーの思想は一貫した思想の展開として立ち現われるだろう。このことを『エミール』と『社会契約論』に至るルソー思想の展開に即して見ることにしよう。それが第三節のテーマである。

## 第三節　ルソー思想の展開

「私はある日『メルキュール・ド・フランス』をもって行き、歩きながら一読していると、翌年の懸賞のためにディジョンのアカデミーによって提出された問題に偶然出会った。学問と芸術の進歩は習俗を腐敗するのに寄与したか、あるいは純化するのに寄与したか。／これを読んだ瞬間に、私は別の世界を見、別の人間となった。私がそれから受けた印象の生き生きとした思い出をもっているにもかかわらず、マルゼルブ氏への四通の手紙の一つにおいて打ち明けて以来、その詳細は忘れてしまった」（OCI, 351）。

『告白』第八巻においてルソーはヴァンセンヌの霊感をこのように回想している。「私は別の世界を見、別の人間となった」というこの瞬間が思想家ルソーの真の誕生の瞬間である。そこから生まれたルソー思想の展開を辿らねばならない。まずヴァンセンヌの霊感を検討することから始めよう。「マルゼルブ氏への四通の手紙の一つにおいて打ち明けた」と書かれているから、その手紙を検討しなければならない。

### 一　ヴァンセンヌの霊感

「当時ヴァンセンヌに囚われていたディドロに私は会いに行きました。私はポケットに『メルキュール・ド・フランス』をもっていて、道の途中でそれに目を通し始めました。私はディジョンのアカデミーの問題に偶然出会いました。その問題が私の最初の著作を書く原因となったのです。もし或るものが突然の霊感に似ているとすれば、それはこれを読んだとき私のうちに生じた動きです。突然私は精神が多くの光に幻惑されるのを感じました。生き生きとした多数のアイデアが同時に力と混乱をもって現われ、言い表わしがたい混乱のうちへ私を投げ込んだのです。私は私の頭が酩酊に似た目まいに襲われるのを感じました。激しい動悸が私を息苦しくし、私の胸を掻き立てました。歩きながら息ができないので、並木道の樹の下に倒れ込みました。そしてあまりの興奮のうちで半時間を過ごしたので、起き上がったとき私は私の上着の前面がすべて私の涙で濡れていることに気づきましたが、涙を流していたことを知らなかったのです」（OC1, 1135）。

これがヴァンセンヌの霊感と呼ばれるものがルソーに起こった様子である。ここにアイデア（霊感）が生まれる状況が活き活きと描かれている。ルソーがこの霊感に襲われたのは、一七四九年一〇月、ヴァンセンヌに監禁されていたディドロに会いに行く途中、ディジョンのアカデミーの課題「学問と芸術の復興は習俗を純化することに寄与したか」を読んだ瞬間であった。ルソー思想は彼が三七歳のときのこの霊感から始まったが、こうしたアイデアの閃きはルソーにとってたびたび訪れた。「アイデアを考えつくことを私は予想しなかった。アイデアはアイデアが望むときに来るのであって、私が望むときに来るのではない。アイデアはまったく来ないか、あるいは大勢で来て、その数と力で私を圧倒する。一日に十冊でも十分でないだろう。十冊を書く暇がどこにあるのか」（OC1, 162-163）。「アイデアはアイデアが望むときに来るのであって、私が望むときに来るのではない」というアイデアの特徴は、アイデアと呼びうるものを得た経験のある人なら、誰でも認めるものである。[1]「アイデアはまったく来ないか、あるいは大勢で来て、その数と力で私を圧倒する」ということも、ヴァンセンヌの霊感ほど激しいものでないとしても、「一挙にすべてが見える」というアイデアの特徴である。ともかくヴァンセンヌの霊感から思想家ルソーが生まれた。霊感の内実は次のように語られている。

「ああ、私がその樹の下で見、感じたことの四分の一でもかつて書くことができたら、社会制度のすべての矛盾をいかに明晰に示したことでしょう。我々の制度のすべての弊害をいかに力強く解明したでしょう。人間は生まれつき善良であること、人間が悪くなるのはただその制度のためであることを、いかに簡潔に証明したでしょう。その樹の下での十五分の間に私を照明した多数の偉大な真理のうち私が記憶にとどめることのできたすべてのものは、私の三つの主要な著作のうちにはなはだ弱い仕方で散らばっています。つまり最初の論文と不平等についての論文と教育論は、切り離せず、一緒になって一つの同じ全体を形成しています」(OC1, 1135-1136)。

まずルソーの思想の大原理がこの時獲得されたことを確認しよう。「人間は生まれつき善良であること、人間が悪くなるのはただその制度のためであること」が語られているが、これは「自然は人間を幸福で善良なものにつくったが、社会が人間を堕落させ惨めにする」という大原理と基本的に同じことを意味している。ヴァンセンヌの霊感はルソーのその後の著作活動の出発点をなしている。

このヴァンセンヌの霊感から得られた多数の偉大な真理は三つの著作のうちに表現されていると言われるが、それは『学問芸術論』(最初の論文)、『人間不平等起源論』(不平等についての論文)、そして『エミール』(教育論)である。「社会制度のすべての矛盾をいかに明晰に示したことでしょう。我々の制度のすべての弊害をいかに力強く解明したでしょう」と言われているが、社会制度の矛盾と弊害を述べたのは『学問芸術論』と『人間不平等起源論』においてである。そして「人間は生まれつき善良であること、人間が悪くなるのはただその制度のためであること」を主題的に展開したのは『エミール』である。しかしここに『社会契約論』が入っていない。この著作もまた同じ大原理のもとで書かれているのだから(第二節一)、このことは奇妙に思われる。何故ルソーは『社会契約論』に触れなかったのか。この当然の問いに答えねばならない。

ヴァンセンヌの霊感を語っているのは、マルゼルブ宛の第二の手紙(一七六二年一月一二日)においてである。その六日後の手紙(一七六二年一月一八日)は、ジュネーヴに住んでいるポール＝クロード・ムルトゥ牧師宛であり、

『社会契約論』について次のように書いている。「この小さな著作はまだ公衆にも私の友人にさえも少しも知られていません。あなたは私がそれについて話す最初の人です」(CC10, 42, Lettre 1641)。ルソーがマルゼルブ宛の手紙において『社会契約論』に言及しなかったのは、意図的な行為だった。その理由は、四ヵ月ほど後の手紙(一七六二年五月二七日のデュシェーヌ宛)から読み取ることができる。「……教育論において何度も引用され要約されているこの作品は、教育論の一種の補遺と考えられるべきであり、二つの著作は一緒になって一つの完全な全体をなします。しかしこの著書はフランスのために書かれたのでないから、私はこの国でそれについて決して話したことがありません」(CC10, 281, Lettre 1790)。ルソーがフランス人マルゼルブへの手紙において『社会契約論』に触れなかった理由は、「フランスのために書かれたのでない」という点に求められるだろう。(2) しかし「二つの著作は一緒になって一つの完全な全体をなす」とされているのだから、『社会契約論』は『エミール』と同様にヴァンセンヌの霊感から得られた真理を展開しているのであり、大原理の展開と言うことができる。

しかし大原理とヴァンセンヌの霊感とがまったく同じというわけでない。この点も見逃してはならない重要な論点である。それは「人間は生まれつき善良であること」の内実に関わる。『対話』においてヴァンセンヌの出来事は次のように描かれている。

「『メルキュール』のうちで彼が読んだアカデミーの不吉な問題は、突然彼の目を開き、彼の頭のなかの混乱を取り除き、別の世界、真の黄金時代、素朴で賢く幸福な人間の社会を彼に示し、彼自身を抑圧していた偏見の破壊によって、人類の悪徳と惨めさがそこから生じるとその瞬間に分かったと思った偏見の破壊によって、彼の洞察を希望のうちに実現したのです」(OC1, 828-829)。

ここで「別の世界」と言われているのは、『告白』での「私は別の世界を見た」と同じである。この「別の世界」は「真の黄金時代、素朴で賢く幸福な人間の社会」であるが、それは自然状態という社会性なき世界(自然人の世界)でない。自然状態における自然人の世界は『人間不平等起源論』において初めて登場する。「真の黄金時代、素朴で賢く幸福な人間の社会」は一つの社会であり、それは『学問芸術論』においてスパルタ、ローマの国家社会を典型とする世界として描かれることになる。ヴァンセンヌの霊感における「人間は生まれつき善良であること」は、自然状態における自然人の善良さでなく、「素朴で賢く幸福な人間の社会」における善良さである。[3] ディジョンのアカデミーの課題を読んだ瞬間にルソーは霊感に襲われ、それが『学問芸術論』を書くことへ導いたのだから、この最初の著作を見ることにしよう。

## 二　『学問芸術論』

「我々は物理学者、幾何学者、化学者、天文学者、詩人、音楽家、画家をもっている。我々はもはや市民をもっていない」(OC3, 26)。

『学問芸術論』のこの対比は、「学問と芸術の復興は習俗を純化することに寄与したか」(OC1, 1)というディジョンのアカデミーの課題に対する明確な答えである。「物理学者、幾何学者、化学者、天文学者」は学問に関わる人であり、「詩人、音楽家、画家」は芸術に携わる人である。それに対して、市民(国家人)が対置されている。市民とは「祖国の防衛者、彼らの徳によって祖国を富ませた、さらに偉大な人間たち」(OC3, 25)を意味する。有徳な市民がいないとすれば、学問と芸術の復興は習俗を純化すること(有徳な市民の存在)に何も寄与していないだろう。有徳な市民という視点に立つことによって、『学問芸術論』はディジョンのアカデミーの問いに「否」と答えたのである。「否」という答えは比喩的にも言い表わされている。

「学問と文学と芸術は……人間がつながれている鉄鎖の上に花飾りを広げ、そのために人間が生まれてきたと思われる本源的な自由の感情を窒息させ、人間に奴隷状態を好ませるようにし、文明化された人民と呼ばれるものを形成する。……一言で言えば、いかなる徳ももたずに、すべての徳の見かけをもっている」(OC3, 7)。

真に徳をもっている市民という視点から学問と芸術が批判されている。そして「人間がつながれている鉄鎖の上に花飾りを広げ、そのために人間が生まれてきたと思われる本源的な自由の感情を窒息させる」という言葉は、「人間は自由なものとして生まれた、しかし至るところで鎖につながれている」（OC3, 351）という『社会契約論』の言葉を想起させるだろう。有徳な市民と祖国という『学問芸術論』の視点は、市民をつくる『社会契約論』の道へと通じている。学問・芸術と有徳な市民からなる祖国との対比によって『学問芸術論』は閉じられている。

「文学の共和国において不滅となった有名な人間たちの栄光を羨まずに、彼らと我々のあいだに、かつて二つの偉大な人民のあいだに識別された栄光ある区別を置こう、つまり一方はよく語り、他方はよく行うという区別である」（OC3, 30）。

「二つの偉大な人民のあいだの区別」はアテナイとスパルタの区別を語っている。『学問芸術論』は「人間が有徳なものとして生まれ、国の空気でさえ徳を吹き込むように見える」（OC3, 12-13）と言われるスパルタの側に立つ。スパルタのごとき有徳な市民からなる共和国（祖国）こそ、ヴァンセンヌの霊感において見られた「別の世界」、「別の世界、真の黄金時代、素朴で賢く幸福な人間の社会」である。そしてこの世界を基準にして、『学問芸術論』は学問・芸術が進歩した社会を批判している。有徳な市民という像はルソーが読んだプルタルコスに由来する。『告白』第八巻は次のように書いている。

「翌年の一七五〇年、私の論文についてもはや考えていないとき、私はその論文がディジョンで賞を得たことを知った。このニュースは、それを私に書かせたすべてのアイデアを目覚めさせ、新たな力で生気を与え、子どものころ私の父と祖国とプルタルコスが私の心に刻んだ英雄的行為と徳との最初の酵母を私の心のうちに醗酵させた。財産と世論を超えて、自由で有徳であること、自分自身に自足すること、これ以上に偉大で美しいものを見出さなかった」（OC1, 356）。

『学問芸術論』の基本思想は、「子どものころ私の父と祖国とプルタルコスが私の心に刻んだ英雄的行為と徳」に求められる。プルタルコス『英雄伝』はルソーの最初の愛読書であり、そしてルソーの最後の読書となる。(4)『学問芸術論』を導いている視点は、プルタルコスの『英雄伝』が語る古代人の「英雄的行為と徳」、「自由で有徳であること」、つまり有徳な市民（国家人）である。

『学問芸術論』は「人間は生まれつき善良であること」を「有徳な市民から成り立つ共和国」のうちに見ていた。「人間が悪くなるのはただその制度のためである」という契機は前提されているが、しかし未だ十分に展開されていない。制度の問題を主題とするのは『人間不平等起源論』である。そして「人間は生まれつき善良であること」は改めて自然状態のうちに求められることになる。

## 三　『人間不平等起源論』

『人間不平等起源論』は「不平等の起源と進歩および政治的社会の創設と弊害を解明する」（OC3, 193）試みである。それは「自然状態から国家状態へ人間を導いたにちがいない忘れられ失われた道」（OC3, 191）を辿ることである。そのためにまず自然状態における自然人を正確に捉えることが必要である。自然人の発見こそが『人間不平等起源論』の核心をなす。それは人間を知ることを意味する。「人間のすべての認識のうちで最も有益で最も進んでいないものは、人間についての認識であると私に思われる」（OC3, 122）という言葉で始まる序文は、次のように言っている。

「もし人間自身を認識することから始めなければ、いかにして人間の間の不平等の源泉を認識するのだろうか。時代や事物の継起が人間の本源的構造のうちに生み出したにちがいないすべての変化を貫いて、自然が形成したままの人間を見ることにいかにして人間は成功するだろうか。そして人間自身の本質によって備わっているものと、環境や進歩が彼の本源的状態に付け加えたかあるいは変化させたものとを区別することにいかにして人間は成功するだろうか」（OC3, 122）。

「自然が形成したままの人間」は自然人であるが、それに到達するために「人間自身の本質によって備わっているもの」と「環境や進歩が彼の本源的状態に付け加えたかあるいは変化させたもの」とを区別しなければならない。この区別は自然と人為の峻別を意味し、それによって人為を完全に消し去った自然人（自然状態）に至ることができる。『人間不平等起源論』によって切り拓かれた地平を考えてみよう。

『人間不平等起源論』は『学問芸術論』と同様に、現在の社会を批判する書である。自然状態は「我々の現在の状態をよく判断するためにその正しい観念をもつことが必要である状態」（OC3, 123）である。つまり自然状態は現在社会を批判的に判断するための基準である。それに対して『学問芸術論』における批判の基準は「共和国に生きる有徳な市民」であった。これと平行的に表現すれば、『人間不平等起源論』の批判の基準は、「自然状態にいる自然人」である。(5) 二つの批判の書において批判の基準が異なることを明確に押さえねばならない。

「人間自身の本質によって備わっているもの」としてルソーは「理性に先立つ二つの原理」（OC3, 125-126）を認める。「我々の安楽と我々自身の保存への関心を激しく引き起こすもの」（自己愛）と「すべての感性的な存在、主に我々の同胞が死んだり苦しんだりするのを見ることへの自然的な嫌悪感を起こさせるもの」（憐れみの情）である。さらにルソーは人間の特質を「自由な動因」（OC3, 141）と「完成能力」（OC3, 142）に求める。人間の本質特性は以上の四つであるが、社会化以前の自然状態において発現するのは前二者（自己愛と憐れみの情）である。後二者は社会化によって初めて顕在化する。ルソーは「自己を完成させる能力」のうちに「人間のすべての不幸の源泉」（OC3, 142）を見る。(6) そして『人間不平等起源論』はここに「人間の間での不平等の基礎」（OC3, 109）（『人間不平等起源論』の表題）を見ている。この不平等が固定され正当化されるのは、国家社会が成立することによってである。『人間不平等起源論』第二部は国家社会が生まれる瞬間を語ることから始まっている。

「一つの土地を囲い、これは私のものだ、と言うことを思いつき、人々がそれを信じるのに十分なだけ単純であることを見出した最初の者が、国家社会の真の創設者であった」（OC3, 164）。

これは自然状態から国家状態への移行の決定的な瞬間である。「これは私のものだ」とは私的所有を意味するが、

「所有の権利は人間の合意と制度に属する」(OC3, 184)。『人間不平等起源論』はこの合意を次のような契約として描いている。「すべての政府の基本的な契約の本質についてさらになされるべき探究に今は立ち入ることなしに、共通の意見に従ってここで私は政治体の創設を、人民と人民が選んだ首長との間の一つの真の契約と見なすにとどめる。つまりそれによって両者が、そこで規定され両者の結合の紐帯を形成する法の遵守を義務づけられる契約である」(OC3, 184)。ここで「政治体の創設を、人民と人民が選んだ首長との間の一つの真の契約と見なす」とされているが、これはいわゆる服従契約であって、「人民が国王を選ぶ行為を検討する前に、それによって人民が人民となる行為を検討するのがよいだろう。何故ならこの行為は前者に必然的に先行し、社会の真の基礎だからである」(OC3, 359) と主張する『社会契約論』とは異なる。しかしこの違いは矛盾でも不整合でもない。『人間不平等起源論』においては、単に「共通の意見に従って」論じているだけである。この著書を書いた当時、ルソーがすでに人民主権という考えをもっていたことは、その「献辞」からはっきり読み取れる。「機構のすべての動きが共通の幸福以外に決して向かわないために、主権者と人民が唯一の同じ利害のみをもちうる国に生まれることを欲しただろう。人民と主権者が一つの同じ人格でなければ、それは起こりえない……」[7] (OC3, 112)。「人民と主権者が一つの同じ人格である」という人民主権は『社会契約論』の社会契約によってのみ可能であるから、『人間不平等起源論』が語る「服従契約」はすでにルソー自身の考えではない。『人間不平等起源論』においてルソーは人類の不幸な歴史を辿るから、服従契約という誤った道を描いているのである。

『人間不平等起源論』が達成した基本的な問題に戻ろう。この書は自然と人為を鋭く区別したことにその核心がある。それによって人為から純化された自然状態(自然人)の観念が獲得され、その状態からの悪しき逸脱として現在社会を批判できるようになった。しかし自然と人為との峻別は批判だけでなく、この純化の力は積極的な二つの道を準備している。つまり人為から純化された自然の道(『エミール』)と自然から純化された人為の道(『社会契約論』)である。確かに人間を動物から区別する完成能力は「人間のすべての不幸の源泉」とされるが、しかし不幸の源泉は同時に幸福の源泉ともなりうる。『エミール』と『社会契約論』は完成能力を正しく使うことによって、動物（自然人）の幸福より高次の幸福への二つの道を提示することになるだろう。人間の自然本性の確定は、人間の本性に従う道（『エミール』）と人間の本性を変える道（『社会契約論』）を可能にする。社会化の決定的瞬間は、『エミール』における第二の誕生の重視と『社会契約論』における「幸福な瞬間」へと導くことになる。そして自然法の確定は自然法を肯定する道（『エミール』）と自然法を否定する道（『社会契約論』）を切り拓くだろう。『人間不平等起源論』は『エミール』と『社会契約論』を準備したのである。こうしたことを証示することが第一章「人間」と第二章「市民」の課題となる。

しかしルソーは『エミール』と『社会契約論』を仕上げる前に、『新エロイーズ』を書いている。ルソー思想を全体として捉えるために、この書簡体の小説も視野に入れなければならない。

## 四　『新エロイーズ』

『新エロイーズ』は多様な読みを許す作品であり、ルソーの制作意図も最初から最後まで一貫していたわけではない。書簡体の恋愛小説として十分楽しめるし、徳の物語として読めるし、クラランの共同体とその祭に関心を向けることもできる。しかしここでは「哲学者とキリスト教徒の和解」という視点からこの作品に光を当てたい。『百科全書』によって引き起こされた哲学者とキリスト教徒という二つの党派の対立が『新エロイーズ』の執筆の背景にあったことは確かである。ルソーは『告白』第九巻において哲学者とキリスト教徒という二つの党派の対立とその和解の試みについて書いている。

「それは、彼らの偏見を破壊することによって彼らの相互的な憎悪を和らげ、一方の党派に対して、公共の評価とすべての死すべき者の尊敬に値する、他方の長所と徳を示すことであった。……私はヴォルマールとジュリという二人の人物を有頂天になって描いた。首尾よく二人を愛すべきものにし、さらに一方を他方によって愛すべきものにすると期待した。／私の計画を大まかにスケッチしたのに満足して、私はすでに描写していた細部の場面へ戻り、諸場面に与えた配列から『ジュリ』の最初の二部が生まれた」（OC1, 436）。

ここから、哲学者とキリスト教徒がそれぞれ、ヴォルマールとジュリに体現されたことが読み取れる。確かにジュリとサン＝プルーの関係から見れば、『新エロイーズ』（『ジュリ』）は美しい魂の愛の物語と見えるだろう。しかしヴォルマールとジュリの関係から見れば、『新エロイーズ』は「哲学者とキリスト教徒の和解」という解釈視点から読むことができる。[8]

ジュリがキリスト教徒を体現していることは、「死にゆくエロイーズの信仰告白がサヴォアの助任司祭の信仰告白と同じである」（OC1, 407）ことから明白である。二つの信仰告白はルソーのキリスト教、彼が理解した福音書のキリスト教を示している。[9]ヴォルマールが哲学者を体現していることは、彼が理性のみに基づく無神論者であることに示されている。ヴォルマールとジュリはそれぞれ「愛すべきもの」として描かれているし、哲学者とキリスト教徒の和解は二人の結婚として、さらにクラランの共同体をともに指導することとして表現される。

すべてはヴォルマールの理性によってその秩序が維持される。その姿をサン＝プルーは描いている。「すべての死すべきもののうちで、彼だけが自分自身の幸福の主人です。何故なら彼が享受する以上のものを何も望まず、彼は神自身と同様に幸福だからです」（OC2, 467）。「自分自身の幸福の主人」であり、「神自身と同様に幸福」であるヴォルマールは哲学者の幸福を享受している。しかしサン＝プルーから見られたヴォルマールのこの姿は、キリスト教徒ジュリから見られた彼の姿と対照的である。ジュリの目から見ると、ヴォルマールは「人間は彼自身によってこのようにあるのでなく、人間を超えた何ものかがここで支配している」（OC2, 701）ということを知らない者であり、この状態からヴォルマールを引き出すことが自分の務めだと考えている。しかし「これが今後自分に課す務めです」（OC2, 701）と書いたジュリは、その務めを果たさずに死ぬ。かくして「哲学者とキリスト教徒の和解」はなされないままである。死にゆくジュリの最後の希望はサン＝プルーに向けて次のように書かれている。「ジュリの家族と一緒になりに来て下さい。彼女の心があなた方のただ中に留まりますように。彼女に新しい存在を与えるために、彼女が愛したすべての者が再び集まりますように。あなた方の関心、喜び、友情、すべては彼女の作品であるでしょう。彼女によって形成されたあなた方の結合の結び目は彼女をよみがえらせるでしょう。彼女はあなた方の最後の者とともにだけ死ぬでしょう」（OC2, 741）。

「哲学者とキリスト教徒の和解」はジュリの死によって終わり、彼女の願いとして残される。しかしこの和解とは一体何を意味しているのか。ジュリはキリスト教徒として、『エミール』で言われる自然宗教、つまり自然の秩序のうちに生きている。無神論者ヴォルマールは「人間は彼自身によってこのようにあるのでなく、人間を超えた何ものかがここで支配している」ことを、つまり神が創始者である自然の秩序を認めない。しかし彼は「私の唯一の能動的な原理は秩序への生まれつきの好みです」（OC2, 490）と語っている。彼はクラランの共同体に秩序を与えるが、それは自然の秩序に従うのでなく、理性に基づく人為の秩序である。ヴォルマールが無神論者であることは、自然の秩序から独立な人為の秩序を築くことを意味する。とすれば「哲学者とキリスト教徒の和解」は、ヴォルマール（人為の秩序）とジュリ（自然の秩序）という問題から考察することができるだろう。

確かにクラランの共同体は国家でなく、家族社会（召使を含む家族社会）にすぎない。しかし家族社会と国家との類比をサン＝プルーは語っている。「同じ自由が家と共和国において支配し、家族は国家の似像です」（OC2, 81）。そして完全な人為が支配するという点で、クラランの共同体の秩序は『社会契約論』における国家の秩序と同じである（第七節）。「哲学者とキリスト教徒」をそれぞれ体現するヴォルマールとジュリは、国家の秩序（人為の秩序）と自然の秩序の対比のもとにある。

『新エロイーズ』は「哲学者とキリスト教徒の和解」を、つまり「人為の秩序（国家の秩序）と自然の秩序の和解」を、クラランの共同体において実現しようとした。しかしこの作品がジュリの死によって終わることは、この和解が失敗に終わったことを示している。

ルソーは『新エロイーズ』を書き終えてから、本格的に『エミール』に取り組み、それと平行的に『社会契約論』の最後の仕上げに従事した。[10]『エミール』と『社会契約論』が同じ年に出版されたことは、両書が「一緒になって一つの完全な全体をなしている」ことを意味している（第九節）。しかし何故ルソーはこれほど明確に「自然の秩序か国家の秩序か」（自然か脱自然か）という鮮明な二者択一に至ったのだろうか。それは『新エロイーズ』が「人為の秩序（国家の秩序）と自然の秩序の和解」の不可能性で終わっていることから理解できるだろう。この不可能性こそが「自然の秩序か人為の秩序（国家の秩序）か」という二つ選択肢、つまり『エミール』と『社会契約論』を同時にルソーに書かせたのである。

## 五　本書の課題と展開

ヴァンセンヌの霊感から出発して、ルソー思想の展開は『エミール』と『社会契約論』に至る。「『社会契約論』は『エミール』より、一ヵ月か二ヵ月前に出版された」（OC1, 571）が、ルソーは『エミール』を「私の最後で最良の作品」（OC1, 566）と呼んでいる。ではそれ以後の著作をルソーはどう考えていたのか。『対話』においてフランス人は語っている。

「最初の読書のときから、これらの著作はその内容の連鎖を辿るために見出さねばならない或る秩序のうちで展開されていることを感じました。この秩序が出版の順序と逆であること、著者が原理から原理へと遡り、最後の著作において初めて最初の原理に到達したことが分かると信じました。それ故総合の道を辿るために最後の著作から始めねばなりません。それで私はまず著者が最後に出した『エミール』に専念したのです。その後に彼が出版した二つの他の著作はもはや彼の体系の一部をなさず、彼の祖国と彼の名誉を個人的に守るためのものにすぎません」（OC1, 933）。

ルソーの体系とはヴァンセンヌの霊感から生まれた体系であり、『エミール』と『社会契約論』という二つの主著によって完成する体系、人間をつくる自然の道と市民をつくる脱自然（人為）の道という二つの道を提示する体系である。それ以後の二つの著作（『ボーモン氏への手紙』と『山からの手紙』）は「もはや彼の体系の一部をなさず、彼の祖国と彼の名誉を個人的に守るためのもの」にすぎないとされている。ではこのように書いている『対話』は何なのか。『対話』もまた「彼の名誉を個人的に守るためのもの」と言うことができる。しかしそれはルソー自身を語っているという意味において独特なものであろう。ルソー個人を語るという視点から見れば、『対話』と同様に、『告白』と『孤独な散歩者の夢想』もまた自己を語っていると言える。これらの著作群はルソー思想の体系に属さないとしても、やはり全体としてのルソー思想に属するのだから、考察の対象にしなければならない。

こうして第一節の最後に提示した「人間・市民・孤独な散歩者」という三つの理念型に導かれる。『告白』、『対話』、『孤独な散歩者の夢想』は自己を語るという共通性をもった著作群であり、孤独な散歩者という理念型に属するだろう。『エミール』より後の著作をも視野に納めるとすれば、孤独な散歩者という理念型をも扱わねばならない。

確かに孤独な散歩者という第三の理念型はルソーの思想体系（人間と市民という選択肢の提示）には属さない。しかしここで第二節の最後で語ったルソー思想に通底する鍵概念（幸福・自由・秩序・神）を想起しよう。第三の理念型もまた、人間と市民という理念型と同様に、この鍵概念に貫かれている。鍵概念はルソー思想の大原理（そのヴァリアント）から導かれたものだから、鍵概念に定位して三つの理念型に光を当てることができれば、ルソー思想を全体として、しかもその多様性を貫く一性のもとで解明できるだろう。これが本書の狙いである。

本書は「総合の道を辿るために最後の著作から始めねばならない」という『対話』の言葉に従い、まず『エミール』の解明から始める。それは人間をつくる自然の道である（第一章）。次に市民をつくる脱自然の道である『社会契約論』を主題とする。それによってこの二つの著作が「一緒になって一つの完全な全体をなす」ことの意味が理解できるだろう。つまりルソー思想が「矛盾していない緊密な一つの体系」をなしていることを示せるだろう（第二章)。さらに孤独な散歩者という第三の理念型をテーマとしよう。それによってルソー思想が全体として明らかとなる(第三章)。そして最後に第一、二、三章の成果に基づいて、ルソー思想の鍵概念に即して三つの理念型に光を当てたい。三つの理念型に定位することによって、ルソーは矛盾の思想家でなく、純化の思想家としてその真の姿を現わすだろう(終章)。

ルソーを純化の思想家として提示することを狙いとする本書は以下の構成となる。

第一章　人間
第二章　市民
第三章　孤独な散歩者
終　章　人間・市民・孤独な散歩者

註

**第一節**

(1) ルソーからの引用は、*Œuvres complètes de Jean-Jacques Rousseau*, Gallimard (以下 OC と略)、*Correspondance complète de Jean-Jacques Rousseau*, Institut et musée Voltaire (以下 CC と略)。

(2) 「ジャン-ジャック・ルソー――この偉大にして謎めいた人間は自体一つの矛盾であった。その思想的活動をみれば、たとえば文学と政治学、ロマン主義と合理主義、自然主義とエタティズム、個人主義と全体主義との裂け目は解釈者を混乱させ、その間の架橋、統一的把握は、解釈者が恣意を棄てて、ルソーの言説に忠実であればあるほど、ほとんど絶望的な困難を喚び起こすであろう」(福田歓一『近代政治原理成立史序説』岩波書店、一九七一年、一四〇頁)。

(3) 矛盾の思想家というルソー像は、最も極端な仕方で次のように描写される。「……ルソーの著作は切れ端とつぎはりのキルトに他ならない。彼の或る本は他の本と矛盾し、一つの論文における或る頁や節が次の頁や節を否定する」(E. H. Wright, *The*

*Meaning of Rousseau*, Oxford University Press, 1929, p.1)。「ルソーの問題の説明は時によると、たった一頁の範囲内で自己矛盾している」(G. H. Sabine, *A History of Political Theory*, Holt, Rinehart and Winston, 1961, p.589)。

(4) 「精神薄弱、精神病質、神経症、パラノイア、解釈妄想、尿毒症を原因とする脳障害……」(J. Starobinski, *Jean-Jacques Rousseau: La transparence et l'obstacle*, Gallimard, 1971, pp.240-241)(以下 TO と略)。

(5) 次の言葉は偉大な思想家に、それ故ルソーにも当てはまる。「パスカル級の思想家において『矛盾』の存在を人が主張するとき、つねに慎重でなければならず、矛盾が本当に避けられないものとして現われる最後の瞬間以外に、この解決を受け容れてはならない」(L. Goldmann, *Le dieu caché*, Gallimard, 1955, p.323)。

(6) 望月俊孝訳(『カント全集』一四、岩波書店、一〇四－一〇五頁)。「完全な技術がふたたび自然となる」という言葉については、cf. *Kant's gesammelte Schriften* (以下 KA と略), 7, Walter de Gruyter, 1917, p.210. さらに、cf. KA7, 326-327; KA15, 890.

(7) E. Cassirer, "Das Problem Jean-Jacques Rousseau", in: *Gesammelte Werke*, vol.18, Felix Meiner, 2004, p.77. (以下 PR と略) カントは次のように書いている。「ルソーの教育は市民社会が再び繁栄することを助ける唯一の手段である」(KA20, 175)。

(8) R. Derathé, *Jean-Jacques Rousseau et la science politique de son temps*, Vrin, 1995, p.171. (以下 RS と略)

(9) 「このように定義されると、一般意志は良心と同じ資格で、自由が自分自身を破壊するのを阻止する正義の規則である。ルソー自身としては、一般意志と良心との類似を決して主張しなかった。しかし或る歴史家たちが注目したように、この類似は『社会契約論』と『サヴォアの助任司祭の信仰告白』のテキストの比較から導かれる」(RS, p.236)。

(10) R. Derathé, "L'homme selon Rousseau", in: *Études sur le Contrat social de Jean-Jacques Rousseau*, Publications de l'Université de Dijon, 1964, p.215.

(11) 「この運動の目標は差し当り暗やみのうちにある。それは抽象的な遊離のうちで特徴づけられないし、固定した所与の終点として先取りされえない。ルソーがそのような先取りを試みた場合に、しばしば矛盾に満ちた動揺する定式化を超えなかった。彼にとって確実なもの、思惟と感情のすべての力によって彼が捉えるものは、彼が目指して進む目標でなく、彼が従う衝動である」(PR, 4)。運動の目標を確定できず、「矛盾に満ちた動揺する定式化」しか見出せないのだとしたら、「力と情熱の運動」を導入することに何の意味もないだろう。

(12) B. Groethuysen, *J.-J. Rousseau*, Gallimard, 1949, p.120. (以下 JJ と略)

(13) G. W. F. Hegel, *Phänomenologie des Geistes*, in: *Gesammelte Werke*, 8, Felix Meiner, 1980, p.17.

（14）　選択説それ自体が目新しいわけではない。Cf. OC3, XCVII-XCVIII. シュクラール『人間と市民』（一九六九年）は選択説を提示している。「著しく新しいものは、二つのモデルの間で、人間と市民の間で選択しなければならないというルソーの主張である。……二者択一は自然か社会かでなく、家庭教育か市民教育かである。人間は彼の完成を再創造された黄金時代のうちに見出されるのか、あるいはスパルタ共和国の市民として見出されるのか。……二つのユートピアは反自然的であるが、それぞれは内的な一性と社会的な単純性への人間の心的な要求を満足させる」（J. N. Shklar, *Men and Citizens*, Cambridge University Press, 1969, p.5）。人間と市民という二つのモデルのどちらかを選択すること、そしてそれがともに人間の要求を満足させること、この指摘は正しい。しかしシュクラールは「失われた過去（黄金時代、スパルタ共和国）への回帰」というイメージに支配されており、ルソー思想の積極性を見ることができない。スパルタ共和国に定位して『政治経済論』をそれなりに解釈できるかもしれないが、しかし『社会契約論』の政治思想史上の意味と射程を捉えることはできないだろう。「再創造された黄金時代」は『新エロイーズ』のクラランの共同体へと導くだろうが、しかし人間をつくる自然の道である『エミール』の意味を理解できない。そして二つの選択肢をともに反自然的としているので、自然の道と脱自然の道という視点を欠き、「自然法と実定法」、「自然宗教と国家宗教」といった基本的な論点を逸してしまう。

　選択説へあと一歩にまで近づいた解釈も多くあるが、しかし結局「人間と市民の統一」か「ルソーという人間への還帰」という解釈パターンへ陥ってしまう。グレトゥイゼン『ジャン＝ジャック・ルソー』は後者の例であるが（本節三）、ここでは前者の例として上山春平「ルソーとマルクス」（桑原武夫編『ルソー論集』岩波書店、一九七〇年）を見ることにしよう。「ルソーは、「オムをつくるか、シトワイヤンをつくるか」という二者択一の問いに対して、『エミール』では「オム」をつくる道を選び、『社会契約論』では「シトワイヤン」をつくる道を選んだということが出来るが、「オム」をつくる道は、私的な家庭教育と純粋に内面的な「オムの宗教」とに結びつき、「シトワイヤン」をつくる道は、公共教育と、「シトワイヤンの宗教」とに結びつく」（三一一頁）。「シトワイヤンの宗教（市民の宗教）」でなく「国家宗教」とすべきだが（第九節三）、ともかく彼の解釈は「人間か市民かの選択」を明確に語っているように見える。しかし彼は残念なことに次のように続けている。「『エミール』と『社会契約論』が同じ年に出版されているという事実が象徴的に示している様に、ルソーに於いては二つの道への関心がほぼ等しい比重をもって共存しており、一方を捨てて他方を取るという形にはならなかった。……そこのところを、マルクスは、「オム」と「シトワイヤン」の分離としてとらえ、両者の統一を自らの課題としてかかげたのである」（三一一－三一二頁）。上山氏の解釈は選択説と見えるが、しかし「一方を捨てて他方を取るという形にはならなかった」という言葉から明らかなように、選択を迫る純化の思想家ルソーを捉えていない。そして彼は結局「人間と市民の統一」を求め、その統一をルソーのうちにでなく、マルクスのうちに見出すのである。これは「ルソーからマルクスへ」というマルクス主義的な解釈の一つの典型である。

(15) A. M. Melzer, *The Natural Goodness of Man*, University of Chicago Press, 1990, p.90.（以下 NG と略）

(16)「極端な個人主義か極端な集団主義」という仕方でルソー思想を捉えることは、一般的である。スタロバンスキーも「孤独な生活」と「社会としての世界」という対比のもとでルソーを見ている。「もし透明が一般意志において実現されるなら、社会的な世界を選ばねばならない。もし透明が孤独な生においてのみ実現されるなら、孤独な生を選ばねばならない」（TO, 62）。『社会契約論』を極端な集団主義と解釈する典型はヴォーンである。Cf. C. E. Vaughan, "Introduction: Rousseau as political philosopher", in: *The Political Writings of Jean Jaques Rousseau*, vol. I, Cambridge University Press, 1915.

(17) こうしてトドロフ『はかない幸福』（及川馥訳、法政大学出版局、一九八八年）へと導かれる。トドロフはルソー思想のうちに三つの人生のタイプ、つまり「市民・孤独な個人・道徳的な個人」を見ている。市民は『社会契約論』のうちに、孤独な個人は『孤独な散歩者の夢想』のうちに、そして道徳的な個人は『エミール』のうちに見出される。これは適切な解釈だが、しかしトドロフは三つのタイプの簡単な記述に終わっており、ルソー解釈上の諸問題にまったく立ち入っていない。さらに孤独な個人はルソーが選択肢として提示したタイプでない。ルソーが提示したのは人間と市民という二つの選択肢である。

(18) この言葉を初めて知った経緯をここで語っておきたい。当時私は『エミール』のなかに人間と市民の両立不可能性を読み取り、ルソー思想の一性を人間と市民の統一でなく、「人間か市民かの選択」に見るというアイデアを得ていた。基本的なアイデアを得てから初めて研究書を読み始めるというのが、いつもの私のやり方である。その習慣に従って、ルソー関係の研究書をいくつか読んだ。そして或る研究書に引用されているルソーの言葉にショックを受けた。「人間の惨めさをなしているものは、我々の現状と欲望の間、義務と性向との間、自然と社会制度との間、人間と市民との間に見出される矛盾である。人間を一つにせよ。そうすればあなたは人間を可能な限り幸福にするだろう」。「人間を一つにせよ」は「人間と市民を一つにせよ」（人間と市民の統一）を意味するように見える。そしてこの研究書もそのように解釈していた。そうであるとすれば、私の基本的な解釈視点が全面的に崩壊する。

一挙に立ち現われる基本的なアイデアが、詳細な検討によって誤りであったと判明する、という経験を私はそれまでにしたことがなかった。少なくとも私の経験から言えば、私自身に対してそう言える（私の経験そのものが誤っているかもしれないが）。しかも人間と市民という相反する二つの選択肢を提示するというルソーの基本思想は、『エミール』と『社会契約論』だけからでなく、ルソーの他の多くのテキストから、私には否定しようもないほど確実になっていた。しかし私の解釈がルソー自身の言葉によって否定されている。これは大きな衝撃だった。それですぐにプレヤード版の当該箇所を確認することにした。そして驚いた。研究書が引用していた個所の後に、さらに次のように続いていたからである。「人間を全部残らず国家に与えよ、あるいは人間を全部残らず人間自身に引き渡せ。しかしもしあなたが彼の心を二つに分けるとすれば、あなたは彼の心を引き裂くことになる」（OC3, 510）。研究書に引用されていなかった部分の意味は明白である。「人間を一つにせよ」は、「人間と市民を一つにせよ」でなく、「人間か市民か、どちらかをはっきり選べ」を意味している。私の解釈の基本的な正しさを確認したことによって最初のショックは完全に消え去り、引用の恣意性・作為性への憤りだけが残った。

(19)「一言で言えば、彼は信じられない速さで一方の極端から他方の極端へ移行する……」（OC1, 818）。「私は二者択一しか見ず、それが私を安心させる。無であるか、あるいは幸福であるか」（CC, 17, 116, Lettre 2852）。

(20)「専制主義（despotisme）」は「法の上に人間（専制君主（despote））を置く」ことを意味する。『社会契約論』は次のように書いている。「異なったものに異なった名を与えるために、王権の簒奪者を僭主（Tyran）、主権の簒奪者を専制君主（Despote）と私は呼ぶ。僭主とは、法に反して不当に統治者となるが、しかし法に従って統治する者である。専制君主は、法そのものの上に立つ者である」（OC3, 423）。流布しているイメージとは逆に（本節一）、純化の思想家ルソーは言葉を厳密に使う論理的な思想家である。「人間の上に法を置く」と「法の上に人間を置く」という対比は、「法の支配と人間の支配」との対置という伝統のうちに立っている。アリストテレス『政治学』と『ニコマコス倫理学』から引用しよう。「法が支配することを命ずる者は、神と理性だけが支配することを命じると思われるが、人間が支配することを命ずる者は、野獣を付け加えるのである。何故なら欲望はそのようなものだから」（1287a28-30）。「我々は人間が支配することを許さず、法が支配することを許す……」（1134a35）（アリストテレスからの引用は、OCT（Oxford Classical Texts）の頁、行数に従う）。

(21) M. Weber, “Die “Objektivität” sozialwissenschaftlicher und sozialpolitischer Erkenntnis”, in: *Gesammelte Aufsätze zur Wissenschaftslehre*, J. C. B. Mohr, 1968, p.194.（以下OEと略）

**第二節**

(1)「革命家ルソー」という像に対する批判的検討については、cf. NG, 261-274.

(2) moralitéを「道徳性」でなく「精神性」と訳すこと、さらにmoralという形容詞を「道徳的」でなく「精神的」と訳すことについては、第五節三参照。

（3）「森のなかで愚かなままでいなければならない同じ人間は、都会のなかで純粋な観客になれば理性的で思慮分別があるようになるにちがいない」(OC4, 551)。さらに第六節五参照。

（4）「我々は生き始めるときに自分を教育し始める。我々の教育は我々とともに始まる」(OC4, 252)。

（5）『ド・マブリ氏への覚え書』は書いている。「青年の教育の真の目的とは何か。それは彼を幸福にすることである。……／……／人間一般の運命ほど悲しいものはない。しかし人間は自分自身のうちに幸福になりたいという激しい欲望を見出す。その欲望は幸福になるために自分が生まれたと絶えず人間に感じさせる。何故人間は少しも幸福でないのか」(OC4, 12-13)。『道徳書簡』の第二の手紙は次のように始まっている。「人間の生の目的は人間の幸福です、しかし我々のうちの誰が、いかにしてそこに至るかを知っているでしょうか」(OC3, 1087)。

**第三節**

（1）ニーチェ『善悪の彼岸』は書いている。「思想が来るのは、『思想』が欲するときであって、『私』が欲するときではない」(F. Nietzsche, *Jenseits von Gut und Böse*, in: *Nietzsche Werk*, $VI_2$, Walter de Gruyter, 1968, p.25)。ウェーバー『職業としての学問』は語る。「アイデアが訪れるのは、アイデアがその人を望むときであって、その人がアイデアを望むときではない。……最もよいアイデアが人に浮ぶのは、……人がそれを期待していないときであって、机に向かって思案し探究している間ではない」(M. Weber, "Wissenschaft als Beruf", in: *Gesammelte Aufsätze zur Wissenschaftslehre*, p.590)。

（2）『社会契約論』が「フランスのために書かれたのでない」とされる理由は、『対話』におけるフランス人の言葉のうちに見出すことができる（第二節二）。「このようにして彼の目的は、多数の人民や大きな国家をその最初の単純さへ連れ戻すことでありえず、可能ならば、その小ささと状況によって社会の完成と種の頽廃への急激な進行から守られてきた人民と国家の進展を妨げることだけでした。……彼は彼の祖国のために、そしてそれと同様に構成されている小さな国家のために仕事をしたのです」(OC1, 935)。『社会契約論』はルソーの祖国であるジュネーヴのような小さな国家のために書かれたのである。フランスのような「大きな国家」において、『エミール』の次の言葉が妥当する（第四節三）。「公教育はもはや存在しないし、もはや存在することもできない。何故なら祖国が存在しないところに、市民は存在しえないからである。祖国と市民という二つの言葉は、近代語から削除されねばならない」(OC4, 250)。それ故『社会契約論』はフランスのために書かれたのではないが、『エミール』はフランスのために書かれた、と言えるだろう。

（3）ルソー思想の大原理についてド・ジュヴネルは言う。「一七五〇年の小冊子（『学問芸術論』）は、善と考えられた社会状態から出発して、社会が頽廃していることを示した。一七五四年の小冊子（『人間不平等起源論』）は、自然状態から出発して、人間の進行的な腐敗を描く。『自然は人間を幸福で善良なものにつくったが、社会が人間を堕落させ惨めにする、という大原理』、ルソーがすべての彼の作品の鍵として与える原理は、第一論文のうちに明示的にも黙示的にも存在しない」（Bertrand de Jouvenel, "Essai sur la politique de Rousseau", in: *Du Contrat social*, Cheval Ailé, 1947, p.39）。

（4）『孤独な散歩者の夢想』は書いている。「私が今でもときどき読むわずかな本のなかで、プルタルコスが最も私の心をひきつけ、役立つものである。それは私の子ども時代の最初の読書であったし、私の老年の最後の読書となるだろう。プルタルコスは何らかの成果を引き出すことなしに決して読むことのなかったほとんど唯一の著者である」（OC1, 1024）。

（5）『ボーモン氏への手紙』は自然人について書いている。「こうした人間は存在しない、とあなたは言います。それならそれでいいでしょう。しかしこうした人間は仮定によって存在しうるのです」（OC4, 952）。これに関してスタロバンスキーは次のように書いている。「たとえ自然状態が起きなかったとしても、それを明確にしなければならない。それは、それから出発して我々の文明人の状態を判断できる規範である」（OC3, 1295）。

（6）『告白』においても「人間のいわゆる完成のうちに人間の惨めさの真の源泉を示す」（OC1, 388）と言われている。

（7）その国は「立法権がすべての市民に共有される国」（OC3, 113-114）であり、『社会契約論』が描く国家である。

（8）ジャコブ・ヴェルヌ教会付牧師宛の手紙（一七六一年六月二四日）も同じ執筆目的を書いている。「その目的は、対立する党派を相互的な尊敬によって和解させ、偽善者でなしに神を信じることができると哲学者に教え、やくざ者でなしに神を信じないことができると信者に教えることでした。真理への愛からよりも自惚れと傲慢から生まれる軽蔑と憎しみを党派の精神から取り除くことができれば、国家的平和のために大いなることをなしたでしょう。敬虔なジュリは哲学者に対する教訓であり、無神論のヴォルマールは不寛容な者に対する教訓です。これこそこの著書の真の目標であり、私がその目標から離れたかどうかを見ることはあなたに属します」（CC9, 27, Letrre 1436）。確かに『新エロイーズ』の成立史として、この書簡体の小説が最初から「哲学者とキリスト教徒との和解」という視点から書かれた、というルソーの証言を疑いうる（OC2, XXXIX-XLI, LV-LVI）。しかし執筆の最初の意図が何であれ、ルソーが最終的に「哲学者とキリスト教徒という二つの党派の対立とその和解の試み」と見なしたことが重要である。それを確認できさえすれば、その試みの失敗こそが、つまり「人為の秩序（国家の秩序）と自然の秩序の和解」の不可能性こそが、自然と人為を相互に純化することへルソーを導いたと言えるからである。

（9）『山からの手紙』（第一の手紙）は書いている。「『エミール』のうちにカトリック司祭の信仰告白を、そして『新エロイーズ』のうちに敬虔な女性の信仰告白を人は見出します。この二つの部分は一方によって他方を説明できるのに十分なほど一致しています。そしてこの一致から恐らく人は、二つの信仰告白が含まれている著作を公表した著者が両者を全体として採用していないとしても、少なくとも大いに気に入っていることを推測できるでしょう」（OC3, 694）。手紙（一七六一年一二月二三日）でははっきり語っている。「サヴォアの助任司祭の信仰告白が私の信仰告白である、とあなたは容易に分かるでしょう」（CC9, 342, Lettre 1602）。

（10）「『新エロイーズ』を仕上げてから私が本格的に始めた『エミール』は、大いにはかどった。……私は『政治制度論』の進行状態を調べ、それがさらに数年の仕事を必要とすることを見出した。……こうしてこの作品を断念して、そこから切り離しうるものを抜き出し残りのすべてを焼こうと私は決心した。『エミール』の仕事を中断することなしに、この仕事を熱心に押し進め、私は二年足らずで『社会契約論』に最後の手を加えた」（OC1, 516）。

# 第一章　人間

「自然の秩序において人間はすべて平等であり、その共通の天職は人間という身分である。そのために十分教育された者は誰でも人間に関係するものをうまく果たせないはずはない。……生きることこそ私が彼に教えたい職業である。私の手で作られたばかりのとき彼は、確かに施政者でも軍人でも司祭でもないだろう。彼はまず第一に人間であるだろう。人間がそうであるべきすべてに、必要があれば、どんな人とも同じように彼はなることができるだろう。いかに運命が彼の位置を変えようとも、彼はつねに彼の位置に留まるだろう」（OC4, 251-252）。

『エミール』第一編はこの書の狙いをこのように語っている。『エミール』が育てようとしているのは、「自然の秩序における人間」である。この人間は国家の秩序のうちで生きる市民との鋭い対比のもとで捉えられている。『エミール』第一編は「人間か市民かの選択」の前に我々を立たせ、そして明確に人間をつくる道を選択している（第四節）。この人間は自然の秩序のうちにその位置を占めているから、人間という理念型を捉えるために、「自然の秩序」を明らかにしなければならない（第五節）。しかし『エミール』第五編は『社会契約論』からの抜粋を含んでいる。『社会契約論』は国家秩序の創設の書であるから、『エミール』は結局「国家の秩序における市民」をつくると考えられるかもしれない。『エミール』が市民でなく、人間をつくるというテーゼを証明するために、『社会契約論』からの抜粋の意味を正確に捉える必要があるだろう（第六節）。

人間という理念型を『エミール』が提示していることを証示する第一章は三つの節からなる。

第四節　人間か市民かの選択
第五節　自然の秩序
第六節　『エミール』のなかの『社会契約論』

## 第四節　人間か市民かの選択

「自然か社会制度と戦うことを強いられ、人間をつくるか市民をつくるかを選ばねばならない。何故なら人は同時に人間と市民をつくることができないからである」（OC4, 248）。

『エミール』はその第一編において「人間をつくるか市民をつくるか」という選択を迫っている。この二つの選択肢を明確にした上で、『エミール』は人間をつくる道をはっきり選択する。市民をつくる道を選ぶのは『社会契約論』である。いかにしてこの二つの道が提示されるのかを理解するために、『エミール』第一編の冒頭の言葉から出発しよう。

### 一　万物の創造者の手で作られたばかりのときにはすべてが良い

ルソーは『エミール』を「私の最後で最良の作品」（OC1, 566）、「私の最も価値ある最良の書物」（OC1, 568）と呼んでいる。そして『対話』において、『エミール』から読むことを勧めている（第三節五）。「最後の著作において初めて最初の原理に到達した」とされる「最初の原理」（OC1, 933）は、『エミール』第一編の冒頭に書かれている。

「万物の創造者の手で作られたばかりのときにはすべてが良い。人間の手のもとではすべてが変質する」（OC4, 245）。

この冒頭の言葉を解明することが『エミール』を理解するために重要である。まず「万物の創造者の手で作られたばかりのときには」という言葉に着目しよう。この言葉は『創世記』を想起させる。その第一章「天地の創造」において、繰り返し「神はこれを見て、良しとされた」（1.10, 1.12, 1.18, 1.21, 1.25）と表現される。そして人間を作った後に次のように語られる。「神はお造りになったすべてのものを御覧になった。見よ、それは極めて良かった。夕べがあり、朝があった。第六の日である」（1.31）。「すべてが良い」という『エミール』冒頭の言葉は、「神はお造りになったすべてのものを御覧になった。見よ、それは極めて良かった」に対応するだろう。しかし人間は蛇の誘惑によって善悪の知恵の木からその果実を食べ、エデンの園から追放される。人間のこの行為は、神が良しとされた秩序の最初の破壊である。「人間の手のもとではすべてが変質する」とは、万物の創造者（神）によって造られた人間が自然の秩序の破壊者であることを意味する。このことは『ファーブル草稿』の対応箇所から明白である。「万物の創造者の手で作られたばかりのときにはすべてが良い。人間の手のもとではすべてが変質する。自然の傑作は自然の破壊者である」（OC4, 58）。

神はすべてを良きものに造った。しかし人間はその良き秩序を破壊する。この世界におけるすべての悪は、神に由来するのでなく、人間に由来する。これはルソーの神義論である（第十一節三）。『エミール』第一編の冒頭の言葉はルソーの神義論を言い表わしている。ともかく「すべてが良い」とされることのうちに人間も含まれている。第一編は冒頭の言葉に続けて次のように言う。

「人間は或る土地に他の土地の産物を育てることを、或る樹に他の樹の実を結ぶことを強制する。人間は風土、環境、季節を混ぜ合わせ混同する。犬、馬、奴隷をめちゃくちゃにする。すべてをひっくりかえし、すべてを歪める。つまり人間は奇形、怪物を愛する。自然がつくったままにすることを欲しない、人間さえもそうである。調教馬のように人間も仕込まねばならない。庭木のように思いのままにねじ曲げねばならない」(OC4, 245)。「人間の手のもとではすべてが変質する」ことが、つまり人間が自然の破壊者であることが述べられている。そして植物、動物から人間自身へと焦点を絞っていく。人間をも自然がつくったままにしておかない、つまり人間の手のもとで人間自身もその自然の姿を失い、変質する。人間の手が人間の自然本性を破壊する。「すべて」という言葉に含まれていた「人間」が際立たせられる。冒頭の言葉は次のようになる。「万物の創造者の手で作られたばかりのときには人間も良い。人間の手のもとでは人間も変質する」。

このように人間に焦点を合わせて読むと、それは「自然は人間を幸福で善良なものにつくったが、社会が人間を堕落させ惨めにする」というルソーの大原理と同じことを意味している。この大原理こそが『エミール』を導いている(OC1, 934)。

しかし「庭木のように思いのままにねじ曲げねばならない」ということが単に否定されている、と簡単に考えてはならない。ルソーは次のように続けている。「そうしなければ、すべてはさらに一層悪くなるだろう。我々人間は中途半端に形成されることを欲しない」(OC4, 245)。ルソーがここで批判しているのは、中途半端ということであって、「庭木のように思いのままにねじ曲げねばならない」ということ自体ではない。ここで「私にとってすべてと無の間に中間状態は決して存在しなかった」(OC1, 332)というルソーの思考の固有性を想起しよう(第一節五)。ルソーは中途半端でいられない純化の思想家である。『エミール』にも中途半端を否定する純化の力が働いていることは、その序文の言葉から明らかである。「良い方法を中途半端に採用するより、既定の方法にすべて従うことが一層よいだろう。それだけ人間のうちに矛盾が少なくなるだろう。人間は相反する二つの目標に同時に向かうことはできない」(OC4, 243)[(1)]。中途半端は矛盾を生み出すだけであり、人間を引き裂き、不幸にするだろう。それ故「思いのままにねじ曲げる」とすれば、それを中途半端に終わらせず、徹底的にすべきである。それは純粋な人為の道である。自然の破壊者となるとすれば、完全に自然を破壊するべきであり、『社会契約論』は脱自然の道(完全な人為の道）を選ぶだろう。

人間を引き裂く矛盾をルソーがよく知っていたからこそ、矛盾を取り除くことがルソーの狙いとなる。それ故に『エミール』は「自然による教育、人間による教育、事物による教育」を分けた後に次のように言うのである。「それ故我々各人は三種類の先生によって形成される。それらのさまざまな教えが矛盾しているような弟子は悪しく教育されており、決して自分自身と一致しないだろう。さまざまな教えがすべて同じ地点に通じ、同じ目的に向かうような弟子だけが、彼の目標に至り、一貫して生きる。こうした弟子だけが良く教育されている」（OC4, 247）。矛盾をなくすことがルソーの基本的な狙いである。この志向が矛盾の思想家というイメージと正反対であることは明らかだろう。矛盾・対立が生じる場合、矛盾する項の一つを選ぶことをルソーは勧めるのである。『エミール』は基本的な選択の前に読者を立たせる。

「それ故この原初的な傾向にすべてを関係づけねばならないが、もし我々の三つの教育が異なるだけなら、それは可能だろう。しかしそれらの教育が対立しているとき、人間を彼自身のために育てる代わりに、他の人間のために育てようとするとき、どうなるのか。そのとき、自然か社会制度と戦うことを強いられ、人間をつくるか市民をつくるかを選ばねばならない。何故なら人は同時に人間と市民をつくることができないからである」（OC4, 248）。

ここで初めて「人間か市民かの選択」が提示される。この選択の意味と射程を明らかにするために、まず人間と市民の区別を正確に理解しなければならない。

## 二　人間と市民の区別

人間と市民の区別は、「人間および市民の権利宣言（Déclaration des droits de l'homme et du citoyen）」というフランス人権宣言（一七八九年）において、「人間の権利」と「市民の権利」として語られている。そしてその第六条「法は一般意志の表明である」という規定は『社会契約論』（OC3, 430）に由来する。ここから「人間の権利」と

「市民の権利」の区別の背景にルソー思想があると考えるかもしれないが、しかし人間と市民の対比はルソー以前から存在する基本的な区別である。

プーフェンドルフ『人間と市民の義務（De officio hominis et civis）』の書名から、人間と市民の区別が読み取れる。彼は義務の三つの源泉を語る。理性の光、国家法、神の意志の特殊な啓示。「第一のものから、人間の最も共通な義務が、特に他の人間との社会性を可能にする義務が流れ出る。第二のものから、特殊な限定された国家に服従して生活しているかぎりでの人間の義務が流れ出る。第三のものからキリスト教的な人間の義務が流れ出る」[2]。これに対応して三つの教義がある。すべての国民に共通な自然法（jus naturale）、個別的な国家の国家法（jus civile）、道徳的神学。ここでの我々の関心はキリスト教的な人間でなく、人間と市民の区別にある。書名にある「人間と市民」の人間は、人間の最も共通な義務を命じる自然法（理性の法＝理性の光）に従うかぎりでの人間である。そして市民は、特殊な限定された国家に服従しその国家法に従うかぎりでの人間を意味する。

人間と市民の区別はヴォルフ『ラテン語論理学』にも見出される。この書の第六三、六四、六五節を引用しながら、リーデルは次のように書いている。「『人間であるかぎりにおいてか、市民であるかぎりにおいてか、あるいは言い換えれば、人類社会すなわち自然状態のうちに生きているかぎりか、国家社会に生きているかぎりか。この二つの観点のために、実践哲学は二つの部門に分けられる』。この二つの部門は倫理学と政治学である。倫理学の対象は人類の人倫的な構造であり、それ故倫理学は一般的に精神的な存在（entia moralia）を、そして人間としての人間の状態を探究する。『自然状態すなわち人類社会のうちに生きているかぎりでの人間が考察されるこの哲学の部門は、倫理学（Ethica）と呼ばれる。したがって我々は倫理学を、自然状態における自由な行為を、すなわち人間が自権者（sui juris）であり他の権力に服従していないかぎりでの自由な行為を導く学と定義する』。政治学の対象は国家社会（societas civilis）の法的な構造である。それ故政治学の対象は類の人倫的な本性でなく、法によって規定されているそれぞれの国家（res publica）の政治的な本性である。政治学は人間としての人間を主題とするのでなく、市民としての人間を主題とする。それ故政治学は倫理学の内部における人間の行為の普遍性と無規定性から人間を取り出し、国家における国家法の特殊性のもとに人間を置く。『共和国すなわち国家状態のうちに生きているかぎりでの人間が考察されるこの哲学の部門は、政治学（Politica）と呼ばれる。したがって政治学は、国家社会すなわち共和国における自由な行為を導く学である』[3]。ヴォルフの区別はプーフェンドルフのそれと基本的に同じである。そしてこうした区別がルソーにおける人間と市民との対比の背景にある[4]。『社会契約論』の第四編第八章「国家宗教について」は次のように語っている。

「一般社会か特殊社会である社会との連関から考察された宗教は、同様に二種類に区別されうる、つまり人間の宗教と市民の宗教である。人間の宗教は、神殿も祭壇も儀式もなく、至高の神の純粋に内的な礼拝ならびに倫理の永遠の義務に限られ、福音書の純粋で単純な宗教であり、真の有神論であり、神的な自然法と呼びうるものである。市民の宗教は、ただ一つの国のうちに刻まれ、その国にその神々、その固有の守護神を与える。市民の宗教はその教義、儀式、法によって規定された外的な礼拝をもっている。それに従う唯一の国民以外のすべての者はこの宗教にとって不信心者、異邦人、野蛮人である。この宗教は人間の義務と権利をその祭壇の外にまで拡げない。原始的な人民の宗教はすべてこのようなものであり、神的な国家法あるいは実定法という名を与えることができる」(OC3, 464)。

「一般社会と特殊社会」に対応して、「人間の宗教と市民の宗教」が区別されている。人間は一般社会のうちに生き、そして市民は特殊社会のうちに生きている。この対比は「すべての国民に共通―個別的な国家」(プーフェンドルフ)、「人類社会(＝一般社会)すなわち自然状態のうちに生きている―国家社会(＝特殊社会)に生きている」(ヴォルフ)に対応している。そして宗教の区別であるから「神的」と形容されているが、ルソーにおける人間と市民の区別は「自然法―国家法あるいは実定法」の対比として表現されている。これは「自然法―国家法」(プーフェンドルフ)、「倫理学―政治学」(ヴォルフ)に対応している。それ故人間をつくる道を選ぶ『エミール』は、自然法に従う倫理学であり、市民をつくる道である『社会契約論』は国家法に従う政治学となるだろう（第九節八）。

「人類社会すなわち自然状態—国家社会」、「自然法—国家法」の対比から明らかなように、人間と市民の区別は「自然状態—国家状態」に対応している。それ故ルソーにおいて「人間—市民」は『エミール』において「自然人—国家人」の対比として表現される。「自然人（homme naturel）は彼にとってすべてである。彼は数的に一であり、彼自身に対してか彼の同胞に対してだけ関係する絶対的な整数である。国家人（homme civil）は分母に属する分数の一にすぎず、その価値は社会体である全体に対する関係のうちにある」（OC4, 249）。ルソーが語る人間と市民の意味は、プーフェンドルフやヴォルフの用例から理解することができる。

「市民」はcitoyenの訳語である。日本語において「市民」という語は、福岡市民、市民権、市民社会（あるいは市民運動）という仕方で使われる。福岡市民は福岡市という都市に住んでいる者（都市市民）を指す。市民権は公民権であり、日本の市民権を得るとは、日本の公民（国家市民）となることである。市民社会の「市民」は「政治的・国家的な社会から解放された経済人（私人＝ブルジョワ）」を意味する。「小市民」はプチ・ブルである。ルソーにおけるcitoyenはラテン語のcivisに対応し、civitas（国家）を構成する国家人（国家市民）である。つまりルソーの「市民」は市民権という用例での市民（公民＝国家人）であって、都市市民やブルジョワではない(5)。市民（国家人）は、「特殊な限定された国家に服従しその国家法に従うかぎりでの人間」、「共和国すなわち国家社会のうちに生きているかぎりでの人間」を意味する。

「人間」は「国家状態のうちに生きる市民（国家人）」と区別され、自然人とされる。『エミール』が目指すのは、自然人をつくることである。「一言で言えば、自然人を知らねばならない。この著作を読んだ後に、この探究においていくらか前進したことになるだろうと私は信じる」（OC4, 251）。ここでも自然人という言葉を正確に理解しなければならない。市民と対比された人間としての自然人は「人類社会すなわち自然状態のうちに生きている」。自然状態は人類社会（一般社会）として理解されているから、社会性を欠いた自然状態（『人間不平等起源論』において語られる自然状態）でなく、国家社会（特殊社会）と区別された社会（一般社会）を意味する。『エミール』がつくる自然人は社会のうちで生きる自然人である。「自然の人間をつくろうとして、その人間を未開人にして森の奥に追いやることが問題なのでないということを、まず考えてほしい」（OC4, 550-551）。『エミール』がつくる自然人（自然の人間）は、「人間の最も共通な義務を命じる自然法に従うかぎりでの人間」、「自権者（sui juris）であり他の権力に服従していないかぎりでの人間」なのである（第十節四）。

ルソーにおける人間と市民の区別は当時の用例に従って理解できる。従ってルソー思想の独自性は単なる区別にあるのでなく、「同時にこの両者をつくることはできない」という人間と市民の両立不可能性の主張のうちにある。[6] 両立不可能であるが故に、「人間をつくるか市民をつくるかを選ばねばならない」のである。この選択は相反する二つの選択肢の間での選択であり、「家庭教育か公教育か」（三）、「人間愛か祖国愛か」（四）という選択である。しかしこの選択はどちらを選ぶにしろ、「人間を一つにせよ」（五）と「人間への依存から事物への依存へ」（六）を満たすことになる。二つの選択肢は相反しているが、ともに同じ志向目的をもっている。

## 三　家庭教育か公教育か

「必然的に対立する二つの目的から、相反する二つの教育形態が由来する。一方は公共的な公教育であり、他方は特殊的な家庭教育である」（OC4, 250）。

人間をつくるか、市民をつくるか、これは教育の問題である。それ故、人間と市民の二者択一は、教育の選択である。人間をつくるのが家庭教育、市民をつくるのが公教育である。対立する二つの目的とは「人間を彼自身のために育てる」か「他の人間のために育てる」（OC4, 248）かである。このことは『ファーブル草稿』からも明らかである。「人が人間を育てることができるのは、自分自身のためか、他人のためかである。それ故二つの教育、つまり自然の教育と社会の教育が存在する。人は一方によって人間を形成し、他方によって市民を形成するだろう」

（OC4, 58）。人間をつくるか、市民をつくるか、つまり家庭教育（自然の教育）か公教育（社会の教育）か、どちらかを選ばねばならない。公教育について次のように言われている。

「公教育の観念を得たいと思うか。それならプラトンの『国家』を読みなさい。これはその表題だけによって判断する者が考えているような政治についての作品ではない。これはかつて書かれた教育についての最良の論述である。／空想の国を参照したいとき、人はプラトンの制度を挙げる。もしリュクルゴスが彼の制度を著作のみによって提示しただけなら、私はそれをはるかに空想的だと思うだろう。プラトンは人間の心を純化しただけである。リュクルゴスは人間の心を脱自然化した」（OC4, 250）。

ルソーはプラトン『国家』を公教育についての最善の書と考えている。しかし「プラトンは人間の心を純化しただけである」のに対して、「リュクルゴスは人間の心を脱自然化した」ことをより高く評価している。市民をつくる公教育の真の理想は「人間の心を脱自然化する（dénaturer）」ことにある、とルソーは考えているのである。市民をつくる公教育は、『エミール』が選ぶ自然の教育（家庭教育）と完全に対照的な道、脱自然の道である。人間（自然人）と市民（国家人）は次のように対比されている。

「自然人は彼にとってすべてである。彼は数的に一であり、彼自身に対してか彼の同胞に対してだけ関係する絶対的な整数である。国家人は分母に属する分数の一にすぎず、その価値は社会体である全体に対する関係のうちにある。善き社会制度は人間を最もよく脱自然化し、人間に相対的な存在を与えるためにその絶対的な存在を奪い、自我を共通の統一体のうちに移し入れることのできる制度である。従って各個人は自分をもはや一つと考えず、統一体の一部と考え、もはや全体のうちでしか感じない。ローマの市民はカイウスでもルキウスでもなく、一人のローマ人であった。つまり自分を捨てひたすら祖国を愛した」（OC4, 249）。

自然の秩序にある自然人と国家の秩序にある国家人が、対比されている。ここで「善き社会制度は人間を最もよく脱自然化する（dénaturer）」という言葉に着目しよう。これは「リュクルゴスは人間の心を脱自然化した」ことと同じである。リュクルゴスは「善き社会制度」を確立したスパルタの立法者である。このことは『社会契約論』における立法者の役割へと導く。その第二編第七章「立法者について」は立法者について次のように書いている。

「一つの人民にあえて制度を与える者は、次のことができると自覚すべきである。つまりいわば人間の自然本性を変えること、自分だけで一つの完全な単独の全体である各個人を、この個人がいわばその生命と存在をそこから受け取る一つのより大きな全体の一部へと変容させること、強化するために人間の構造を変質させること、我々すべてが自然から受け取った身体的な独立な存在の代わりに、部分的で精神的な存在を置き換えること、である。……自然的な力が死に、消滅すればするほど、それだけ一層獲得された力は大きく、持続的となり、制度も一層強固で完全となる」（OC3, 381-382）。

「人間を脱自然化する」ことは、「人間の自然本性（la nature humaine）を変える」＝「人間の構造を変質させる」ことであり、それは整数である自然人を分子としての国家人へと変えること、「我々すべてが自然から受け取った身体的な独立な存在の代わりに、部分的で精神的な存在を置き換える」ことである。それは「他の人のために育てる」という公教育、「人間の心を脱自然化する」公教育によって初めて可能となる。ルソーがこのように書いたとき、彼はリュクルゴスを念頭に置いていただろう。リュクルゴスこそがルソーにとって立法者の典型である。このことは同じ章において「リュクルゴスが彼の祖国に法を与えたとき、彼は王位を退くことから始めた」（OC3, 382）と言っていることからも明白だろう。ルソーの立法者のイメージはプルタルコス『英雄伝』の「リュクルゴス伝」に由来する。(7)

しかし『エミール』は公教育でなく、自然人としての人間をつくる家庭教育を選ぶ。この選択の理由を『エミール』は次のように語っている。

「公教育はもはや存在しないし、もはや存在することもできない。何故なら祖国が存在しないところに、市民は存在しえないからである。祖国と市民という二つの言葉は、近代語から削除されねばならない」（OC4, 250）。

「祖国が存在しない」という認識が『エミール』の基本的立場である。「祖国が存在しないところに、市民は存在しえない」のは、市民を市民たらしめるのが祖国愛だからである。このことは「ローマの市民はカイウスでもルキウスでもなく、一人のローマ人であった。つまり自分を捨てひたすら祖国を愛した」(OC4, 249)という言葉から読み取れる。それに対して人間を人間たらしめるのは、人間愛である。公教育（社会の教育）は「人間の自然本性を変える」＝「人間の構造を変質させる」ことによって祖国愛を生み出すだろう。それに対して家庭教育（人間の教育）は「人間の構造に従って人間の情念を秩序づける」(OC4, 303)ことによって、人間愛を育てるだろう。「人間の構造に従って」と「人間の構造を変質させる」という言葉は、人間をつくる家庭教育と市民をつくる公教育との対比を表現している。人間愛と祖国愛という情念の対比を通して「人間か市民かの選択」を考えよう。

## 四　人間愛か祖国愛か

「スパルタの或る婦人は五人の息子を軍隊に送り、戦いの知らせを待っていた。一人の奴隷が到着する。彼女は震えながら戦いについて尋ねる。『あなたの五人の息子は戦死しました』。『いやしい奴隷よ、私はあなたにそんなことを尋ねたか』。『我々は勝利を得ました』。母親は神殿に駆けつけ、神々に感謝を捧げる。これこそ女の市民である」(OC4, 249)。

『エミール』は男の市民を描いた後にスパルタの母親を女の市民として提示している。ここにルソーの考えている市民の姿が極めて鮮やかに描写されている。この母親は『エミール』がつくる人間でなく(息子の戦死を悲しまず)、国家状態のうちで生きる市民である(国家の勝利を感謝するために神殿に駆けつける)。この母親の非人間性、人間愛の欠如に驚くかもしれない。息子の死を嘆き悲しむことは人間の自然の感情だろう。しかし市民としてのスパルタの母親は自然の感情に浸るのでなく、国家の勝利を祝う。それは祖国愛である。スパルタの女市民は、自然の感情を一切捨て去った者、子どもの死を悲しむという人間性（人間の自然本性）を変えた者、脱自然化された市民である。ここに人間愛を捨て去って祖国愛に生きる市民の姿を見ることができる。

それに対して人間をつくる『エミール』は人間愛の立場に立っている。「人間よ、人間的であれ。それがあなた方の第一の義務だ。すべての身分の人に対して、すべての年齢の人に対して、人間にとって無縁でないすべてのものに対して、人間的であれ。人間愛なしにあなた方にとっていかなる知恵が存在するのか」（OC4, 302）。「人間を社交的にするのは人間の弱さである。我々の心を人間愛へ導くのは我々の共通の惨めさである。我々が人間でないならば、我々は人間愛に何も負うことはないだろう。すべての愛着は不足の印である」（OC4, 503）。

「神殿に駆けつけ、神々に感謝を捧げる」ことのうちに、「市民の宗教」を見ることができる。「市民の宗教は、ただ一つの国のうちに刻まれ、その国にその神々、その固有の守護神を与える」（OC3, 464）のであり、母親が感謝を捧げる神は彼女の国家に固有の守護神である。そして市民の宗教は「国家に奉仕することが守護神に奉仕することである」（OC3, 465）と市民に教え、祖国愛を鼓舞する（第九節三）。

それに対して『エミール』が語る宗教は自然宗教であり、「人間の宗教」と基本的に同じである。『山からの手紙』（第一の手紙）は人間の宗教について次のように言っている。「純粋な福音書が社会にとって有害であると非難しているどころか、排他的であるべき立法にとっていわばあまりに社交的であり、あまりにすべての人類を抱擁しすぎると私は思っているのです。それは祖国愛よりむしろ人間愛を吹き込み、市民よりむしろ人間を形成することに向かいます」（OC3, 706）。人間愛と祖国愛は人間と市民との対比を言い表わしているから、人間をつくる家庭教育と市民をつくる公教育と同様に、両立不可能である。それ故次の註が付されているのである。

「祖国愛と人間愛は、例えば、そのエネルギーにおいて両立しえない徳であり、一つの人民全体において何よりもそうです。二つをともに望む立法者はどちらも得られないでしょう。この一致が見られたことは決してありませんし、決して見られないでしょう。何故ならそれは自然に反しており、同じ情念に二つの目的を与えることはできないからです」（OC3, 706 note 2）[8]。

『山からの手紙』のこの言葉は人間愛と祖国愛の両立不可能性、それ故人間と市民との両立不可能性をはっきり語っている。両立不可能であるが故に、ルソーは「人間をつくるか市民をつくるかを選ばねばならない」と選択を迫るのである。

「家庭教育か公教育か」(三)、「人間愛か祖国愛か」(四)に即して、人間と市民の両立不可能性を明確にした。両立不可能であるが故に、どちらかを選ばねばならないが、しかしこの選択は同じ志向目的を実現するための選択である。「人間を一つにせよ」(五)と「人間への依存から事物への依存へ」(六)に定位して、この共通性を明らかにしよう。

## 五　人間を一つにせよ

「何ものかであるために、自分自身であり、つねに一つであるために、語るように行わねばならない。つねに取るべき態度について決定し、それを公然と貫き、つねに従わねばならない。その人は人間か市民か、あるいは同時に人間であり市民であるためにいかに振舞うか、を知るために、誰かがこの驚嘆すべき人を私に示してくれるのを私は待っている」(OC4, 250)。

公教育と家庭教育という相反する二つの教育形態を語る直前に、ルソーはこのように書いている。この二つの教育は相反するが、「何ものかであり、自分自身であり、つねに一つである」という共通の志向目的をもっている。しかし「その人は人間か市民か、あるいは同時に人間であり市民であるためにいかに振舞うか、を知るために、誰かがこの驚嘆すべき人を私に示してくれるのを私は待っている」とはいかなることなのか。ルソーは「同時に人間と市民をつくることができない」と考えていた。それ故「その人は人間か市民か (s'il est homme ou citoyen)」という形で書いた。それに対して、「同時に人間であり市民であるためにいかに振舞うか (comment il s'y prend pour être à la fois l'un et l'autre)」と表現したのは、この可能性を排除しているからである。この可能性を認めていたとすれば、s'il est à la fois l'un et l'autre と表現したであろう。「同時に人間であり市民である者」という可能性をルソーが否定していることは、引用した箇所の直前の言葉がはっきり示している。

「国家の秩序のうちで自然の感情の優位を保持することを望む者は、彼が望んでいるものを知らない。つねに自分自身と矛盾し、つねに彼の性向と義務との間を揺れ動き、彼は決して人間でも市民でもないだろう。彼は自分のためにも他人のためにも決して役立たないだろう。それは我々の時代の人間の一人、フランス人、イギリス人、ブルジョワだろう。それは無だろう」(OC4, 249-250)。

「国家の秩序のうちで自然の感情の優位を保持することを望む者」は「同時に人間であり市民である」ことを望む者である。そういう者は「決して人間でも市民でもなく」、「無 (rien)」である。ルソーにとって中途半端な者が「無」であるから、同時に人間であり市民であろうとする者は中途半端であり、無にすぎない(第一節五)。何故無にすぎないかは、スパルタの女市民の例から明らかである。スパルタの女市民の状況に立ったとき、「同時に人間であり市民であるためにいかに振舞うか」を考えてみて欲しい。人間であれば自然の感情に従って子供の死を嘆き悲しむだろう。しかし子供の死を悲しみ、同時に国家の勝利を喜ぶことは、「自分自身と矛盾し、性向と義務との間を揺れ動く」ことになるだろう。スパルタの女市民の例は、「人間と市民の統一」をルソーのうちに求める試みが幻想であることをはっきり示している。「人間と市民の統一」をルソーのうちに見ようとする者は、そうした人間と市民の統一体がいかなる行動をするのかを実際に示さねばならない。ルソーでなくとも誰でも、それを是非示して欲しいと思うだろう。スパルタの女市民の例が示すのは「人間と市民の両立不可能性」である。

「何ものかであり、自分自身であり、つねに一つである (toujours un)」という公教育と家庭教育にとっての共通の志向目的は、「人間を一つにせよ (rendez l'homme un)」という「公的な幸福について」の言葉と正確に対応している(第一節五)。そして「我々の現状と欲望の間、義務と性向との間、自然と社会制度との間、人間と市民との間に見出される矛盾」は、「つねに自分自身と矛盾し、つねに彼の性向と義務との間を揺れ動く」ことと同じである。

「人間を全部残らず国家に与えよ」とは市民となることであり、「他の人間のために育てる」こと（公教育）によって可能となる。そして「人間を全部残らず人間自身に引き渡せ」とは人間となることであり、「人間を彼自身のために育てる」こと（家庭教育）を言い表わしている。[9]

幸福になるために人間を一つにしなければならない。スパルタの女市民は、国家の秩序において「人間を一つにせよ」という要求に従った者、「人間を全部残らず国家に与えよ」という選択肢を選んだ者である。『エミール』がつくる人間は、自然の秩序において「人間を一つにせよ」という要求に従った者、「人間を全部残らず人間自身に引き渡せ」という選択肢を選んだ者である。この二つの選択肢は相反するが、いずれを選んだとしても「人間を一つにせよ」という要求に従っている。「矛盾に心を引き裂かれずに一つであること」こそが幸福であるから、人間か市民かの選択肢は幸福になるための唯一可能な二つの選択肢である。

人間と市民という二つの選択肢は「矛盾に心を引き裂かれずに一つであること」という幸福を共通の志向目的としてもっているが、さらに事物への依存の再興という共通の目的をもっている。最後にこの点を確認しよう。

## 六　人間への依存から事物への依存へ

「(1)この考察は重要であり、社会制度のすべての矛盾を解決するのに役立つ。二種類の依存状態が存在する。一つは事物への依存であり、自然に基づく。他の一つは人間への依存であり、社会に基づく。事物への依存はいかなる精神性ももっていないので、自由を損なわず、悪徳を生み出すこともない。人間への依存は無秩序なものなので、すべての悪徳を生み出し、これによって主人と奴隷が相互に相手を堕落させる。もし社会のうちにこうした悪を防ぐ何らかの方法が存在するとすれば、それは人間の代わりに法を置き、すべての特殊意志の行為に優越する現実的な力を一般意志にもたせることである。もし国民の法が自然の法のように、いかなる人間の力も打ち破れない強固さをもちうるならば、そのとき人間への依存は事物への依存に再びなるだろう。人は共和国のうちで自然状態のすべての利点を国家状態の利点と結びつけ、人間を悪徳から免れさせている自由に、人間を徳へと高める精神性を結びつけるだろう。／⑵子どもを事物への依存のうちにだけとどめておけ。そうすればあなた方は子どもの教育の進展において自然の秩序に従ったことになる」(OC4, 311)。

⑴⑵という符号をつけて二つの段落にわたって『エミール』第二編から引用した。⑴の箇所はルソー解釈者が好んで引用するが、次の段落の言葉を同時に引用することはない。しかし⑴と⑵が続けて語られていることが重要なのである。⑴の後半が『社会契約論』の課題を述べていること、そして⑵が『エミール』について語っていることは明白である。つまり⑴⑵から、『社会契約論』と『エミール』が解決すべき共通の課題、「事物への依存」という同一の目的をもっていることを読み取れるのである。

「事物への依存」と「人間への依存」が区別される。この区別、そして「事物への依存」の正確な意味を捉えることが重要である。まず⑴の前半を解明しよう。悪徳を生み出すことのない「自然に基づいた事物への依存」と、すべての悪徳を生み出す「社会に基づいた人間への依存」が対比されている。この対比は「自然は人間を幸福で善良なものにつくったが、社会が人間を堕落させ惨めにする」(OC1, 934)というルソーの大原理を想起させる。悪徳を生み出すことのない「事物への依存」は、自然状態における事物への依存であり、この自然状態において独立した自然人はいかなる精神性ももたない。『人間不平等起源論』は自然状態における人間について同じことを語っている。「この状態における人間は、彼らの間にいかなる種類の精神的関係も確かな義務ももっていないので、善でも悪でもありえず、悪徳も徳ももっていなかったようにまず思われる」(OC3, 152)。

これに対して、人間への依存は社会に基づき、「すべての悪徳を生み出す」、つまり「社会が人間を堕落させ惨めにする」。「これによって主人と奴隷が相互に相手を堕落させる」という言葉は、『社会契約論』第一編第一章の冒頭の言葉を想起させる。「人間は自由なものとして生まれた、しかし至るところで鎖につながれている。或る人は自分を他人の主人と信じているが、やはり彼ら以上に奴隷である」(OC3, 351)。このことの意味は『エミール』の次の言葉から理解できるだろう。「君の自由、君の能力は、君の自然的な力が及ぶかぎりで発揮されるだけで、これを越えるものではない。それ以外のものはすべて奴隷状態、幻想、幻惑にすぎない。世論に基づくならば、支配でさえも卑屈である。何故なら君が偏見によって支配する人々の偏見に君は依存しているからである。人々を君の好きなように導くために、人々の好きなように君を導かねばならない」(OC4, 308)[10]。

ルソーは「人間への依存」を否定し、「事物への依存」を肯定する。しかしそれは、自然状態における「事物への依存」に立ち返ることではありえない。「人間の本性は後戻りしない」(OC1, 935) ことが、ルソーの最も力説した原理の一つだからである（第二節二）。人間への依存が生み出す悪に対抗するために、自然状態へ後戻りするのでなく、人間の社会において事物への依存を再興しなければならない。これがルソーの基本的な課題である。この再興が二つの道として、(1)の後半と(2)において語られている。「人間の代わりに法を置く」か「自然の秩序に従う」という二つの道、つまり『社会契約論』と『エミール』という二つの道である。まず(1)の後半、つまり『社会契約論』の道を考察しよう。

「人間の代わりに法を置き、すべての特殊意志の行為に優越する現実的な力を一般意志にもたせる」ことによって、「人間への依存は事物への依存に再びなる」。それは自然状態へ帰ることでなく、人間の代わりに法を置く善き社会制度を構想することによってである。それが『社会契約論』の狙いである。『社会契約論』は「正義と功利が分離しないように、法が許すものと利益が命ずるものを結びつける」(OC3, 351) ことを課題とする。それは「共和国のうちで自然状態のすべての利点を国家状態の利点と結びつける」という課題である。そして「人間を悪徳から免れさせている自由に、人間を徳へと高める精神性を結びつける」ことは、自然状態から国家状態への移行によって「人間の行動に、以前にそれに欠けていた精神性を与える」(OC3, 364) こと、「それのみが人間を真に彼の主人とする精神的自由」(OC3, 365) を可能にすることである。

「子どもを事物への依存のうちにだけとどめておけ。そうすればあなた方は子どもの教育の進展において自然の

くるのである。

『エミール』は自然の秩序に従うことによって、事物への依存を再興しようとする。自然の秩序に従って人間をつくるのである。

人間への依存に対して事物への依存が対置されているが、事物への依存は三つに区別されている。一つは自然状態における事物への依存であり、「いかなる精神性ももっていないので、自由を損なわず、悪徳を生み出すこともない」。他の二つは再興されるべき事物への依存であり、「人間の代わりに法を置く」という『社会契約論』の道と「自然の秩序に従う」という『エミール』の道である。この二つの道は自然状態へ立ち帰ることでなく、事物への依存を新たに確立するのである。それは人間への依存という無秩序に代えて、新たな秩序（国家の秩序と自然の秩序）を打ち立てることを意味する。それによって自然状態に欠けていた精神性へと人間を高めるだろう。二つの道は法（国家法と自然法）に従うという精神的自由を獲得するだろう（第九節四）。

人間をつくる『エミール』と市民をつくる『社会契約論』は相反する二つの道（自然の道と脱自然の道）である。それが相反することは、両者を対比する指標（家庭教育と公教育、人間愛と祖国愛、さらに自然の秩序と国家の秩序、自然法と国家法）によって示される。しかし相反する二つの道は共通の志向目的（人間を一つにすることによって幸福となること、事物への依存を再興すること、さらに精神性へと高めること）をもっている。「人間か市民かの選択」は自然の道か脱自然の道という選択、『エミール』と『社会契約論』という二つの選択肢を意味する。それ故『エミール』と『社会契約論』を一緒くたにして読むのでなく、幸福への二つの道、事物への依存を再興する二つの道として対比的に読むべきである。この二つの選択肢は同じ志向目的をもち、同一の基準を同様に満足させるから、この二つの選択肢に優劣はない。問題はどちらかを明確に選ぶことであって、中途半端であってはならない。二つの道を峻別することによって、『エミール』と『社会契約論』のそれぞれの独自性が初めて理解されるだろう。自然と脱自然という形で相互に純化したことによって、ルソーは『エミール』という独自の教育論を書きえたのであり、独自の国家論・政治哲学として『社会契約論』を構想しえたのである。この純化の力がルソー独自の思想体系を可能にした。ルソーは純化の思想家である。

『エミール』は「子どもの教育の進展において自然の秩序に従う」という基本方針に従った教育を行う。いかにして人間をつくるのかを解明するために、「自然の秩序」をテーマとしよう。それが第五節の課題である。

## 第五節　自然の秩序

「子どもを事物への依存のうちにだけとどめておけ。そうすればあなた方は子どもの教育の進展において自然の秩序（l'ordre de la nature）に従ったことになる」（OC4, 311）。

『エミール』は自然の秩序に従った教育によって人間をつくる試みである。自然の秩序とは何か。この秩序を理解することによって、『エミール』の狙いが明らかとなるだろう。ルソーは秩序の思想家である。まず秩序という言葉に定位することから始めよう。

### 一　秩序のうちに位置をもつ

「人類は万物の秩序のうちにその位置をもっている。子ども期は人間の生の秩序のうちにその位置をもっている。大人を大人として考え、子どもを子どもとして考えなければならない。各人にその位置を指定し、そこに定着させ、人間の構造に従って人間の情念を秩序づけることが、人間の幸福のために我々がなしうるすべてである。その他のことは我々の力のうちにない外部の原因に依存している」（OC4, 303）。

『エミール』第二編は「秩序のうちに位置をもつ」というこの書を貫く秩序の思想を語っている。人類が万物のている。人間の生の秩序は万物の秩序のうちにある。万物（事物）の秩序のうちに位置をもつことは「事物への依存」を意味するが、それは『エミール』において自然の秩序である。

「大人を大人として考え、子どもを子どもとして考えなければならない」という言葉は、ルソーにおける子どもの発見を意味する。この発見の背景にあるのは、「子どもは人間の生の秩序のうちにその位置をもっている」という考え、つまり自然の秩序への定位である。

自然の秩序に従うことは「人間の構造に従って人間の情念を秩序づけること」、つまり人間の自然本性に依拠することである。自然の秩序の「自然」は自然本性を意味し、自然の秩序は自然本性の秩序である。人間の自然本性に従う自然の道（『エミール』）は「人間の自然本性・構造を変える」という脱自然の道（『社会契約論』）と鋭い対照をなしている。

「外部の原因に依存しているもの」に対して、『エミール』は内部にとどまることを対置する。「ああ人間よ、君の存在を君の内部に閉じ込めよ。そうすれば君はもはや惨めでないだろう。自然が存在の鎖のなかで君に指定する位置にとどまれ。何ものも君をそこから抜け出させることができないだろう」（OC4, 308）。「自然が存在の鎖のなかで君に指定する位置にとどまる」とは、自然の秩序のうちに位置をもつことであり、そうすれば惨めでなくなる、つまり幸福である。

『エミール』は人間の幸福を目指している。「各人にその位置を指定すること……が、人間の幸福のために我々がなしうるすべてである」という言葉からも読み取れるように、人間は「秩序のうちに位置をもつ」ことによって幸福となりうる。この思想は『社会契約論』においても貫かれるが、しかし秩序の意味が異なる。市民の幸福は「国家の秩序のうちに位置をもつ」ことに求められるが、人間の幸福は「自然の秩序のうちに位置をもつ」ことである。

「各人にその位置を指定すること」は、大人と子どもの位置だけでなく、子どもの成長に即したそれぞれの完成・

成熟を認めることを含意する。「人生のそれぞれの時期、それぞれの状態は、それにふさわしい完成、それに固有な成熟の仕方をもっている」(OC4, 418)。子どもは未完成の大人でないし、大人へと至る単なる通過点でもない。これが子どもの発見の意味であり、ルソーの秩序の思想がその発見を可能にした。さらにその発見はルソー思想の鍵概念である幸福と自由から考えられている。『エミール』は次のように語っている。

「彼は子ども時代の成熟に達した。彼は子どもの生を生きてきた。彼は自分の幸福を犠牲にして彼の完成を手に入れたわけでない。反対に完成と幸福は相互に一致していた。子ども期の理性を獲得することによって、彼の構造が彼に許すかぎりにおいて、彼は幸福であり、自由であった」(OC4, 423)。

このように子ども固有の成熟・完成(幸福・自由)を語ることの背景に、人間の有限性に対するルソーのまなざしを読み取ることができる。人間はいつ死ぬか分からない。子どもが単なる未完成の大人であるとすれば、子ども時代は大人となるための通過点にすぎないことになる。通過点はそれを通過し、その目的に達しないかぎり、それ自体意味をもたない。そうした立場から見れば、子ども時代に死んだとすれば、その子どもの生は無意味となるだろう。それに対して『エミール』は言う。「少なくとも彼は彼の子ども時代を楽しんだ。我々は自然が彼に与えたものを何も彼から失わせなかった」(OC4, 423)。この思想は『エミール』全体を貫いている。その第五編は「今日を生きる」(OC4, 770)という生き方を語り、次のように言っている。「生きることと楽しむことは彼にとって同じことになるだろう。そして彼が若くして死なねばならなかったとしても、人生を堪能したという仕方でのみ彼は死ぬだろう」(OC4, 771)。『エミール』がつくる人間は「人生を楽しむ」者、「つねに未来より現在のうちにいる」(OC4, 771)者である。

自然の秩序に従って子どもを教育することは、「人生のそれぞれの時期にふさわしい完成」を子どもに獲得させることである。これが「自然の秩序のうちで位置をもつ」ことの意味である。しかしこのことが可能となるのは教育、消極教育によってである。

## 二　消極教育

「賢明な人間は自分の位置にとどまることができる。しかし自分の位置を知らない子どもはそこに自分を保持することができない。子どもはそこから抜け出すための無数の出口を我々のもとでもっている。子どもをそこに引き留めておくことが子どもを監督する者の仕事であるが、その仕事は容易でない。子どもは獣でも大人でもなく、子どもである」(OC4, 310)。

「子どもは……子どもである」とは獣でも大人でもなく、子どもが自然の秩序のうちで自分の位置にとどまることである。しかし子どもは自分の位置を知らないから、「子どもをそこに引き留めておく」ための監督者、つまり教育者が必要である。その仕事は「そこから抜け出すための無数の出口」を閉ざすことにある。その出口は悪徳が入り込む入口なのである。教育こそが「子どもが自然の秩序のうちに位置をもつ」ことを可能にするが、それは消極教育である。「最初の教育は純粋に消極的でなければならない。それは徳や真理を教えることでなく、悪徳から心を、誤りから精神を守ることにある」(OC4, 323)。消極教育の理念はルソー思想の大原理に由来する。『ボーモン氏への手紙』は消極教育について語っている。

「私が証明したと信じているように、もし人間がその自然本性によって善良であるとすれば、彼にとって外部の何ものも彼を変質させないかぎり、人間は善良なままであるということが帰結します。人々が私にわざわざ教えてくれたように、もし人々が悪であるとすれば、その悪は別のところから来るということが帰結します。それ故悪徳の入口を閉ざしなさい。そうすれば人間の心はつねに善良でしょう。この原理に基づいて、私は消極教育(education negative)を最良の教育、あるいはむしろ唯一の善い教育として確立します」(OC4, 945)。ルソーの大原理は「自然は人間を幸福で善良なものにつくったが、社会が人間を堕落させ惨めにする」であるが、その前半が「人間がその自然本性によって善良である」と表現されている。このテーゼから「彼にとって外部の何ものも彼を変質させないかぎり、人間は善良なままである」が導かれる。人間が善良さを失い悪となる原因は、人間の自然本性の外部に求められる。それ故外部から悪徳が入らないように「悪徳の入口を閉ざす」ことが必要である。「悪徳の入口」は「そこから抜け出すための無数の出口」という表現に対応し、この入口・出口を閉ざすことが自然の秩序に従った教育の役割であり、消極教育と呼ばれる。『対話』では次のように表現されている。

「彼の最も偉大で最良の作品において示そうとしたのは、いかにして我々の魂のうちに有害な情念が忍び込むのか、善き教育が純粋に消極的でなければならないこと、人間の心に生まれつき悪徳が存在しないのだから、善き教育は人間の心の悪徳を治療するのでなく、悪徳が生まれるのを防ぎ、悪徳が忍び込む入口をしっかり閉ざしておかねばならないということ、です」(OC1, 687)。「人間の心の悪徳を治療するのでなく、悪徳が生まれるのを防ぐ」のが善き教育であるというテーゼの背景にあるのは、「人間の本性は後戻りしない」というルソー思想の原理である。教育は最初から始められねばならない。さらに消極教育という理念は、「人間の心に生まれつき悪徳が存在しない」こと、つまり「自然は人間を幸福で善良なものにつくったが、社会が人間を堕落させ惨めにする」という大原理に基づいている。『エミール』で言われた「そこから抜け出すための無数の出口」は、ここでは「悪徳が忍び込む入口」と表現されている。悪徳は自然の秩序における自分の位置から外れることを意味するが、入口と出口という言葉は、「内と外」の対比、「内なる善」と「外なる悪」という二元論を示している。[1] それ故「ああ人間よ、君の存在を君の内部に閉じ込めよ」(OC4, 308)と言われるのである。この言葉は人間の本性的善を前提している。

消極教育は「子ども期は人間の生の秩序のうちにその位置をもっている」という洞察に基づき、「子どもをその位置に引き留めておく」ことを課題とする。そのために「人間の生の秩序」に従って教育を行う。それ故『エミール』は誕生から大人に至るまでの発展段階を辿る。第一期は〇歳から一歳の言葉以前の時期、第二期は一二歳までの時期、第三期は一五歳までの時期であり、『エミール』の第一、第二、第三編がこの時期を扱う。ここまでは子ども期(enfance)である。そして一五歳から二〇歳ごろまでが青年期であり、第四編のテーマである。第五編の中心主題はソフィーとの出会い、そして二二歳になったエミールが二年間諸外国への旅に出ることにある。第五編も青年期を扱うことは、第五編の冒頭の言葉から明らかである。「我々はここで青年期（jeunesse）の最後の時期に達したが、まだその結末にいるのでない」（OC4, 692）。『エミール』は大きく子ども期と青年期という二つの時期に分けられる。二つの時期を分かつのは「第二の誕生」である。

## 三　第二の誕生とモラルな秩序

「これが私の語った第二の誕生である。ここにおいて人間は真に生に生まれ、人間的なものは何ものも彼にとって無縁なものでない」（OC4, 490）。

『エミール』第四編は子どもの時期から青年の時期への移行を第二の誕生と呼んでいる。この誕生は次のようにも表現されている。「我々はいわば二回生まれる。一回目は存在するために、そして二回目は生きるためにである。一回目は種のために、二回目は性のためである」（OC4, 489）。「人間は真に生に生まれる」と言われるほど第二の誕生が重要なのは、モラルな秩序へ入るからである。

「我々はついにモラルな秩序のうちに入る。我々は人間の第二の歩みを始めたところである」（OC4, 522）。第二の誕生によってモラルな秩序に入るが、モラルな秩序が自然の秩序といかなる関係にあるかを明確にしなければならない。モラルな秩序において、人間を「自然の秩序のうちに保持する」（OC4, 501）ことが求められるのだから、モラルな秩序も自然の秩序として規定されている。モラルな秩序に入る『エミール』第四編においても主導語は「自然」である。「生まれ始めた情念に秩序と規準を与えようとするなら、それが生まれるにつれて整理される余裕をもつために、それが発展する期間を引き伸ばすのがいい。その場合、情念を秩序づけるのは人間でなく、自然そのものである」（OC4, 500）。モラルな秩序は第二の誕生によって可能となった自然の秩序である。『エミール』の教育は「子どもの教育の進展において自然の秩序（l'ordre de la nature）に従う」（OC4, 311）が、この自然の秩序は「自然本性の秩序」を意味する（一）。それ故人間の教育において自然の秩序に従うとは、人間の自然本性に従うことである。『エミール』がつくる自然人は人間の自然本性に従って育てられる人間であり、その自然人がモラルな秩序において見出す自然法は人間の自然本性に由来する（五）。モラルな秩序も人間の自然本性に基づく秩序である。

自然の秩序は青年期においてモラルな秩序として現われるが、それ以前の子ども期の秩序は「身体的な秩序」と呼ぶことができる。つまり『エミール』が従う自然の秩序は「身体的な秩序」（子ども期）と「モラルな秩序」（青年期）に分かれる。自然の秩序を「身体的な―モラルな（physique - moral）」という形容詞によって区分できることは、『エミール』第四編が子ども期と青年期との対比を次のように言い表わしていることから正当化されるだろう。「人間にふさわしい研究は人間の関係の研究である。彼の身体的な存在を通してしか自分を知らないかぎり、事物との関係を通して自分を研究しなければならない。これは子ども期の仕事である。彼のモラルな存在を感じ始めるとき、人間との関係を通して自分を研究しなければならない。これは我々がここで到達した地点から始める彼の全生涯の仕事である」（OC4, 493）。

ここで子ども期と青年期が「身体的な存在（être physique）」と「モラルな存在（être moral）」との対比、physique - moral の対比によって表現されている。身体的な存在もモラルな存在もともに『エミール』が育てる人間（自然人）のあり方であり、「自然の秩序に従う」のであるから、この対比は「身体的な秩序―モラルな秩序」として表現できるだろう。子ども期は身体的存在として「身体的な秩序としての自然の秩序」のうちにあったが、青年期となると、モラルな存在として「モラルな秩序としての自然の秩序」のうちに入る。

「モラルな秩序、モラルな存在」という仕方で、moral という形容詞を訳さなかったが、一般に「道徳的な秩序、道徳的な存在」と訳されている。しかし moral という語を「道徳的」と訳すことは誤解を生み出すだろう。ルソーは基本的に moral という語を physique の対概念として使っている。このことは être physique - être moral という対比から明らかである。physique の対概念として使われる moral は、狭い意味での「道徳的」を決して意味せず、physique（物理的・物質的・自然的・身体的）の対概念として「精神的」を意味する。この点はルソー思想を理解するための重要な論点となるから、ルソー自身の用例に即して確認しよう。

モラルな秩序を語る『エミール』第四編は、physique－moral の対概念を次のように使っている。「我々は自然と協力して働いている。そして自然が身体的な人間を形成する間に、我々はモラルな人間を形成しようと努力している。しかし我々の進行は同じでない。身体はすでに頑健で強いが、魂はまだ力がなく弱い。人間の技術が何をしようとも、体質はつねに理性に先行する」（OC4, 636）。ここで身体的な人間とモラルな人間が対比されているが、それは「身体－魂」、「体質－理性」の対比として表現されている。身体・体質が身体的であるのに対して、魂・理性は精神の次元に属する。それ故モラルな人間は精神のレベルで見られた人間であって、狭い意味での道徳的な人間を意味するのではない。さらに別の用例を見てみよう。「感覚の判断に基づく身体的なものにおいては女性の趣味を参照し、知性に一層依存するモラルなものにおいては男性の趣味を参照せよ」（OC4, 673）。physique－moral の対比が「感覚の判断に基づく」－「知性に一層依存する」の対比として語られている。「感覚の判断に基づくもの」は物理的・身体的な次元であり、「知性に一層依存するもの」は精神的な次元である。男性が女性より「道徳的なもの」に関する趣味（?）をもっているなどと、誰も思わないだろう[2]。

次に『社会契約論』を見ることにしよう。立法者の課題は「我々すべてが自然から受け取った身体的な独立な存在の代わりに、部分的でモラルな存在を置き換えること」（OC3, 381）と表現されていた。存在が physique－moral として対比されている。国家は「一つのモラルな集合的な団体」（OC3, 361）であり、市民はその構成員として「モラルな団体」の一部分をなすから、「部分的でモラルな存在」である。これを「部分的で道徳的な存在」と訳せば、何を言っているのか分からなくなるし、国家である「モラルな団体」を道徳的団体と訳すのと同じ程度に誤っている[3]。もっと分かりやすい例を挙げよう。「すべての自由な行動はそれを生み出すことに協力する二つの原因をもっている。一つはモラルな原因、つまり行為を決定する意志であり、もう一つは身体的な原因、つまりそれを実行する力である」(OC3, 395)。moral－physique として対比されているが、これは「精神的な原因」―「身体的な原因」の対比である。これを誰も「道徳的な原因」と訳さないだろう。

さらに『人間不平等起源論』の用例を挙げよう。「実定法のみによって正当化されるモラルな不平等は、それが身体的な不平等と同じ割合で一致していないとき、つねに自然法に反する」(OC3, 193-194)。実定法によって正当化される不平等・平等は、物理的・身体的な不平等・平等でなく、法によって可能となる精神の次元に属する。法の前での平等を誰も道徳的な平等(?)と呼ばないだろう。別の例を検討しよう。「これまで私は、身体的な人間だけを考察してきた。今や人間を形而上学的・モラルな側面から見ることに努めよう」(OC3, 141)。ここで Physique－Métaphysique et Moral という対比がなされているが、人間を動物と区別する特徴として、自由な動因と完成能力が挙げられている。この特徴は狭い意味での道徳的次元に属するのでなく、動物の次元(身体的・自然的な次元)より高い人間的精神の次元に属する。Métaphysique は Méta-physique として物理的・身体的次元(自然学)を超えた次元、精神的な次元を表現している[4]。これを誰も道徳的な次元と思わないだろう。Moral という語はそれと同義語として使われている。そのことは「モラルな存在、つまり知的で自由で、他の存在との関係において考察された存在」(OC1, 124)という表現からも明らかである。「知的で自由で、他の存在との関係において考察された存在」は、狭い意味での「道徳的な存在」でなく、身体的次元を超えた精神的な存在である。『エミール』で être physique と対比された être moral も「知的で自由で、他の存在との関係において考察された存在」である。その意味は『エミール』において「彼のモラルな存在を感じ始めるとき、人間との関係を通して自分を研究しなければならない」と言われていることである。モラルな秩序は、人間と人間との社会関係の秩序である。この社会化によって人は初めて精神的存在となる(第二節三)。それ故、モラルな秩序は精神の秩序である[5]。

moral は physique(物理的・物質的・自然的・身体的)に対比されるのだから、また naturel(自然的)と対比される。[6]『エミール』の用例を見よう。「自然的な人間（自然人）の幸福は彼の生と同じように単純である。……モラルな人間の幸福は別のものである」（OC4, 444）。moral－naturel の対比は『社会契約論』第一編の最後においても語られている。「自然的な平等を破壊するのでなく、反対に基本的契約は、人間の間の身体的な不平等に自然が置きえたものの代わりに、モラルな合法的な平等を置き換える」（OC3, 367）。「身体的な不平等」と「モラルな平等」の対比と同時に、「自然的な平等」と「モラルな平等」の対比も読み取れるだろう。モラルな平等とは、法の前での平等（合法的な権利上の平等）であり、法によって可能となる精神的次元での平等を意味する。moral－physique (naturel) の対比というルソーのこうした用例は例外的なものでなく、当時の用例に従っているだけである。[7]

moral という語の訳語・意味にこだわったが、ルソーにおいて頻出するこの語を「道徳的」と訳すことによって、ルソー思想が歪曲されてしまう、と恐れるからである。本書は ordre moral、être moral を「モラルな秩序、モラルな存在」と訳すが、そこに直接に「道徳的」という狭い意味を読み込まないためである。他の場合の訳語として、physique と対比された moral という形容詞は「精神的」、le moral という名詞は「精神的なもの」、moralité は「精神性」と訳すことにしたい。言うまでもなく、la morale という名詞は道徳、倫理を意味するから、倫理・倫理学と訳そう。倫理は精神的なものの次元に属しているから、モラルな秩序に入ることによって、初めて倫理が語られることになる。

ともかく人間は第二の誕生によってモラルな秩序に入り、最後までその秩序のうちにとどまる。このことは「これは我々がここで到達した地点から始める彼の全生涯の仕事である」（OC4, 493）という言葉から、はっきり読み取れるだろう。ではモラルな秩序に入る前の段階において、自然の秩序に従うとはいかなることなのか。まずこの問いに答えよう（四）。次にモラルな秩序とは何かを考察したい。このことは『エミール』第四編で語られる自然法（五、六、七）を考察することによって明らかとなるだろう。秩序は法に従うことのうちにあるのだから。

## 四　自己保存の自然法

「ああ人間よ、君の存在を君の内部に閉じ込めよ。そうすれば君はもはや惨めでないだろう。自然が存在の鎖のなかで君に指定する位置にとどまれ。何ものも君をそこから抜け出させることができないだろう。必然性のきびしい法に反抗してはならない。それに逆らおうとして、力を使い果たしてはならない。その力を天が君に与えたのは、君の存在を拡大し延長するためでなく、天が気に入るように、また天が気に入るかぎりにおいて、単に君の存在を保存するためである。君の自由、君の能力は、君の自然的な力が及ぶかぎりで発揮されるだけで、これを越えるものではない。それ以外のものはすべて奴隷状態、幻想、幻惑にすぎない」(OC4, 308)。

『エミール』第二編においてルソーはこのように言っている。「自然が存在の鎖のなかで君に指定する位置にとどまれ」という言葉は、自然の秩序のうちに自分の位置をもつという『エミール』の基本的立場を言い表わしている。しかし何故「存在の鎖」という語が使われているのだろうか。その語は「必然性のきびしい法」として表現されている。自然の秩序を意味するこの法とは何か。それを理解するために『エミール』第三編と『社会契約論』と『山からの手紙』(第八の手紙)を援用したい。比較するために、『エミール』第二編からの右の引用を(1)とし、それぞれ(2)(3)(4)として引用しよう。

(2)「自然の第一の法は、自己を保存することへの配慮である」(OC4, 467)。

(3)「この共通の自由は、人間の本性の一つの帰結である。人間の第一の法は自己保存に気を配ることであり、その第一の配慮は自分自身に対してなすべき配慮である」(OC3, 352)。

(4)「法なしに自由は存在しないし、誰かが法の上にいる場合も自由は存在しない。自然状態においてさえ、すべてに命令する自然法によってのみ人間は自由である」(OC3, 842)。

(2)の「自己を保存することへの配慮」は、(3)の「人間の第一の法は自己保存に気を配ることであり、その第一の配慮は自分自身に対してなすべき配慮である」と同じことを意味し、⑴の「その力を天が君に与えたのは……単に君の存在を保存するためである」という言葉に対応している。とすれば「必然性のきびしい法」⑴＝「自然の第一の法」⑵＝「人間の第一の法」⑶であろう。この法は自己保存に関する法である。

⑷の「法なしに自由は存在しないし、誰かが法の上にいる場合も自由は存在しない」というテーゼは後に論じるとして（第九節五）、ここでは「自然状態においてさえ、すべてに命令する自然法によってのみ人間は自由である」という言葉が重要である。⑴もまた「必然性のきびしい法」とともに自由を語っている。とすれば「必然性のきびしい法」は⑷の自然法に対応するだろう。そして⑷の「すべてに命令する自然法」は⑵の「自然の第一の法」と同じである。⑵の「自然の第一の法（la premiere loi de la Nature）」は、第一の「自然法（la loi de la Nature = la Loi naturelle）」を意味する。「君の自由、君の能力は、君の自然的な力が及ぶかぎりで発揮されるだけで、これを越えるものではない」ということを、「天」＝「すべてに命令する自然法」＝「自然の第一の法」は命じる。そして自然状態にある人間が自由であるのは、この命令に従うかぎりにおいてである。この第一の自然法は自己保存に関する法であるから、「自己保存の自然法」と呼ぶことができる。(8)

ここで⑴と⑵の言葉が『エミール』第二、三編にあることに注意しよう。『エミール』第三編までは、「彼の身体的な存在を通してしか自分を知らないかぎり、事物との関係を通して自分を研究しなければならない」（OC4, 493）という子ども期の段階にある。そして第四編において初めてモラルな秩序に入り、「彼のモラルな存在を感じ始めるとき、人間との関係を通して自分を研究しなければならない」（OC4, 493）という青年期に入る。physique（身体的）‐moral の対概念によって区別されていることは、この区別が極めて重要であることを示している。身体的な存在である子どもは、社会関係のうちにない存在であり、その意味で自然状態における自然人に対応している。⑴が「自然状態においてさえ、すべてに命令する自然法によってのみ人間は自由である」という言葉に対応しているとすれば、モラルな存在になる以前の子ども期は自然状態に対応しているだろう。このことは第三編の最後の言葉からも読み取ることができる。「……エミールは人間社会のうちで一人であり、自分一人しかあてにしない。……誰の休息も乱さずに、自然が許すかぎり、彼は満足して幸福に自由に生きてきた。このように十五歳に達した子どもがこれまでの年月を無駄にしたと我々は思うだろうか」(OC4, 488)。

「必然性のきびしい法」＝「すべてに命令する自然法」(自己保存の自然法)に従うことが、自然の秩序に従うことである。しかしそれは身体的な存在である子ども時代のことである。[9]「君の自由、君の能力は、君の自然的な力が及ぶかぎりで発揮されるだけで、これを越えるものではない」と言われる自由は、身体的な自由(自然状態における自然的な自由)にすぎない。確かに『エミール』は自然人をつくるが、しかしその目標は自然状態にある自然人でなく、モラルな秩序にある自然人である(八)。モラルな秩序に入れば、そこで従うべき法はもはや事物との関係を律する「必然性のきびしい法」でなく、人間と人間との関係を律する自然法であろう。自然の秩序に従って子どもを教育する『エミール』は自然法に従うと言えるが、その自然法は「必然性のきびしい法」＝「自然の第一の法(第一の自然法)」から「理性と良心によって従われる自然法」へと変わるのである。「必然性の法をモラルなものへと拡げよ」(OC4, 820)という言葉は『エミール』の展開を明確に示している。モラルな秩序としての自然法を考察することにしよう。

## 五　良心の法としての自然法

「我々はついにモラルな秩序のうちに入る。我々は人間の第二の歩みを始めたところである。ここで必要な場合には、いかにして心の最初の運動から良心の最初の声が立ち上がるのか、いかにして愛と憎しみの感情から善と悪の最初の観念が生まれるか、を私は示すことを試みるだろう。正義と善は単に抽象的な言葉、知性によって形成された精神的な純粋な存在でなく、理性によって照明された魂の真の感情であること、その感情は原初的な感情の秩序づけられた一つの発展にほかならないこと、良心から独立な理性だけによっていかなる自然法も確立されないこと、そしてすべての自然の権利は、もしそれが人間の心にある自然的な欲求に基づかないとすれば、空想にすぎないこと、こうしたことを私は示すだろう」（OC4, 522-523）。

ここで語られる「善と悪の最初の観念」、「正義と善」、「自然の権利」などの言葉は、すべて自然法に関わっている。人間がモラルな秩序に入ることは、自然の秩序を自然法として自覚することを意味する。伝統的に自然法は「理性の法」と理解されてきた。それ故、「良心から独立な理性だけによっていかなる自然法も確立されない」という言葉は、理性のみに基づく伝統的な自然法理解に対する根本的な批判である。[10] ルソーは『道徳書簡』において「理性の声より自然の声を信頼する」（OC4, 1088）と書いている。自然の声とは「良心、良心、神的な本能、不死なる天上の声……」（OC4, 1111）である。これは『エミール』での有名な良心の表現（OC4, 600-601）とほとんど同じである。自然法は良心の法である。[11]

ルソーにとって自然法が良心の法であることは、『エミール』第二編の言葉からも明らかである。「……現われ始める内的な感情が良心の法として、それが適用される認識が得られさえすれば発展する先天的な原理として、子どもに課するだろう。その最初のしるしは決して人間の手によって記されているのでなく、すべての正義の創造者によって我々の心のうちに刻まれている」（OC4, 334）。「すべての正義の創造者によって我々の心のうちに刻まれている」という言葉は、ここで言われている「良心の法」が自然法であることを示している。そして「認識」という語が理性の次元を指しているから、「内的な感情」は「理性によって照明された魂の真の感情」を意味するだろう。[12]

良心は自然の秩序に属している。「良心が人間のすべての法に逆らって自然の秩序に飽くまで従おうとすることを、私の経験によって私は知っている」（OC4, 566）。「人間のすべての法」とは実定法であり、良心の法としての自然法と対比されている。「良心に従う者は自然に服従し、けっして道に迷う心配がない」（OC4, 595）のであり、良心は「自然の言葉」（OC4, 601）を語る。良心の法は自然法である。「すべての正義の創造者によって我々の心のうちに刻まれている」とされた良心の法（自然法）は、次のように言われている。

「人間の不正によって私の心からほとんど消し去られていた自然法のすべての義務は、義務を私に課し私がそれを果たすのを見ている永遠の正義の名において、生き生きと思い起こされる。私はもはや私のうちに偉大な存在の作品と道具しか感じない。偉大な存在は善を意志し、善を行い、そして私の意志を彼の意志に協力させることによって、私の自由を善用することによって、私の善を行うだろう。私は偉大な存在が確立した秩序に従う。そしていつの日か自分自身もこの秩序を楽しみ、そこに私の幸福を見出すと確信している。何故ならそこにおいてすべてが良い体系のうちで自分が秩序づけられているのを感じること以上に快い幸福はないからである」(OC4, 603)。

「偉大な存在が確立した秩序に従う」と言われているのは、神が自然法の創造者である、という伝統的な自然法理解である(第七節一)。そして「そこにおいてすべてが良い体系」という言葉は、「万物の創造者の手で作られたばかりのときにはすべてが良い。人間の手のもとではすべてが変質する」という『エミール』の冒頭へと導く。自然法に従うことは「万物の創造者の手で作られたばかりのときにはすべてが良い」と言われる自然の秩序に従うことである。しかし「人間の手のもとではすべてが変質する」ことによって、永遠の正義としての自然法は「人間の不正によって私の心からほとんど消し去られていた」。自然の秩序に従って人間をつくることは、この自然法をふたたび見出すことを必要とする。

しかしルソーは自然法の内実をいかに理解していたのか。本項の冒頭で引用した箇所に付された註を検討することにしよう。

## 六　福音書の教えとしての自然法

「他人にしてもらいたいと望む通りに他人にもするという掟さえも、良心と感情以外の真の基礎をもっていない。……そこから私は、自然法の掟が理性にのみ根拠をもつというのは真でないと結論する。それは一層強固で確実な基礎をもっている。自己愛から派生する人間への愛は人間の正義の原理である。すべての倫理の要約は、福音書のなかで法の要約によって与えられている」（OC4, 523）。

「自然法の掟が理性にのみ基礎をもつというのは真でない」という言葉は、「良心から独立な理性だけによっていかなる自然法も確立されない」（OC4, 523）と同じことを言っている。それ故、良心と感情以外の真の基礎をもっていないとされる「他人にしてもらいたいと望む通りに他人にもする」という掟は、良心の法としての自然法である。そしてこの掟はマタイ福音書七・一二である。「だから、人にしてもらいたいと思うことは何でも、あなたがたも人にしなさい。これこそ律法と予言者である」（マタイ七・一二）[13]。良心の法としての自然法は、福音書の教えとしての自然法である。

「すべての倫理の要約は、福音書のなかで法の要約によって与えられている」（OC4, 523）と言われているが、それは自然法が「福音書のなかの法の要約」によって与えられていることを意味する。ここではその法の要約が「他人にしてもらいたいと望む通りに他人にもするという掟」として語られている。しかし福音書での法の要約はマタイ福音書二二・三七－四〇で語られている。「イエスは言われた。『心を尽くし、精神を尽くし、思いを尽くして、あなたの神である主を愛しなさい』。これが最も重要な第一の掟である。第二も、これと同じように重要である。『隣人を自分のように愛しなさい』。律法全体と予言は、この二つの掟に基づいている」（マタイ二二・三七－四〇）。『エミール』の註で語られている教訓は、「隣人を自分のように愛しなさい」という隣人愛、人間愛に対応している。しかし「すべての倫理の要約は、福音書のなかで法の要約によって与えられている」と書いたとき、ルソーは隣人愛（人間愛）だけでなく、「心を尽くし、精神を尽くし、思いを尽くして、あなたの神である主を愛しなさい」という掟をも考えていた。このことはサヴォアの助任司祭の信仰告白が次のように語っていることから明白である。

「さらにあなたがいかなる決心をなしうるとしても、次のことを考えてほしい。つまり、宗教の真の義務は人間の制度から独立であること、正しい心は神の真の神殿であること、すべての国、すべての宗派においても、何にもまして神を愛し、自分の隣人を自分自身のように愛することが法の要約であること、倫理の義務を免除するような宗教はないこと、真に本質的なものはこの義務しかないこと、内的な礼拝はこの義務の最初のものであること、信仰なしにいかなる真の徳も存在しないこと、である」(OC4, 632)。

これはサヴォアの助任司祭が語る自然宗教の教えのまとめである。ここで「何にもまして神を愛し、自分の隣人を自分自身のように愛することが法の要約である」と言われているが、それは福音書の二つの掟と同じである。ルソーはそれを「法の要約」と考えていた[14]。そしてここで言われる法は自然法である。ルソーが考える自然法(モラルな秩序における自然法)は福音書の教えである[15]。

『エミール』のうちに、自己保存の自然法(四)と福音書の教えとしての自然法(=良心の法としての自然法)(五、六)という二つの自然法を読み取った。自然法をこのように捉えることは、ホッブズにおいても見られる。

ホッブズ『リヴァイアサン』は基本的な自然法を「理性の掟ないし一般規則」として語っている。「あらゆる人は、平和を獲得する希望をもっているかぎり、平和を得るよう努めるべきである。そして平和を獲得できないとき、戦争のすべての助けと利益を求め、使用してもよい[16]」。この規則の第一の部分は「第一の基本的な自然法」であり、「平和を求め、平和に従う」と表現される。第二の部分は「自然権の要点」であり、「我々に可能なすべての手段によって、我々自身を守る」と言い表わされる。ホッブズにおいて自然法は、基本的な自然法と自然権という二つの契機を含んでいる。ホッブズは自然権(right of Nature)を「各人が自分自身の自然つまり自分自身の生命の保存のために、欲するままに自分自身の力を用いる、各人がもっている自由」(LE, 91)と定義しているのだから、自然権は自己保存の自然法を意味している。では基本的な自然法はモラルな秩序としての自然法(=福音書の教えとしての自然法)に関係するだろうか。『リヴァイアサン』は第一の基本的な自然法から第二の自然法を導き、それについて次のように言う。「これは福音書のあの法である。あなた方が他人にしてもらいたいことは何でも、あなた方はそれを他人にせよ」(LE, 92)。これはマタイ福音書(マタイ七・一二)の言葉であり、『エミール』が語る「福音書の教えとしての自然法」と同じである。つまりホッブズの基本的な自然法は『エミール』の「モラルな秩序における自然法」に対応している。自然法を二つに区別するルソーの自然法の理解は、ホッブズにも見出される。[17]

## 七　憐れみの情から生まれる自然法

自己保存の自然法も福音書の教えとしての自然法も、自然法の理解としてはルソーに固有なものではない。では自然法の理解におけるルソーの独自性とは何か。前項（六）の冒頭に引用した註で省略した箇所を検討することから始めよう。そこでは「他人にしてもらいたいと望む通りに他人にもするという掟」に対する二つの態度が対比されている。⑴⑵として区別して引用したい。

「⑴私であるのに他人であるかのように行動する精確な理由がどこにあるのか。特に同じ立場に決して立たないと私が精神的に確信しているときに、その理由はどこにあるのか。私がこの格率に忠実に従うことによって、他人も私に対して同様にそれに従うだろう、と誰が私に保証するだろうか。悪人は正しい者の誠実さと自分の不正から利益を引き出す。悪人は自分を除いて世間のすべてが正しければ、非常にうれしい。このような取り決めは、人が何と言おうと、良い人間にとってあまり有利なことでない。⑵しかし溢れ出る魂の力が私の同胞に私を同一化し、私がいわば同胞のうちに私を感じるとき、同胞が苦しむことを私が欲しないのは、自分が苦しまないためである。私は自己愛のために同胞に関心をもつ。掟の理由は、私が存在すると感じるいかなる場所にも私の安楽を願わせる自然自身のうちにある」（OC4, 523）。

⑴の態度は『社会契約論』の立場を言い表わしている。「正しい者が世間のすべてに対して正義の法を守るが、誰も正しい人に対してそれを守らないとき、正義の法は悪人に良く、正しい者に悪となる」（OC3, 378）。ここから『社会契約論』は自然法の無力を結論する（第七節二）。しかし『エミール』は『社会契約論』が立っている立場をはっきり認識した上で、それと対照的な態度をとる。それが⑵の態度、自然法を肯定する立場である。『エミール』が自然法を選択するのは、自然の道を選んだからである。そのことは「掟の理由は、私が存在すると感じるいかな

る場所にも私の安楽を願わせる自然自身のうちにある」という言葉から読み取れるだろう。『エミール』は『社会契約論』の立場を知った上で、自覚的に自然の道を選ぶ。そして『社会契約論』は自然の道を知った上で、自然法の無力を主張し、自覚的に脱自然の道を選ぶ[18]。人間をつくるか、市民をつくるか、どちらかを選ばねばならないからである。

(2)は「私の同胞に私を同一化し、私がいわば同胞のうちに私を感じる」と言っているが、それは憐れみの情である。憐れみの情は「我々自身の外へ我々を運び出し、苦しんでいる存在に我々を同一化する」のであり、「我々が苦しむのは、我々のうちでではなく、苦しむ存在のうちでである」(OC5, 395)。「同胞が苦しむことを私が欲しない(憐れみの情)のは、自分が苦しまないため(自己愛)である」から、(2)は自己愛と憐れみの情を語っている。それは「他人にしてもらいたいと望む通りに他人にもするという掟」といかなる関係にあるのか。ルソーが自然法について最初に論じた『人間不平等起源論』を見ることにしよう。

『人間不平等起源論』の序文においてルソーは、自然法の真の定義が不確実で曖昧であることの理由を、「人間の本性についての無知」(OC3, 124) のうちに見出している。人間の本性を知るために、「人間の現在の性質のうちで生まれつきのものと人為的なものを識別すること」(OC3, 123) によって、自然状態にある自然人を知らなくてはならない。自然法は「自然人が受け入れた法、あるいは彼の構造に最も相応しい法」(OC3, 125) である[19]。

ルソーは自然人のうちに、「理性に先立つ二つの原理」を認める (OC3, 125-126)。「我々の安楽と我々自身の保存への関心を激しく引き起こすもの」と「すべての感性的な存在、主に我々の同胞が死んだり苦しんだりするのを見ることへの自然的な嫌悪感を起こさせるもの」である。前者は自己愛であり、後者は憐れみの情である。自己愛と憐れみの情という二つの原理から自然法の規則が生まれる。「社交性の原理を導入する必要なしに、我々の精神がこの二つの原理を協力させ結合できることから、自然法のすべての規則 (toutes les régles du droit naturel) が流れ出るように私に思われる」(OC3, 126)。その具体的なあり方をルソーは次のように語っている。「人間は哀れみという内的な衝動に少しも逆らわないかぎり、他の人間に対しても、いかなる感性的な存在に対してさえも、決して害を与えないだろう。しかし自己保存が関係し自分自身を選ぶ義務がある正当な場合は別である」(OC3, 126)。ここに自然法の二つの規則を見出すことができる。[20]「他の人間に対しても、いかなる感性的な存在に対してさえも、決して害を与えない」ことのうちに、憐れみの情から生まれる自然法が、そして「自分自身を選ぶ義務がある」ことのうちに、自己保存の自然法(四)が読み取れるだろう。理性に先立つ二つの原理から流れ出る自然法は、「自己保存の自然法」と「憐れみの情から生まれる自然法」である。これが「自然人が受け入れた法」である。そして(2)の背景にあるのは、「理性に先立つ二つの原理(自己愛と憐れみの情)から生まれる自然法」という『人間不平等起源論』の自然法理解である。『人間不平等起源論』は「憐れみの情から生まれる自然法」を語っている。

「『君が他人にしてもらいたいと望む通りに他人にもせよ』という理性的な正義の崇高な格率の代わりに、それほど完全でないが恐らくより有益な、自然的善性の別の格率をすべての人間に与えるのは、憐れみの情である。つまり、できるかぎり他人の悪を少なくして、君の善をなせ」(OC3, 156)。

ここで二つの格率が区別されている。「理性的な正義の格率」と言われているのは、「他人にしてもらいたいと望む通りに他人にもするという掟」(OC4, 523)という福音書の教えであり、自然法(福音書の教えとしての)を意味する。それと区別された「自然的善性の別の格率」は、「他の人間に対しても、いかなる感性的な存在に対してさえも、決して害を与えない」という憐れみの情から生まれる自然法である。

さらに「理性的な正義(justice raisonné)」という言葉は、『ジュネーヴ草稿』第二編第四章における「理性的な自然法(le droit naturel raisonné)」を想起させる。「行為に至った性向から、厳密な意味での自然法とは異なった理性的な自然法の規則が生まれる。厳密な意味での自然法は、真の感情のみに基づくが、非常に漠然としており、しばしば我々自身への愛によって窒息させられる」(OC3, 329)。ここで自然法が「厳密な意味での自然法」と「理性的な自然法」に区別されている。[21]『ジュネーヴ草稿』は同じ箇所において、「他人が我々にしてもらいたいと望む通りに他人にするという善き崇高な掟」（OC3, 329）を語っているから、「理性的な自然法」は「君が他人にしてもらいたいと望む通りに他人にもせよ」という「理性的な正義の崇高な格率」であろう。そして真の感情のみに基づく「厳密な意味での自然法」は、「理性に先立つ二つの原理（自己愛と憐れみの情という真の感情）から生まれる自然法」に対応するだろう。(22)

ルソーにおける自然法の意味を考察してきたが（四、五、六、七）、基本的な三つの意味を区別することができる。(1)自己保存の自然法、(2)憐れみの情から生まれる自然法、(3)良心の法（福音書の教え）としての自然法。(1)(2)は「理性に先立つ二つの原理（自己愛と憐れみの情）から流れ出る自然法」であり、「自然人が受け入れる法」としての自然法である。それに対して(3)は理性のレベルでの自然法であり、モラルな秩序としての自然法である。(1)(2)と(3)の関係をどう考えればいいのか。『エミール』は次のように語っている。

「自分自身と自分の同胞に対する二重の関係によって形成されるモラルな体系から、良心の衝動が生まれる。善を認識することは善を愛することではない。人間は善についての生得的な認識をもっていない。しかし理性が人間に善を認識させるとすぐに、良心は善を愛するように人間を仕向ける。生得的なのはこの感情である」（OC4, 600）。

「自己自身に対する関係」は自己愛であり、「自分の同胞に対する関係」は憐れみの情である。「モラルな体系(systeme moral)」と言われるのは、モラルな秩序にすでに到達しているからであり、「理性が人間に善を認識させる」という理性の次元に達していることを意味する。理性の次元において、自己愛と憐れみの情から良心の衝動が生まれる。(23) 自然法に即して言うと、「自己愛と憐れみの情から生まれる自然法」から「良心の法（福音書の教え）としての自然法」が生まれるのである。それは「他人にしてもらいたいと望む通りに他人にもするという掟さえも、良心と感情以外の真の基礎をもっていない」（OC4, 523）と表現されている。この自然法(3)は「理性によって照明された魂の真の感情」に基づく自然法である。(24)

第二の誕生によってモラルな秩序に入ったエミールは、(3)の意味での自然法に従う。その意味を考察しよう。

## 八　モラルな秩序にある自然人

『エミール』は人間をつくる道を歩むが、その人間は自然人である。「一言で言えば、自然人を知らねばならない。この著作を読んだ後に、この探究においていくらか前進したことになるだろうと私は信じる」(OC4, 251)。しかしこの自然人は自然状態にある自然人ではない。

「しかし自然の人間をつくろうとして、その人間を未開人にして森の奥に追いやることが問題なのでないということを、まず考えてほしい。社会の渦中にあって、情念によっても人間の世論によっても引きずられず、自分の目で見、自分の心で感じ、彼自身の理性以外のいかなる権威によっても支配されないことで、十分である。……森のなかで愚かなままでいなければならない同じ人間は、都会のなかで純粋な観客になれば理性的で思慮分別があるようになるにちがいない」(OC4, 550-551)。

最後の言葉は「人間は社会のうちでのみ動物から精神的存在となる」というルソーの基本的な思想を言い表わしている(第二節三)。「理性的で思慮分別がある」とは「モラルな存在、つまり知的で自由で、他の存在との関係において考察された存在」(OC1, 124)である。『エミール』がつくる人間はモラルな秩序にある自然人である。モラルな秩序にあるとは、自然法(良心の法)に従って生きること、有徳な人間であることを意味する。

「有徳な人間とは何か。それは自分の感情に打ち勝つことのできる者である。何故ならそのとき彼は自分の理性に、自分の良心に従っているのだから。彼は自分の義務を果たし、秩序のうちにあり、何ものも彼をそこから遠ざけることができない。これまで君は見かけだけ自由であったにすぎない。君は何も命令されなかった奴隷のはかない自由をもっているにすぎなかった。今や実際に自由になれ。君自身の主人となることを学べ。君の心に命令せよ。おおエミール。そうすれば君は有徳となるだろう」(OC4, 818)。

「自分の理性に、良心に従う」とは、「良心から独立な理性だけによっていかなる自然法も確立されない」(OC4,

523）と言われる自然法に従うことである。それ故「秩序のうちにある」とは、自然の秩序としてのモラルな秩序のうちにその位置をもつことを意味する。「今や実際に自由になれ。君自身の主人となることを学べ」と言われる自由は、自然法に従うこととしての自由、精神的自由である。『社会契約論』は言う。「精神的自由のみが人間を真に彼の主人とする。何故なら単なる欲望の衝動は奴隷状態であり、自分自身に課した法への服従が自由だからである」（OC3, 365）。この言葉は『エミール』が語る自由にも妥当する。「君自身の主人となる」という自由は「人間を真に自分の主人とする精神的自由」である。『エミール』の自由は自然法に従うこととしての自由である。ただ一つの基本的な違いは法の違いのうちにある。この精神的自由は法に従うこととしての自由であり、『社会契約論』の自由は国家法（人為法）に従うことを意味する（第九節四）。

法に従うことは自らの傾向性に逆らって義務を果たすことである。それ故『社会契約論』において「一般意志に服従することを拒む者は誰でも政治体全体によって服従を強制される」と言われ、「自由であることを強いられる」（OC3, 364）と表現されている。「自由であることを強いられる」という表現を奇妙に感じるかもしれないが、自由が「法に従うこと」を意味することから理解できる。単なる欲望の衝動のままに行為することが自由なのでなく、そうした衝動に逆らって法に従うことが真の自由（精神的自由）である。それ故『エミール』が精神的自由を語るとすれば、「自由であることを強いられる」という契機があるだろう。このことはエミールが教師に言う言葉から読み取ることができる。

「私はあなたの法に服従したいのです。……私に暴力を加える私の情念から私を守ることによって私を自由にして下さい。私が情念の奴隷になることを防いで下さい。私の感覚でなく私の理性に服従することによって、私自身の主人となるよう私を強いて下さい」（OC4, 651-652）。

「あなたの法」は教師が教えた自然法であるから、自然法に従うことは自由になることを意味する。「私自身の主人となるよう私を強いて下さい」という言葉は『社会契約論』の「自由であることを強いられる」ことに対応する。

「精神的自由のみが人間を真に彼の主人とする」のだから。[25] 強制されねばならないのは、法に従うことが情念・感覚に逆らうことだからである。そのように情念と戦い打ち勝つために力が必要である。その力が徳と呼ばれる（第十節三）。

「わが子よ、勇気なしに幸福はなく、戦いなしに徳はない。徳という言葉は力に由来する。力はすべての徳の基礎である。徳は、その本性によって弱くその意志によって強い存在にのみ属する。ここにこそ正しい人間の功績が存する。我々は神を善なるものと呼ぶにもかかわらず、有徳なものと呼ばない。何故なら神は善をなすための努力を必要としないからである」（OC4, 817）。

自分の情念と戦う徳によってのみ人間は幸福になれる。確かに「善をなすための努力を必要としない」という仕方で幸福である方が優れているように思えるだろう。しかしそれに対してルソーは言う。「しかし彼の幸福には最も崇高な段階、徳の栄光、自己の善き証しが欠けている。彼は天使のようなものにすぎないだろう。疑いもなく、有徳な人間は天使以上のものだろう」（OC4, 603）。天使に対する有徳な人間の優位という論点は重要である。それは善良さに対する徳の優位を意味する。有徳な人間は自分の情念と戦い、自然法が命じる義務を果たすのであり、それによってのみ幸福である。自然の秩序としてのモラルな秩序のうちにあることは、有徳な人間であることなのである。

ルソーは徳を重要視し、徳への愛を一貫して主張した。ルソーが語る徳は、一般に市民の徳と考えられているが、しかしルソーは人間であることにおける徳をも同時に主張している。「人間か市民かの選択」は相反する選択肢であるが、しかし両者はともに有徳な者になることを志向目的としている。人間は自然の秩序のもとで有徳であり、市民は国家の秩序のうちで有徳である。

『エミール』は自然の秩序における人間をつくる。人間は第二の誕生を経て、モラルな秩序のもとで生きる。自然法に従って生きることが、人間であることの基本である。それは実定法（人為法としての国家法）に従って生きる市民と対照的である。しかし『エミール』第五編は『社会契約論』からの抜粋を含んでいる。『社会契約論』からの抜粋の意味を正確に理解しなければならない。それが第六節の課題となる。

## 第六節　『エミール』のなかの『社会契約論』

「観察する前に、観察のための基準を作らねばならない。測定するものをそれと照らし合わせるために尺度を作らねばならない。我々の政治法の原理はこの尺度である。我々の測定するものは各国の政治法である」（OC4, 837）。『エミール』第五編は「我々の政治法の原理（nos principes de droit politique）」を語るが、それは『社会契約論』あるいは政治法の原理（Du Contact Social; ou Principes du Droit Politique)』の抜粋である。『エミール』第五編が『社会契約論』の抜粋を含むことから、『エミール』は最終的に人間でなく、市民をつくることを目指している、という解釈が生じるだろう。しかしそうした解釈は誤っている。『社会契約論』の抜粋が何を意味するかを考察することによって、『エミール』が人間をつくることを改めて証示しなければならない。そのためにまず physique－moral－civilという三つの語に定位することから始めよう。

### 1　physique－moral－civil

(1)「父親は、子どもをもうけ養うことにおいて、彼の仕事の三分の一しか行っていない。彼は人類に人間を与える義務があり、社会に社交的な人間を与える義務があり、国家に市民を与える義務がある」（OC4, 262）。

(2)「他の存在との身体的な関係を通して、他の人間とのモラルな関係を通して、自分を考察した後に、同胞市民との国家的な関係を通して自分を考察することが残されている」（OC4, 833）。

⑴は『エミール』第一編から、⑵は第五編からの引用である。⑴の父親の三つの仕事と⑵の三つの関係は対応している。ここから『エミール』の教育段階は三つに区別されているように見える。『エミール』第一編から第三編は「他の存在との身体的な関係を通して」、第四編は「他の人間とのモラルな関係を通して」、第五編は「同胞市民との国家的な関係を通して」考察する。そして第三段階における「国家に市民を与える義務がある」、「同胞市民との国家的な関係を通して自分を考察する」という言葉は、『エミール』が最終的に市民をつくることを目指しているように思われる。第二の誕生による二区分は誤っているのだろうか。まず⑴⑵の意味を考えよう。

⑴における「人類に人間を与える義務がある」とは、「子どもをもうけ養う」こと、人類という生物種に一人の人間（生物としての一人の人間）を加えることである。しかしそれは仕事の三分の一を果たすにすぎない。「社会に社交的な人間を与える義務がある」とはモラルな秩序における人間を与えることだろう。モラルな秩序に入る『エミール』第四編は人間の社交性を語っている。「人間を社交的にするのは人間の弱さである。我々の心を人間愛へ導くのは我々の共通の惨めさである。我々が人間でないならば、我々は人間愛に何も負うことはないだろう。すべての愛着は不足の印である」（OC4, 503）。それに対して「国家に市民を与える義務がある」ことは国家の秩序に対応するだろう。父親が三つの仕事を行うとすれば、それは結局市民をつくることになる。従って『エミール』が最終的に市民をつくるという結論は避けられないように見える。

⑵において三つの関係が「physique - moral - civil」という語によって区別されている。「physique - moral」の区別は第四編の言葉を受けている。「人間にふさわしい研究は人間の関係の研究である。彼の身体的な存在を通してしか自分を知らないかぎり、事物との関係を通して自分を研究しなければならない。これは子ども時代の仕事である。彼のモラルな存在を感じ始めるとき、人間との関係を通して自分を研究しなければならない」（OC4, 493）。第三編までは事物との身体的な関係を通して考察し、第四編では他の人間とのモラルな関係を通して研究した。それ故残されている課題は「同胞市民との国家的な関係を通して自分を考察すること」である。これは⑴における父

親の第三の仕事に対応している。『エミール』の教育段階は三段階であり、「physique - moral - civil」の区別は、『エミール』が人間をつくった後にその人間を市民にすることを意味している。――このような主張は説得的に見える。しかし本当にそうだろうか。「人間をつくった後で市民をつくる」という解釈を批判的に検討することは後にして(二)、まず「physique - moral - civil」という術語の意味を理解することから始めよう。「physique - moral」の対概念についてはすでに論じたので(第五節三)、ここでは civil の意味が問題である。

civil という形容詞はこれまでに何度も登場し、「国家的」(国家の、国家……)と訳してきた。rapport civil は「国家的な関係」、ordre civil は「国家の秩序」、état civil は「国家状態」、religion civile は「国家宗教」、homme civil は「国家人」、société civile は「国家社会」である。何故なら civil という語はルソーにおいて国家の次元を言い表わす言葉だからである。この語はラテン語の civitas(国家)に由来し、ルソー当時においてギリシア語のポリス(πόλις)に由来する politique (political) と同義的に用いられた[1]。例えば société civile という術語を例にしよう。この語はラテン語の societas civilis、さらにギリシア語の πολιτική κοινωνία に由来する。つまり civil = civilis = πολιτικός であり、société civile は国家人(公民)から構成される「政治的・国家的な社会」を意味する。これを「市民社会」と訳すと、「政治的・国家的な社会から解放された経済人(私人)が構成する経済社会」と理解されてしまうだろう[2]。何故なら civil という語の意味が「国家的」(公的)から「非国家的(非政治的)」(私的)へと意味変容したからである。つまり今日の我々にとって、politique と同義であった civil は、politique と対比される意味をもっている。

ルソー自身の用例を見てみよう。「あなた方の政治的・国家的な状況(votre situation Politique et Civile)」(OC3, 115)、「国家的・政治的な自由(la liberte civile et politique)」(OC4, 843)という表現から分かるように、ルソーは civil = politique として使っている。そのことは手紙からも明らかである。「大きな社会、一般的な人間社会は、人間愛のうえに、普遍的な慈愛のうえに建てられています。キリスト教がこのことに好都合である、と私は言うし、つねに言ってきました。／しかし特殊社会、政治的・国家的な社会 (les Sociétés politiques et civiles) は、まったく別の原理をもっています。それは純粋に人間的な組織であり、したがって真のキリスト教は、地上的でしかないすべてのものからと同様に、その社会から我々を切り離します」(CC17, 63, Lettre 2825)。ルソーにおいて特殊社会は国家を意味するから、それの言い換えである「政治的・国家的な社会」は国家を指し、従って civil は国家の次元を言い表わす言葉である。さらにここで一般社会と特殊社会が対比されている。特殊社会が国家を意味するのに対して、一般社会はすべての人間を包括する社会である。この対比は市民と人間との対比、国家の秩序とモラルな秩序との対比を表現している（第四節二）。moral という言葉は、⑵の「他の人間とのモラルな関係を通して」(OC4, 833)、あるいは「人間に対する人間のモラルな関係」(OC4, 487) という表現から分かるように、人間と人間との関係、社会性を表現するが、しかしその社会は一般社会として、国家社会（特殊社会）とはっきり区別されねばならない。国家の秩序 (ordre civil) とモラルな秩序 (ordre moral) はともに社会の秩序であるが、特殊社会と一般社会として区別されるのである。

physique – moral – civil の区別は、秩序に定位して言えば、「身体的・自然的な秩序―モラルな秩序―国家の秩序」と表現できる。そうであるとすれば、『エミール』第五編は「同胞市民との国家的な関係を通して」考察するのだから、エミールは結局国家の秩序のうちで市民となるように見える。「エミールを『来るべき市民の一人に』教育する」(PR, 77) というカッシーラーの解釈は正しいことになるのだろうか（第一節二）。「人間をつくった後で市民をつくる」という解釈を批判的に検討しなければならない。

## 二　人間から市民へ？

「人間から市民へ」（人間をつくった後で市民をつくる）と解釈する根拠は、前項（一）の冒頭に引用した⑴⑵であるから、それぞれを改めて批判的に検討しよう。

(1)は『エミール』第一編において語られている。「国家に市民を与える義務がある」という父親の仕事を「市民をつくる」と理解することは、同じ第一編の言葉と矛盾する。「公教育はもはや存在しないし、もはや存在することもできない。何故なら祖国が存在しないところに、市民は存在しえないからである。祖国と市民という二つの言葉は、近代語から削除されねばならない」(OC4, 250)。簡単に見つかる矛盾を同じ第一編のうちでルソーが犯すほど愚かでないとすれば、「市民は存在しえない」と語る『エミール』が市民をつくることは考えられないだろう。

父親の第一の仕事は生物としての人間(身体的存在としての人間)を与えること、第二の仕事はモラルな秩序における人間を育てることである。この二つの仕事は両立する。しかし第三の仕事が市民をつくることであるとすれば、父親は「人間でありかつ市民である者」をつくることになる。このように理解すれば『エミール』の基本的な立場と矛盾する。「人間をつくるか市民をつくるかを選ばねばならない。何故なら人は同時に人間と市民をつくることができないからである」(OC4, 248)。『エミール』の内部で、しかも同じ第一編のうちで明白に矛盾することをルソーは述べていることになってしまう。

「同時に人間と市民をつくることができない」ことを認めた上で、「同時に」でなく「人間をつくった後に、市民をつくる」とすることによって、矛盾を解決できるように思われる。こうした解釈に立てば、人間と市民との矛盾は時間のうちで解消される。人間と市民という二つのあり方が矛盾するとしても、「人間をつくった後で市民をつくる」という時間的な区別をもうければ、矛盾は生じないからである。この解釈は、身体的な関係からモラルな関係へ、そしてその次に「同胞市民との国家的な関係を通して自分を考察する」という順序からも自然であろう。しかしこうした解釈が正しいとは思えない。人間と市民の両立不可能性を考えれば、人間から市民をつくることなど考えられないだろう。

そもそも「人間となった後に市民となった者」とはいかなる者なのか。それが「人間である」という契機をまったくもっていない純粋な市民であるとすれば、何故人間という回り道をとらねばならないか、理解できない。人間をつくる家庭教育など経ずに、公教育によって最初から市民をつくればいいのだから（第九節二）。

では「人間となった後に市民となった者」は「人間と市民の統一体」だろうか。しかしそのような統一体は、スパルタの女市民の状況に立ったとき、いかなる振舞いをするのか、を問わねばならない。人間と市民の統一を語るとすれば、この問いに答えなければならない。スパルタの女市民のように人間愛を棄てて、祖国愛に生きるのか。そうであれば、純粋な市民であって、統一体ではない。統一体であるとすれば、人間愛の契機が残っていなければならない。その場合祖国愛によって国家の勝利を祝いながら、人間愛によって子どもの死を悲しむことになる。しかしそうした統一体は「国家の秩序のうちで自然の感情の優位を保持することを望む者」、「祖国愛と人間愛に引き裂かれた者」にすぎず、「決して人間でも市民でもない」不幸な者にすぎないだろう。ともかく「人間と市民の統一」説を主張するとすれば、それを抽象的に主張するのでなく、人間と市民の統一体がいかなる具体的な振舞いをするか、に答えねばならない。どう答えたとしても、ルソーなら統一体に対して「それは無である」と言うだろう。家庭教育と公教育、人間愛と祖国愛は両立不可能であって、どちらかを選ばねばならない（第四節四、五）。

⑵の physique – moral – civil から『エミール』の教育が三段階であると解釈できるように思えた。しかしこの解釈に対して第二の誕生を対置できる。『エミール』がつくる人間は身体的な秩序からモラルな秩序に入る第二の誕生以後、モラルな秩序のうちで生き続ける。「彼のモラルな存在を感じ始めるとき、人間との関係を通して自分を研究しなければならない。これは我々がここで到達した地点から始める彼の全生涯の仕事である」という言葉は、「モラルな秩序のもとでの「これは我々がここで到達した地点から始める彼の全生涯の仕事である」（OC4, 493）。人間」であり続けることを意味する。『エミール』はモラルな秩序に入る第二の誕生を語るが、市民として国家の秩序に入る第三の誕生（市民の誕生という第三の誕生）を語ることはない。エミールはモラルな秩序のうちで人間としての位置を占め続けるのであって、決して国家の秩序に属する市民になるのではない。

以上で「人間から市民へ」の解釈に対する批判という否定的な作業は終わったので、『社会契約論』からの抜粋の意味を解明するという肯定的な作業に移ろう(三)。それによって「国家に市民を与える義務がある」という(1)の言葉、そして「同胞市民との国家的な関係を通して自分を考察する」という(2)の言葉を理解できることになるだろう(四)。

## 三 『社会契約論』からの抜粋の意味

『エミール』第五編に『社会契約論』からの抜粋がなされている。[3] しかしここから『エミール』の最終目的が人間をつくることでなく、市民をつくることである、という結論が導かれるわけではない。こうした短絡的な結論を出す前にすべきことは、『エミール』において『社会契約論』の抜粋が存在するのは何故なのか、をテキストに即して理解することである。『社会契約論』の抜粋は、「旅について」(OC4, 826)という表題をもっている箇所に書かれている。旅の目的と旅の成果から、何故抜粋が書かれたかを明らかにすることができるだろう。

「他の存在との身体的な関係を通して、他の人間とのモラルな関係を通して、自分を考察した後に、同胞市民との国家的な関係を通して自分を考察することが残されている。そのために彼は政府一般の本性、政府の様々な形態をまず研究し、最後にそこで生きることが彼に相応しいかを知るために、彼がそのもとで生まれた特殊な政府を研究しなければならない。何故なら何ものも廃棄しえない権利によって、成年に達し彼自身の主人となったあらゆる人間は、それによって彼が共同体に帰属している契約を破棄して、その共同体が確立されている国を去ることも自由だからである」(OC4, 833)。

『エミール』第五編の課題は「同胞市民との国家的な関係を通して自分を考察すること」であるが、そのためにエミールは旅をしなければならない。旅の目的は「政府一般の本性、政府の様々な形態をまず研究し、最後にそこで生きることが彼に相応しいかを知るために、彼がそのもとで生まれた特殊な政府を研究する」ことにある。エミールは「成年に達し彼自身の主人となった」のだから、彼の生きるべき国を選ぶことができる。

しかし「そこで生きることが彼に相応しいかを知る」ためには、その判断の規準を必要とする。その規準として提示されたのが、『社会契約論』の抜粋である。[4] 本節の冒頭での引用を想起しよう。「観察する前に、観察のための基準を作らねばならない。測定するものをそれと照らし合わせるために尺度を作らねばならない。我々の政治法の原理はこの尺度である。我々の測定するものは各国の政治法である」(OC4, 837)。観察の規準となるもの、尺度が、「我々の政治法の原理（nos principes de droit politique）」、つまり『社会契約論（Du Contact Social; ou Principes du Droit Politique）』である。『社会契約論』の抜粋は、エミールが「そこで生きることが彼に相応しいかを知る」ために提示されるのであって、エミールを市民にするためではない。このことは旅の成果から明らかである。二年近く旅をしたエミールは旅の成果を次のように語っている。

「私はどう決心したか。あなたが私を育てた者のままでい、そして自然と法が私に課している束縛に、他の束縛を自分で付け加えないと決心した。人間の制度のうちで人間のつくったものを調べれば調べるほど、独立しようとすることによって人間が自分を奴隷にしていること、そして人間が自由を確保するための空しい努力のうちで自由そのものをすり減らしていることが一層よく分かる」(OC4, 855)。

エミールの旅の成果は「あなたが私を育てた者のままでいる」という決心として語られるが、それは人間として生きていくことである。エミールの教師は旅の前にエミールに言う。「倫理の長たらしい教訓を私から期待してはならない。君に与えるべき唯一の教訓しか私はもっていない。それは他のすべての教訓を含んでいる。人間であれ」(OC4, 819)。エミールは「人間であれ」という教師の教えを受けて、「あなたが私を育てた者のままでいる」という決心を語ったのである。「人間である」とは「自然と法が私に課している束縛」のみを認めることである。「自然と法が私に課している」という言葉から明らかなように、この束縛は「人間の制度のうちで人間のつくったもの」と対比された自然法を意味する。エミールは人間として、自然の秩序のうちで自然法に従って生きることを改めて決意する。自然法と実定法との対比はエミールの教師が語る言葉からもはっきり読み取れる。

「法の保護のもとに自由を渇望することは空しい。法、そんなものがどこにあり、どこで尊敬されているのか。至るところで法の名のもとに個人的な利益と人間の情念が支配しているのを君は見た。しかし自然と秩序の永遠の法が存在する。それは賢者にとって実定法の代わりになる。それは良心と理性によって彼の心の底に書かれている。自由であるために従うべきものは、この法である。……自由は政府のいかなる形態のうちにもない、自由は自由な人間の心のうちにある」(OC4, 857)。

「自然と秩序の永遠の法」は自然法を意味する。ここで「実定法」と「良心と理性によって彼の心の底に書かれている法」(自然法)との対比がなされているのであり、自然法に従って生きることが選ばれている。「法の保護のもとに自由を渇望することは空しい」とは、実定法(国家の秩序)のもとでの自由、つまり市民の自由を選ばないことの宣言である。それに対して自然法(自然の秩序)のもとでの自由、つまり人間の自由が選ばれる。国家の秩序と自然の秩序の対比と選択は、「自由は政府のいかなる形態のうちにもない、自由は自由な人間の心のうちにある」という言葉のうちに明確に表現されている。エミールは市民となるのでなく、人間であることを選ぶのである。

しかしエミールの教師はこの対比に続けて、「私が市民の義務を君に語るとしたら、君はおそらく、どこに祖国があるのか、と私に尋ねるだろう……」(OC4, 858)と語り始める。何故市民の義務を語るのか。このことを考察することによって、「同胞市民との国家的な関係を通して自分を考察する」ことと「国家に市民を与える義務がある」ことが何を意味しているかも明らかとなるだろう。

## 四　国家の構成員と市民の義務

市民の義務は旅の後に初めて言われたのではない。「旅について」が語られる前に、エミールの教師は次のように言っている。

「あなたについて語ろう。夫と父であることを熱望しているあなたは、義務についてよく考えただろうか。家族の長となることによって、あなたは国家の構成員になろうとしている。国家の構成員であるとはいかなることか、あなたは知っているか。あなたは人間の義務を研究してきた。しかし市民の義務をあなたは知っているのか。政府、法、祖国とは何かをあなたは知っているか。……国家の秩序のうちに位置を占める前に、国家の秩序を知り、いかなる地位があなたに相応しいかを知ることを学びなさい」(OC4, 823, cf. OC4, 1679)。

エミールが「国家の構成員（membre de l'État）」となり、市民の義務を果たすことが語られている。そうであれば、市民の義務を果たす者は市民であり、市民の義務をなすべきエミールは「国家の構成員」として市民となる、と結論しなければならないように思われる。この結論は避けがたいように見えるかもしれないが、しかし結論を急いではならない。ルソーに関する一般的なイメージと異なり、ルソーは術語を厳密に使っている。『エミール』第五編において『社会契約論』の要約がなされているが、そこでルソーは社会契約のあり方を「主権者の構成員」と「国家の構成員」の区別によって説明している。「各個人はいわば自分自身と契約しているが、二重の関係のもとで約束している。つまり個人に対しては主権者の構成員として、そして主権者に対しては国家の構成員として、である」(OC4, 840)。主権者の構成員と区別された国家の構成員とは何を意味するのか。この直前において、『社会契約論』第一編第六章に対応する形で（第八節二）、ルソーは術語を正確に定義している。

「この公共的な人格は一般に政治体という名称をもつ。これはその構成員によって、受動的であるときに国家と呼ばれ、能動的であるときに主権者と呼ばれ、その同類と比較されるときに権力国家と呼ばれる。構成員自身について言えば、集合的には人民という名称をもち、個別的には、人的国家の構成員つまり主権に参加する者として市民と呼ばれ、主権に服従する者として臣民と呼ばれる」(OC4, 840)。

「国家の構成員（membre de l'État）」という言葉は、「国家」という術語の正確な意味から理解されねばならない。政治体が「主権者」と呼ばれるのは、能動的なとき、つまり立法という能動性から見られたときである。この主権に参加する者としての「人的国家の構成員（membres de la cité）」が「市民」と呼ばれる。それに対して政治体が

「国家」と呼ばれるのは、受動的なとき、つまり法に従うという受動性から見られたときである。その場合主権に従属する者として臣民と呼ばれるが、それが「国家の構成員」である。「あなたは国家の構成員になろうとしている」とエミールに言われるときの「国家の構成員」は、「人的国家の構成員」として立法に参加する者でなく、法に従う者、法が命じる義務を果たす者を意味する。それ故、国家の構成員として「市民の義務」を果たすことが言われているのである。エミールが「国家の構成員」となることは、主権に参加する市民（人的国家の構成員）となることを決して意味しない。

「国家の構成員（membre de l'État）」という言葉は、第一編で語られた「国家に市民をあたえる義務がある（devoir des citoyens à l'État）」という父親の第三の仕事を想起させる。「国家」という言葉に定位すれば、この仕事は「国家」に「国家の構成員」を与えることを意味する。確かにここに「市民」という言葉が登場するが、しかしこの言葉は「人的国家の構成員つまり主権に参加する者」としての市民を意味するのではない。人間であるエミールが国家に対して「市民の義務」を果たす者とすることこそが、「国家に市民を与える義務がある」という父親の第三の仕事に対応するのである。エミールは「国家の構成員」として市民の義務を果たすだろう。しかし「国家の構成員」は主権に参加する市民そのものでない。

ルソーは『社会契約論』第一編の最初の箇所で次のように書いている。「自由な国家の市民として、主権者の構成員として生まれたのだから、公共の事柄において私の投票権がいかに弱い影響しかもてないとしても、投票する権利は、公共の事柄を学ぶ義務を私に課すに十分である」（OC3, 351）。ここでルソーは「主権者の構成員」と言っているが、その言葉が「国家の構成員」とはっきり区別されていることは「私の投票権」、「投票する権利」という言葉から明らかである。『エミール』（そして『社会契約論』）において、社会契約によって成り立つ一つの精神的で集合的な団体（政治体）は「集会がもつ投票権と同数の構成員から構成される」（OC4, 840, OC3, 360）とされる。主権者の構成員は「人民集会において投票権をもつ者」、つまり主権に参加する者である。しかしルソーが構想する国家には「主権者の構成員」としての市民だけでなく、投票権をもたない者も住んでいる。ルソーが考えている国家は移住の自由を認める「自由な国家」である。このことは『エミール』第五編の「旅について」から明らかである。「何ものも廃棄しえない権利によって、成年に達し彼自身の主人となったあらゆる人間は、それによって彼が共同体に帰属している契約を破棄して、その共同体が確立されている国を去ることも自由である。理性の時期の後になす滞在によってのみ、彼の祖先が結んだ約束を暗黙のうちに是認していると見なされる」(OC4, 833)。どの国家に住むかをエミールは決めることができるが、エミールに対して「その領土に住むことは、その主権に服することである」(OC3, 440) というテーゼが成り立つ。主権者の構成員でない者もその国家に住んでいるだけで、その国家の法に服従し、その国家における市民の義務を果たさねばならない。それが人間であるエミールの立場、単なる「国家の構成員」としての立場である（第九節五）。ルソーが想定している国家において、主権者の構成員でないが国家法に服従しなければならない者が存在するのである。(5)

本来の意味での市民は、臣民であると同時に「人的国家の構成員つまり主権に参加する者」である。「臣民と主権者という言葉は、市民という唯一の言葉のもとで両者の観念が一つになる相関語である」(OC3, 427)。『社会契約論』はそれを「祖国に各市民を与えることによって、市民をすべての人格的依存から守る」(OC3, 364) と表現している。市民は「自分を祖国の構成員と感じる」(OC3, 259) のである。『エミール』の「国家に市民を (des citoyens à l'État)」という表現は、『社会契約論』の「祖国に市民を (chaque Citoyen à la Patrie)」と区別されねばならない。「どこに祖国があるのか」(OC4, 858) と言うエミールにとって、祖国は存在しない。そして『エミール』の基本的立場は「祖国が存在しないところに、市民は存在しえない」(OC4, 250) というテーゼに求められる。「祖国に市民を与える」と区別された「国家に市民を与える義務がある」という表現は、主権者の構成員としての市民をつくることでなく、国家の構成員としての臣民、つまり法に従い市民の義務を果たす者をつくることを意味する。「国家に市民を与える」の「市民」は、本来の意味での市民でなく、主権に参加することなしに法に従い市民の義務を果たす者にすぎない。市民の義務とは「市民が臣民としての資格で果たすべき義務」(OC3, 373)を意味する。

それ故「国家の秩序のうちに位置を占める前に、国家の秩序を知り、いかなる地位があなたに相応しいかを知ることを学びなさい」(OC4, 823)と言われるのは、市民(主権者の構成員)となるためでなく、市民の義務を果たすためである。市民でなく人間であるエミールは、森のなかで生きるのでなく、既存の国家のうちで生きる。そのために市民の義務を知らねばならないし、「同胞市民との国家的な関係を通して自分を考察すること」(OC4, 833)が必要となる。しかし何故人間として生きるエミールは市民の義務を果たさねばならないのか。

## 五　祖国をもたない者も少なくとも国をもっている

「私が市民の義務を君に語るとしたら、君はおそらく、どこに祖国があるのか、と私に尋ねるだろう。そして君は私を当惑させたと思うだろう。けれどもエミールよ、君は思い違いしているだろう。何故なら祖国をもたない者も少なくとも国をもっているのだから」(OC4, 858)。

エミールは市民でなく、人間であることを選ぶ。にもかかわらずエミールの教師が「市民の義務」を語るのは何故なのか。「どこに祖国があるのか」と問い返すエミールは、彼の旅を通して「自分には祖国などないこと」を知っている。教師とエミールは「祖国がない」という認識において一致している。これは『エミール』の基本的立場である(第四節三)。それにもかかわらず「市民の義務」を語る理由は、「祖国をもたない者も少なくとも国をもっている」という言葉に求められる。しかしそれは何を意味しているのか。ここに自然状態における自然人に対する「社会のうちに生きている自然人」の優位という問題、人間が社会のうちでのみ動物から精神的存在となりうるというルソーの基本思想が見出される。

「ああエミール、自分の国に何も負っていない善人がどこにいるのか。どんな国であろうと、人間にとって最も貴重なもの、行為の精神性と徳への愛を国に負っている。森の奥で生まれれば、彼はより幸福により自由に生きたかもしれない。しかし戦うべき何ものもなく、自分の性向に従っているので、彼は善良であっても功績がなかっただろう。彼は有徳でなかったろう。しかし今や彼は情念にもかかわらず、有徳であることができる」（OC4, 858）。

森の奥で生まれ他の人間と関わらない者は、善良であるが、有徳な人間にはなれない。それに対して国に生まれ他の人々と共に社会のうちに生きる者は、自分の情念を克服する有徳な人間になりうる。有徳な人間は単なる善き人間より以上の存在である。それは「有徳な人間は天使以上のものだろう」（OC4, 603）と同じことを意味している（第五節八）。有徳な人間になりうる可能性を与えたのは国である。ここにルソーの一貫した主張、つまり人間は社会のうちでのみ動物から精神的存在となるという主張が読み取れる（第二節三）。「行為の精神性と徳への愛を国に負っている」のだから、その国が課する義務（市民の義務）を果たすべきである。だからこそエミールの教師は市民の義務を語るのである。[6]

「祖国をもたない者も少なくとも国をもっている」ことによって、『エミール』がつくる人間、つまりモラルな秩序にある自然人が可能となる。このことを『ジュネーヴ草稿』は次のように語っている。

「我々は我々の特殊社会にならって一般社会を構想する。小さな共和国の確立が我々に大きな共和国を考えさせる。我々は市民であった後でのみ、まさに人間となり始める」（OC3, 287）。

ここから、上で批判した「人間から市民へ」（二）と逆の「市民から人間へ」（市民をつくった後に人間をつくる）を読み取ることは誤っている。「市民であった後でのみ、まさに人間となり始める」という言葉は、「どんな国であろうと、人間にとって最も貴重なもの、行為の精神性と徳への愛を国に負っている」という意味において理解しなければならない。国をもっていることによってのみ、つまり特殊社会（＝国家）のうちで生きることによって初めて、その社会化を通して精神性の次元に高まることが可能であり、一般社会で生きる人間のあり方が構想可能となるのである。

『エミール』が市民でなく人間をつくることを目的としていることは、以上の考察によって証明されたと思う。

しかしさらに『エミール』の続編と考えられる『エミールとソフィー』によって確認することにしよう。

## 六　『エミールとソフィー』

「私の人間の務めが始まる今、私はこれまで以上にあなたを必要としている。あなたはあなたの務めを果たした。あなたを手本とするために私を導いて下さい。そして休息して下さい。そうすべき時です」(OC4, 868)。

エミールのこの言葉で『エミール』は終わっている。「私の人間の務め」という言葉は、エミールが人間であることを選んだことをはっきり示している。この言葉は「人間であれ」という唯一の教訓への応答である。『エミール』の基本的な立場は第一編で次のように表現されていた。「自然の秩序において人間はすべて平等であり、その共通の天職は人間という身分である」(OC4, 251)。そして『エミール』において育てられた人間は「いかに運命が彼の位置を変えようとも、彼はつねに彼の位置に留まるだろう」(OC4, 252)と言われていた。「彼はつねに彼の位置に留まるだろう」とは、自然の秩序のうちでの彼の位置にとどまること、人間であるという天職を果たすことである。第一編のこの言葉に対応して、第五編で教師は「人間であれ」(OC4, 819)と言い、次のように語る。

「君は幸福に賢明に生きたいか。それなら君の心を滅びることのない美のみに結び付けよ。君の条件が君の欲望を限界づけ、君の義務が君の性向に先行するために。必然性の法をモラルなものへと拡げよ。君から奪われうるものを失うことを学べ。徳がそう命じるなら、すべてを捨て去ること、出来事を超越すること、引き裂かれることなしに君の心を解き放すこと、決して惨めにならないために逆境において勇気をもつこと、決して罪を犯さないために君の義務のうちにとどまること、こうしたことを学べ。そのとき君は運命にもかかわらず幸福であり、情念にかかわらず賢明であるだろう」(OC4, 820)。

「必然性の法」とは第二の誕生以前の「身体的な存在」における「必然性のきびしい法」=「すべてに命令する自然法」を意味し、「君の自由、君の能力は、君の自然的な力が及ぶかぎりで発揮される」と言われていた(第五節四)。

「必然性の法をモラルなものへと拡げる」とは、自然法を身体的存在からモラルな存在へ拡張することを意味する。モラルな存在における自然法は、「良心の法（＝福音書の教え）としての自然法」（第五節五、六）である。エミールはモラルな秩序における自然人となる。人間として育てられたエミールが「運命にもかかわらず幸福であり、情念にかかわらず賢明である」ことを、エミールのその後の歩みを語る『エミールとソフィー』に即して簡単に確認しよう。『エミールとソフィー』は「いかに運命が彼の位置を変えようとも、彼はつねに彼の位置に留まる」ことを示す物語である。

『エミールとソフィー』においてエミールは彼の教師の教えを思い出す。「私は突然ふと私の青年期、私の先生、私の授業を考えました。私は人間だと考えたのです。……私は私が自分の位置にいるのをはっきり見ました」(OC4, 892)。エミールは「人間であれ」という教師の唯一の教訓を思い出したのである。そして「自分の位置にいることと」、つまり自然の秩序における自分の位置にいる人間であることをはっきり自覚する。「自分の位置にいるのをはっきり見る」という言葉は、「いかに運命が彼の位置を変えようとも、彼はつねに彼の位置に留まるだろう」(OC4, 252)という『エミール』の言葉を想起させるだろう。『エミールとソフィー』のエミールは、『エミール』において育てられたエミールなのである。それ故エミールは次のように言う。「いかなるところに生きようとも、いかなる状況にあろうとも、私はつねに私の人間の務めを果たしてみせるだろう」(OC4, 911)。「私の人間の務め (ma tâche d'homme)」という言葉は、『エミール』の最後で語られる「私の人間の務め (mes fonctions d'homme)」という言葉に呼応するだろう。

エミールのこの生き方は、教師が教えた生き方、つまり「人間であれ」に忠実である。だからこそエミールは言うのである。「私を私の国に結び付ける結び目を断ち切ることによって、私は私の国を地上全体に拡げました。市民であることを止めることによってそれだけ人間となりました」(OC4, 912)。「私の国を地上全体に拡げる」とは、国家という特殊社会から自分を解放し、人類社会という一般社会へと拡張すること、祖国愛でなく人間愛に生きることである。「市民であることを止めることによってそれだけ人間となりました」という言葉は、人間と市民が相反する二つの選択肢であることを示している。『エミール』におけるのと同様に、『エミールとソフィー』のエミールも人間であることを選ぶのである。

第一章は「人間か市民かの選択」から出発して、人間をつくる自然の道を『エミール』が選択したことを証明した。しかしそれは唯一の選択ではない。ルソーは人間が幸福になるための可能な二つの選択肢、相反する選択肢を提示している。ルソーはどちらかを選べと主張しているのである。『社会契約論』は市民をつくる脱自然の道を選択するだろう。『社会契約論』の道を検討することが第二章の課題となる。

註

**第四節**

（1）メチュー師への手紙（一七七〇年二月二八日）は次のように書いている。「……このような体系において、すべてか無でなければなりません。中途半端に従ってできそこないの人間しかつくらないより、普通の教育の仕方をまた始めて小さな宮廷人をつくる方が百倍もよいでしょう」(CC37, 309, Lettre 6678)。

（2）S. Pufendorf, *De officio hominis et civis*, in: *Gesammelte Werke*, vol.2, Akademie Verlag, 1997, p.5.

（3）M. Riedel, *Studien zu Hegels Rechtsphilosophie*, Suhrkamp, 1970, p.111.

（4）カントにおける「世界市民（Weltbürger）と国家市民（Staatsbürger）」の区別もこの伝統のうちにある。

（5）市民という語については、福田歓一『近代政治原理成立史序説』四三八－四四一頁参照。さらに本書第六節一参照。

（6）それにも関わらず、この対比を曖昧にする解釈が後を断たないのは不思議である。プレヤード版ルソー全集はこの箇所に次の註を付している。「市民と人間との区別は、恐らく最初において便利で真である。だがこの区別は多分表面的である。何故ならエミールは彼の良心と理性のみに聴き従うので、『一般意志』を理解でき、それに服するからである」(OC4, 1297)。しかし良心と一般意志を一致させようとしたドラテが同じ箇所を引用して次のように言わざるをえなかったことを想起すべきである（第一節二）。「それ故ルソーによって理想あるいは模範として提示された二つの生き方の間に、中間も妥協も存在しない」。

（7）「自分だけで一つの完全な単独の全体である各個人を、この個人がいわばその生命と存在をそこから受け取る一つのより大きな全体の一部へと変容させる」という立法者の課題は、リュクルゴスの次のようなイメージを背景にしているだろう。「一口に云うと市民たちが自分流儀の生活を欲することも能くすることもないように躾け、蜜蜂が常に共同生活をするように生まれついていて女王の周りに互いに円く集るように、感激と名誉心から殆んど我を忘れて全部が祖国のものであるようにして置いた」（河野與一訳『プルターク英雄傳』（二）（岩波文庫、一九五二年）一三七頁）。さらに第九節二参照。

（8）「人間愛は、温和、公平、穏健、慈善、寛大のような多くの徳を与える。しかしそれは勇気や精神の強さなどを少しも起こさせない。そしてそれは、祖国愛から徳が受け取るエネルギーを徳に少しも与えない。祖国愛が徳を英雄的行為にまで高める」（OC3, 536）。

（9）「人間を彼自身のために育てる」―「他の人間のために育てる」（OC4, 248）は、単なる「利己主義―利他主義」の対比でなく、「絶対的な整数」―「分母に属する分数の一」（OC4, 249）の対比、「自分だけで一つの完全な単独の全体である各個人」―「この個人がいわばその生命と存在をそこから受け取る一つのより大きな全体の一部」（OC3, 381）から理解されねばならない。

（10）同様のことは『人間不平等起源論』や『山からの手紙』（第八の手紙）などにも書かれている。「人間は以前に自由で独立であったのに、いまや多数の新たな欲求によって、いわば自然全体に、何よりも彼の同胞に服従して、同胞の主人となる場合でさえ、或る意味でその奴隷となる。富んでいれば同胞の奉仕が必要であり、貧しければ同胞の援助が必要であり、普通なみの財産であっても同胞なしで済ますことができない……」（OC3, 174-175）。「自由は自分の意志を行うことに存するより、他人の意志に従属していないことに存する。さらに自由は他人の意志を我々の意志に従属させないことに存する。主人である者は誰でも自由でありえず、支配することは服従することである。あなた方の執政者たちはこのことを誰よりもよく知っている。彼らはオトーのように、命令するためにどんな卑屈なことも怠らない」（OC3, 841-842）。「他人の自由をあえて奪い取る者は誰でも、ほとんどつねに自分の自由をついに失うことになる。このことは国王にとってさえ真であり、とりわけ人民にとって一層真である」（OC3, 1793）。Cf. NG, 73-75. こうした主張はプラトン『国家』においても見られる。「正真正銘の僭主（独裁者）とは、じつに最大のへつらいと隷属を行うところの、正真正銘の奴隷なのであり、最も邪悪な者たちに仕える追従者にほかならないのだ」（藤澤令夫訳『国家』（プラトン全集11、岩波書店、一九七六年）六五二頁）。

## 第五節

（1）『ファーブル草稿』は書いている。「自然は内側で働き、社会精神は外側で現われる」（OC4, 57）。

（2）『エミール』第四編は苦しみを physique - moral（身体的—モラル）の対比において語っている。「我々を不幸で哀れにするのは我々の能力の悪用である。我々の悲しみや心配や苦悩は我々から生まれる。モラルな苦しみは明らかに我々が作り出したものである。そして身体的な苦しみは、我々にそれを感じさせるようにした我々の欠陥がなければ無であろう」（OC4, 587）。身体的な苦しみとは「身体の苦痛」（OC4, 587）といった身体的レベルの苦しみである。それと対比されたモラルな苦しみは「悲しみや心配や苦悩」といった精神的レベルの苦しみを意味している。

（3）政治体としての国家は「公共的な人格」（OC3, 361）であり、「一つのモラルな人格（une personne morale）」（OC3, 608）である。これを「道徳的な人格」と訳すのは、法人（personne morale）を道徳的な人格と理解することと同程度に誤っている。国家は「精神的な人格」、つまり法的な人格（法人）である。

　カントにおいても国家は「モラルな人格（eine moralische Person）」（KA6, 343; KA8, 344）とされるが、これはルソーの une personne morale と同じ意味であり、これを「道徳的な人格」と訳すことはできない。「国家のモラルな根絶（eine moralische Vertilgung）（その人民が征服者の人民と一つに融合するか、奴隷状態に陥る）である征服戦争」（KA6, 347）。カントが語るこのような国家の消滅は、国家が精神的な人格であることから理解できる。それはルソー『戦争状態』（OC3, 608）の理解と同じである。ともかくカントにおける moralisch という語をすべて機械的に「道徳的」と訳すことは誤解を生み出すだろう。「自由のこの法則は、自然法則と区別して moralisch と呼ばれる。それが単なる外的行為とその法則性にのみ関わるかぎり、法理的と呼ばれる。しかしこの法則自身が行為の規定根拠であるべきであることをも要求する場合、それは倫理的である。そしてそのとき、前者との一致は行為の適法性であり、後者との一致は行為の道徳性である、と言われる」（KA6, 214）。自然法則と対比された moralisch は、狭義の「道徳的」（道徳性）をも包括し、人間の自由に関わる精神的な次元を意味している。カントにおいても moralisch という語は、ルソーと同様に「物理的・自然的（physisch）」の対概念として使われている。「裁判官とは、行為について法律的効力のある判決をする権能と力をもっている人格である（この人格は、ただ一人の人格である場合に physica であるか、さまざまな人格が存在するがそれが一つの人格と見なされる場合に moralis であるか、である）」（KA27, 296）。「国家の元首とは、執行権をもっている（moralisch か physisch）人格である。……モラルな人格として見れば、元首は執政体、政府と呼ばれる」（KA6, 316）。

（4）Physique - Métaphysique et Moral の対比を奇妙に思うかもしれないので、『エミール』の用例によって確認しよう。『エミール』第三編までは「身体的な存在」にとどまるが、第三編は次のように言っている。「エミールは自然的な純粋に物理的な認識だけをもっている。彼は歴史という名称さえ知らないし、形而上学や倫理学を知らない。彼は事物に対する人間の本質的な関係を認識しているが、人間に対する人間のモラルな関係をまったく認識していない」（OC4, 487）。「自然的な純粋に物理的な認識」と「歴史、形而上学、倫理学」が対比されている。この対比は Physique - Métaphysique et Moral の対比と同じであり、naturel (physique) - moral の対比に対応している。そしてモラルな存在は「人間に対する人間のモラルな関係」のうちに、その意味で社会関係のうちにある。「理性の時期の前に、人はモラルな存在や社会関係のいかなる観念ももつことができない」（OC4, 316）。人間と人間との関係がモラルな関係なのであり、狭い意味での道徳的な関係に限られているわけではない。歴史については、『エミール』の次の言葉からこの対比が読み取れる。「出来事の真の認識がその原因と結果の認識から分離できる、歴史的なものがモラルなものにほとんど関係しないし、他方なしに一方を認識できる、と人は信じるだろうか。人間の行動のうちに外的で純粋に物理的な運動しか見ないとすれば、我々は歴史のうちに何を学ぶのか」（OC4, 348）。ここで物理的な運動と対比されているモラルなものとは、歴史的な出来事の原因と結果を認識することを指しているのだから、モラルなものは道徳的なものを意味するわけがない。ルソーにとって歴史は「人間の心の研究」（OC4, 530）として重要なのである。

（5）サヴォアの助任司祭はモラルな秩序について次のように語っている。「感情と知性が存在するあらゆる所に、何らかのモラルな秩序が存在する。相違は、善人が全体との関係によって自分を秩序づけるが、悪人が自分との関係によって全体を秩序づけることである」（OC4, 602）。モラルな秩序は感情と知性があるところに存在するのだから、それは精神のレベルでの秩序である。悪人も感情と知性があるのだから、悪人にもモラルな秩序が存在する。しかしこのモラルな秩序は「道徳的な秩序」（道徳的に善なる秩序）ではありえない。

（6）『人間不平等起源論』は二つの不平等を、つまり自然によって定められた「自然的あるいは身体的な不平等」と一種の同意に依存する「モラルなあるいは政治的な不平等」を区別している（OC3, 131）。「モラル＝道徳的」と解すれば、「モラルなあるいは政治的な不平等」という言葉から「道徳的＝政治的」が読み取られ、ルソーが政治学を道徳化しているという誤解に至るだろう。第九節八参照。

（7）physique - moral の対比としてライプニッツを、そして naturel - moral の対比としてヒュームを例として挙げよう。ライプニッツ『単子論』八七は物理的な世界とモラルな世界の対比を語っている。「我々が上で二つの自然的な世界、作動因の世界と目的因の世界の間に完全な調和を確立したように、我々はここでさらに自然の物理的な世界と恩寵のモラルな世界の間に、つまり宇宙の機構の建築家と見なされた神と諸精神の神的な国家の君主と見なされた神との間にもう一つの調和を識別しなければならない」(*Die Philosophischen Schriften von Gottfried Wilhelm Leibniz*, vol. VI, ed. C. J. Gerhardt, Georg Olms Verlag, 1978, p.622)。「自然の物理的な世界—恩寵のモラルな世界」が「宇宙の機構—諸精神の神的な国家」と言い換えられていることから、「モラルな」という形容詞が「諸精神(Esprits)」と関係していることが分かるだろう。「モラルな」が「精神的」を意味することは、『神義論』二からも読み取ることができる。「物理的な必然性はモラルな必然性に、つまり神の知恵に相応しい賢者の選択に基づいていると言える」(ibid., p.50)。「モラルな必然性=神の知恵に相応しい賢者の選択」から「モラルな=精神的」が読み取れるだろう。

ヒューム『人間本性論』の副題は「経験的な思考方法をモラルな主題に導入する一つの企て」である。『人間本性論』はモラルな主題を論じるモラルな哲学として構想されている。その序論においてヒュームはモラルな哲学を自然哲学と対比している。「モラルな哲学は実際、自然哲学のうちに見出されない特殊な不利をもっている」(D. Hume, *A Treatise of Human Nature*, Clarendon, 1973, p.xviii)。自然哲学と対比されたモラルな哲学とは狭い意味での道徳哲学でなく、「精神哲学」を意味する。言うまでもなく、人間の精神には狭い意味での道徳も含まれているから、精神哲学(人間の哲学)としての『人間本性論』は、第一編「知性について」、第二編「情念について」に続いて、最後に第三編「道徳について(Of Morals)」となっている。さらに『人間本性論』を完成させるために、ヒュームは「政治学と文芸批評」(ibid., p.viii)をも含ませる予定であった。自然哲学と対比されたモラルな哲学として構想された『人間本性論』は人間精神の本性というモラルな主題(精神的な主題)を扱う精神哲学(人間本性の哲学)である。このヒュームの試みを科学として確立することがJ・S・ミル『論理学体系』の第六編「モラルな科学(moral sciences)の論理について」の狙いである、と位置づけることができる。モラルな科学は「人間本性(Human Nature)の科学」であり、「精神(Mind)の法則=精神現象(mental Phenomena)の法則」を扱う「精神の科学」である。そして倫理や道徳はモラルな科学に対応する技術の一部である。Cf. J. S. Mill, *A System of Logic*, in: *Collected Works of John Stuart Mill* (Volume VIII), Routledge, 1996, pp.844-851, p.942. 以上のことから明らかなように、ミルのmoral sciencesは道徳の科学でなく、精神の科学を意味する。ミルのこの理念はディルタイを通してGeisteswissenschaftenとして定着する。Cf. W. Dilthey, "Einleitung in die Geisteswissenschaften", in: *Gesammelte Schriften*, vol. 1, Teubner, 1966, p.5. そしてドイツにおいて「自然科学と精神科学」の対比が支配的となる。ヒュームのモラルな哲学からミルのモラルな科学への移行に対応するのは、ドイツにおけるヘーゲルの精神哲学からディルタイの精神科学への移行である。ルソーにおいて moral－physique (naturel) の対比で使われた moral を「道徳的」と訳すことは、精神科学を道徳科学と理解することと同じ程度に誤っている。

(8)「自然状態にある人間の義務は、すべてのうちで第一で最も強い自己保存の配慮につねに従属している」(OC3, 475)。

(9) 子ども期の最後を扱う第三編は次のように書いている。「彼が認識できない社会的な法の代わりに、我々は彼を必然性の鎖に結びつけてきた。彼はまだほとんど身体的な存在以外のものでない。彼をそのようなものとして扱い続けよう」(OC4, 458)。

(10) 同じことを『戦争状態』は次のように言っている。「自然法が人間の理性のうちにのみ書き記されているとすれば、自然法は我々の行動の大部分を指導することがほとんどできないだろう。しかし自然法は消し難い文字で依然として人間の心のなかに刻まれている」(OC3, 602)。自然法は「良心と理性によって彼の心の底に書かれている」(OC4, 857) のである。自然法のこうした理解は『ローマの信徒への手紙』に遡源する。「たとえ律法をもたない異邦人も、律法の命じるところを自然に行えば、律法をもたなくとも、自分自身が律法なのです。こういう人々は、律法の要求する事柄がその心に記されていることを示しています。彼らの良心もこれを証ししており、また心の思いも、互いに責めたり弁明し合って、同じことを示しています」(『ローマの信徒への手紙』二・一四―一五)。

(11)「良心から独立な理性だけによっていかなる自然法も確立されないこと」は、理性そのものを否定しているのではない。理性のレベルに達することによって、初めて良心が可能となる(七)。自然法は「良心と理性によって彼の心の底に書かれている」(OC4, 857) のである。「創造者は善を愛するために良心を、善を知るために理性を、善を選ぶために自由を私に与えたのではないか」(OC4, 605)。同じことを『新エロイーズ』第六部は書いている。「至高の存在は、善であるものを認識するために理性を、それを愛するために良心を、それを選ぶために自由を我々に与えた」(OC2, 683)。

(12)「良心の働きは判断でなく、感情である」(OC4, 599)。

(13) 聖書からの引用は、新共同訳『聖書』(日本聖書協会、一九九〇年) を利用させていただきました。

(14)「私は何にもまして神を愛し、そして私の隣人を私自身のように愛するように努力しています。これこそが法の要約です」(CC8, Lettre 2222)。

(15)『カノン法全典』に含まれる最古の教会法集成である『グラティアヌス法令集』(一一四〇年頃) の冒頭に次のように書かれている。「人類は二つの法、つまり自然法と慣習によって支配されている。自然法は聖書と福音書のうちに含まれているものである」

(A. P. d'Entrèves, *Natural Law*, Transaction Publishers, 1994, p.37)。

(16) Th. Hobbes, *Leviathan*, ed. R. Tuck, Cambridge University Press, 1991, p.92.（以下 LE と略）

(17) 自然法を二つに区別することはグロティウス『戦争と平和の法』（*The Law of War and Peace*, the translation by F. W. Kelsey, Bobbs-Merrill, 1925）にも見出される（以下 WP と略）。その第一巻第二章第一節は「戦争が自然法と対立していないことはいくつかの考察によって証明される」（WP, 51）という表題である。そこでグロティウスはキケロに依拠して、自然法を「自然の第一原理」（WP, 51）と「正しい理性と社会の本性」（WP, 53）と捉えている。自然の第一の原理によって「あらゆる動物はその誕生の瞬間から自分自身に配慮し、自分自身を保存するよう強制される」（WP, 51）。この自然の第一原理は、「自然の第一の法は、自己を保存することへの配慮である」（OC4, 467）という『エミール』における自己保存の自然法と同じである。そして「正しい理性と社会の本性」としての自然法は、モラルな秩序における自然法に対応するだろう。

(18) 『社会契約論』は『エミール』の自然法の立場を明確に意識した上で、それと対照的な立場を選ぶ。そのことは『社会契約論』が自然法の無力から出発していることにはっきり現われている（第七節二）。『ジュネーヴ草稿』は福音書の教えとしての自然法を明確に否定している。「他人が我々にしてもらいたいと望む通りに他人にすることは善き崇高な掟である。しかし正義の基礎として役立つどころか、それ自身が基礎を必要とすることは明らかでないか。何故なら私でありながら、私が他人であればもつだろう意志に基づいて振舞う明白で堅固な理由がどこにあるのか」（OC3, 329）。これが(1)の立場に立っていることはその表現からも明らかである。

(19) 「我々が自然人を知らないかぎり、自然人が受け入れた法、あるいは彼の構造に最も相応しい法を我々が決定しようとしても空しい」（OC3, 125）というルソーの理解は、モンテスキュー『法の精神』と同じである。「これらすべての法の以前に、自然の法がある。このように呼ばれるのは、それがもっぱら我々の存在の構造に由来するからである。この法をよく認識するために、社会の確立以前の人間を考察しなければならない。自然の法はこのような状態において人間が受け入れる法であろう」（Montesquieu, *Esprit des Lois*, in: Œuvres complètes, vol. 2, Gallimard, 1951, p.235）（以下、EP と略）。

(20) これと同じことを自然法が語る。「自然法は、自己の生命の保存のため以外に、同胞の生命を犠牲にすることは許されない、と人間に呼びかける」（OC3, 602）。

(21) 西嶋法友『ルソーにおける人間と国家』（成文堂、一九九三年）六三―六八頁参照。Cf. RS, 166-167, OC3, 1424-1425.

(22) 『ジュネーヴ草稿』において「理性的な自然法」は「理性の法とむしろ呼ばれるべき自然法」（OC3, 284）と言われている。わざわざ「理性の法とむしろ呼ばれるべき」と表現しているのは、理性に先立つ自然法、厳密な意味での自然法との対比を念頭に置いているからである。

(23)「良心は人間の知恵とともにしか発展しないし、働かない。人間が秩序を認識するに至るのは、この知恵によってだけであり、良心が秩序を愛するように人間に仕向けるのは、人間が秩序を認識するときだけである」(OC4, 936)。

(24) さらに(1)(2)と(3)の関係を考察するために、『人間不平等起源論』(a)と『ジュネーヴ草稿』(b)(c)をまとめて考察しよう。

(a)「社交性の原理を導入する必要なしに、我々の精神がこの二つの原理を協力させ結合できることから、自然法のすべての規則(toutes les règles du droit naturel)が流れ出るように私に思われる。その後に、理性の相次ぐ発展によって理性がついに自然を窒息させるとき、理性は自然法の規則を他の基礎の上に再び打ち立てざるをえない」(OC3, 126)。

(b)「人類を一つの精神的人格として想像しよう。それは人類に個体性を与え一つとする共通の存在感情とともに、全体に関わる一般的な目的のために各部分を動かす普遍的な原動力をもっている。この共通の感情は人間愛の感情であり、自然法がすべての機構の能動的原理である、と想像しよう。同胞との関係において人間の構造から何が生じるかを、次に観察しよう。そうすれば我々が想定したこととまったく反対に、社会の進歩は個人的な利害を目覚めさせることによって心のなかの人間愛を窒息させること、理性の法とむしろ呼ばれるべき自然法の観念は、それに先立つ情念の発展が自然法のすべての掟を無力にしてしまうときにのみ、発展し始めることを、我々は見出すだろう。ここから、自然によって課せられた社会的協定とされるものは完全な妄想であることが分かる。何故ならこの協定の条項はつねに知られていないか実現不可能であり、必然的にそれを知らずにいるか違反するに違いないからである」(OC3, 283-284)。

(c)「行為に至った性向から、厳密な意味での自然法とは異なった理性的な自然法の規則が生まれる。厳密な意味での自然法は、真の感情のみに基づくが、非常に漠然としており、しばしば我々自身への愛によって窒息させられる」(OC3, 329)。

(a)(b)(c)はともに、二種類の自然法を区別している。(a1)「二つの原理(自己愛と憐れみの情)から流れ出る自然法」と(a2)「他の基礎の上に再び打ち立てざるをえない自然法」。(b1)「情念の発展が無力にしてしまう自然法」と(b2)「理性の法とむしろ呼ばれるべき自然法」。(c1)「厳密な意味での自然法」と(c2)「理性的な自然法」。これらの区別は同じ区別である。(b)において「存在感情」と「人間愛」という二つの感情が考えられているが、それは自己愛と憐れみの情と解釈できるし、(c)における「真の感情」は自己愛と憐れみの情であろう。(a)(b)(c)において共通に、(a1)(b1)(c1)が否定されることが語られているが、それは「理性が自然を窒息させる」=「個人的利害を目ざめさせることによって心のうちの人間性を窒息させる」ことによって、「我々自身への愛によって」である。「利己愛を生み出すのは理性である」（OC3, 156）からである。かくして「理性は自然法の規則を他の基礎（fondement）の上に再び打ち立てざるをえない」が、それは「理性の法とむしろ呼ばれるべき自然法」、「理性的な自然法」、つまり理性のレベルにおいて再興された自然法である。「理性的な自然法」は「君が他人にしてもらいたいと望む通りに他人にもせよ」という「理性的な正義の崇高な格率」である（七）。つまり「他人にしてもらいたいと望む通りに他人にもする、という掟さえも、良心と感情以外の真の基礎（fondement）をもっていない」（OC4, 523）と語られる自然法（福音書の教え＝良心の法としての）である。それ故「他の基礎」とは「理性によって照明された魂の真の感情」（OC4, 523）、つまり良心である。「良心の法（福音書の教え）としての自然法」は、「自己愛と憐れみの情から生まれる自然法」が理性の次元において発展したものである。

（25）「至高の存在はあらゆる点から見て人類に名誉を与えることを欲した。人間に際限なき性向を与えるとともに、同時に性向を抑制する法を与え、人間が自由で自分自身に命令するようにしている。人間を節度なき情念に委ねるとともに、その情念に理性を結びつけ、情念を支配するようにしている」（OC4, 695）。

**第六節**

（1）こうした用例はロック『国家統治論』の第七章の表題「Of Political or Civil Society」と同じである。この場合 Political = Civil であり、Civil Society は「政治的＝国家的社会」を意味する。

（2）「ギリシア＝ラテンの言語伝統によって形成された古い用例において、『市民』社会のもとでつねに『政治』社会が理解され、従ってここでの語義は、市民共同体（πόλις, civitas）の支配結合体とその公的＝政治的な体制、『公共団体』（κοινόν, res publica）をも含む。一つの定式として表現すると、市民社会は政治的支配形態である『国家』と同じ意味あるいは同義であり、二つの術語は同じ概念を意味する。新しい言語使用に従えば、『市民社会』と『国家』はまさに正反対である。この術語の用例は支配形態と体制形態の欠如ないし否定によって定義されている。今や『市民社会』は、人間に対する人間の政治的支配の代わりに、ただ事物に対する経済的支配（人格と所有の自由の原理による）だけが認められる市民的私的所有者の社会の、国家と政治から解放された領域を意味する」（M. Riedel, "Gesellschaft, bürgerliche", in: *Geschichtliche Grundbegriffe*, vol. 2, Klett-Cotta, 1975, p.720）。「政治概念形成における歴史的で体系的な切断はヘーゲルの『法の哲学』（一八二一年）によって生じる。アリストテレスからカントへの政治的伝統の言語使用に従えば、国家は無理なく市民社会と名づけられうる。何故ならこの社会はそれ自身すでに政治的に――完全市民（cives）の法能力および統治する支配権力へのその統合において――組織されているからである。それに対してヘーゲルは国家の『政治的』領域と、社会の今や『市民的』となった領域を区別する。その場合『市民的』という形容詞はそのもともとの意味に反して、主に『社会的』用例意味を獲得し、もはや『政治的』と同義に使用されない。この形容詞は絶対国家においてブルジョワ（一九〇節、補遺）へと私化された市民の社会的位置を意味する。政治的－法的意味から解放された市民概念は同じように解放された社会と結びつき、従ってヘーゲルは『市民的』と『社会』を一つの概念に統合する。この統合された概念は確かに文字に従えばアリストテレス、キケロ、ヴォルフの『市民社会』と一致するが、しかしその成立においては彼らに結びついた術語の理解の解体をまさに前提している」(ibid., p.779)。ヘーゲル『法の哲学』における「市民概念」については、cf. M. Riedel, *Studien zu Hegels Rechtsphilosophie*, pp.119-134.

（3）「共通の非難のもとで同時に焼かれた私の二つの本のうちで、政治法と政府の問題を扱ったものは一つしか存在しません。もう一つの本がそれを扱っているとしても、それは前者の抜粋のうちでしかありません」(OC3, 806)。「教育論において何度も引用され要約さえされているこの作品は、教育論の一種の補遺と考えられるべきであり、二つの著作は一緒になって一つの完全な全体をなします」(CC10, 281, Lettre 1790)。

（4）「存在するがままの政府を公正に判断しようと欲する者は、二つの研究を結び付けねばならない。存在するものを十分に判断するために、存在すべきものを知らねばならない」(OC4, 836)。モンテスキューは「確立された政府の実定法」を扱うことによって「存在するもの」の研究をした。グロティウスとホッブズは「政治法の原理」を扱うことによって「存在すべきもの」を探究した。ルソーは存在すべきものとして彼自身が構想した政治法の原理、つまり『社会契約論』の抜粋を判断の規準として提示するのである。『ジュネーヴ草稿』第一編第五章の冒頭は書いている。「人間を集める仕方はいくらでもあるが、人間を結合する一つの仕方しかない。……私は権利と理由を探究するのであって、事実について議論するのでない」(OC3, 297)。

（5）国家の構成員が必ずしも主権者の構成員ではないことは、ルソーが賛美するジュネーブ共和国における五つの階層を考えれば、理解できるだろう。「当時のジュネーヴ人はシトワイヤン（市民）、ブルジョワ（町人）、アビタン（居住民）、ナティフ（二世居住民）、シュジェ（隷属民）の五階級に分かれていた。前の二者は千六百人以下で行政・立法に参加」（世界の名著『ルソー』（平岡昇、中央公論社、一九六六年）三二七頁）。カントにおいてもこの伝統的な区分が生きている。「投票の能力だけが国家市民の資格をなす。しかしこの能力は人民における国家市民の独立性を前提している。……独立性の性質が能動的な国家市民と受動的な国家市民との区別を必然的にする……」(KA6, 314)。「市民としての、すなわち共同立法者としての、公共体の構成員の独立性（sibisufficientia)。すでに存在する公法のもとですべての人が自由で平等であるが、しかし立法そのものという観点においては、この法を立てる権利に関してすべての人が平等であると見なされるわけではない。この権利をもちえない人は、それにもかかわらず公共体の構成員として、この法に従わねばならず、そうすることによって法に基づいて保護を受ける。しかしそれは市民としてでなく、保護住民としてである。……この立法において投票権をもつ者は、市民（citoyen、つまり国家市民であって、都市市民 bourgeois ではない）と呼ばれる」（KA8, 294-295）。Cf. M. Riedel, "Bürger, Staatsbürger, Bürgertm", in: *Geschichtliche Grundbegriffe*, vol. 1, p.696.

（6）旅の後にエミールの教師は市民の義務を果たすことを勧める。「しかし親愛なるエミールよ、もし骨の折れる義務がいつか君に課せられるとしても、それほど心地よい生活がその義務を嫌悪させなければいいのだが。ローマ人で犂を握っていた者から執政官になった者がいたことを思い出してほしい。執政体あるいは国家が祖国への奉仕を君に要求するなら、すべてを棄てて、指定された部署において市民の名誉あるつとめを果たすがいい」（OC4, 860）。エミールがローマの執政官ほどの地位につく可能性を認めるとすれば、エミールは統治者（執行権をもつ者）にもなりうる主権者の構成員である、と思うかもしれない。しかしここでもルソーの政治思想の正確な理解が必要となる。『社会契約論』は執行権をもつ者について次のように書いている。「国家が彼らに課するつとめを引き受けることにおいて、彼らは市民の義務を果たすだけである」（OC3, 434）。こうした思想は立法権（主権）と執行権の区別に由来する（第八節七）。ともかくエミールが「指定された部署において市民の名誉あるつとめを果たす」としても、それは法に従うという市民の義務を果たすにすぎず、決して主権者の構成員となることを意味しない。

# 第二章　市　民

「祖国は自由なしに存立しえない、自由は徳なしに存立しえない、徳は市民なしに存立しえない。もしあなた方が市民を形成すれば、あなた方はすべてをもつだろう。市民なしでは、あなたがたは国家の首長をはじめとして、悪しき奴隷しかもたないだろう。ところで、市民を形成することは一日の仕事でないし、大人の市民をもつために、子どもの市民を教育しなければならない」(OC3, 259)。

『政治経済論』はこのように書いている。「子どもの市民を教育しなければならない」とは家庭教育でなく、公教育をなすことである。公教育を通して人間を脱自然化することによってのみ市民をつくることができる。市民をつくる道を選ぶ『社会契約論』は脱自然化の道であり、人間の自然本性・構造に由来する自然法を否定する反自然法論として構想されている(第七節)。市民が生きるのは国家の秩序のうちにおいてである(第八節)。『社会契約論』が徹底的な反自然法論であることは、自然の道と脱自然の道を相互に純化することによって初めて可能となった(第九節)。

市民という第二の理念型に光をあてる第二章は三つの節として展開される。

## 第七節　反自然法論としての『社会契約論』

「人間の構造は自然の作品であり、国家の構造は人為の作品である」(OC3, 424)。『社会契約論』第三編第十一章のこの言葉は、人間の構造と国家の構造を「自然の作品」と「人為の作品」として鋭く対比している。自然法が「人間の構造に由来する自然法」(CC5, 179, Lettre 712) であるとすれば、自然法は自然の作品であり、人為の作品である国家の構造を規定することはないだろう。ルソーは自然法論者なのか、実定法論者(反自然法論者)なのか、という自然法をめぐる論争が『社会契約論』解釈の基本的な対立軸をなしている。(1)『社会契約論』が反自然法論の書であることを証明することが本節の課題である。(2) まず自然法を正確に規定することから始めなければならない。キケロ『国家について』とロック『国家統治論』に依拠することにしよう。

### 一　自然法

「真の法は正しい理性であり、自然と一致し、すべてものに拡がり、恒常的で、永遠である。……この法を廃止することは正当でなく、その一部を撤廃することは許されず、そのすべてを撤回することはできない。……法はローマとアテナイにおいて異なることも、今も将来も異なることもなく、唯一の永遠で不変な法がすべての人民をすべての時代において支配するだろう。そしていわばすべてのものにとって共通な唯一の指導者、支配者、つまり神が存在するだろう。それがこの法の創造者、判定者、提案者である。この法に従わない者は自分自身から逃避し、人間の自然本性を軽蔑しているから、たとえ刑罰と見なされている他の刑罰を逃れたとしても、最大の罰を受けるだろう[3]」。

キケロ『国家について』第三巻二二はこのように語っているが、ここに自然法の基本的な性格が示されている。

(1) 自然法は「真の法」、つまり実定法（人間が作った法）に優先する真の法である。「自然法が国家法に先立ち優越する」（RS, 322)。

(2) 自然法は真の法として「正しい理性」である。つまり自然法は理性の法である。

(3) 自然法は「自然と一致し、すべてものに拡がり」、「ローマとアテナイにおいて異なることも、今も将来も異なることもない」。それ故自然法は人為の法（人間が作った実定法）でなく、自然に属する法である[4]。

(4) 自然法は「恒常的で、永遠」、「唯一の永遠で不変な法」である。それ故自然法を廃止・撤廃・撤回できない。

(5) 神が自然法の創造者である。

(6) 自然法に従わない者は「人間の自然本性（natura hominis）を軽蔑している」。つまり自然法は人間の自然本性に由来する[5]。

(1)から(6)までの基本性格は自然法論者ロックのうちにも見出される。(1)の性格をロック『国家統治論』は次のように表現している。「国家の国内法は自然法に基づいているかぎり正しく、自然法によって支配され解釈されねばならない」(TG, 12)[6]。(2)の「正しい理性」は、ロックにおいて「法である理性」として語られる。「自然状態はそれを支配する一つの自然法をもち、自然法はあらゆる人に義務を負わせる。この法である理性は、助言を求めようとするすべての人類に、すべて平等で独立であるから、誰も他の生命、健康、自由あるいは財産を害するべきでない、と教える」(TG, 6)。そして「自然状態はそれを支配する一つの自然法をもち、自然法はあらゆる人に義務を負わせる」という規定は(3)に対応するだろう。自然法に従わない者は次のように言われる。「犯罪は法を犯し理性の正しい規則から逸脱することに存し、それによって人間はそれだけ堕落し、そして人間の自然本性の原理を放棄し、有害な被造物であると自ら言明することになる」(TG, 10)。「人間の自然本性(Human Nature)の原理を放棄する」ことは「人間の自然本性(natura hominis)を軽蔑している」(6)と同じことを意味する。

実定法が「自然法に基づいているかぎり正しい」という論点は次のように言い表わされる。「自然法の義務は社会において終わるのでなく、ただ多くの場合においてより綿密に規定され、その遵守を強制するために人間の法によって知られた刑罰が自然法に付加される。このように自然法は永遠の規則として、すべての人間にも、他の人と同様に立法者にも有効である。立法者が他の人の行動のために作る規則は、立法者自身の行動と他の人の行動と同様に、自然法に一致しなければならない、つまり自然法がその宣言である神の意志に一致しなければならない。そして基本的な自然法は人類の保存であるから、それに反するいかなる人間の制裁も正当でも妥当でもありえない」(TG, 135)。自然法が「永遠の規則」とされているが、この規定は(4)と同じである。そして自然法が「神の意志の宣言」であることは、(5)を意味する。[7]

キケロが語る「真の法」とロックが論じている自然法は、その基本的性格が同じである。[8] この六つの基本的性格に基づいて『社会契約論』が自然法論であるかどうかを検討することができるだろう。

## 二　自然法の無力

「良く、そして秩序に一致するものは、事物の自然本性によって、人間の合意と関係なしにそうなのである。すべての正義は神に由来し、神のみがその源泉である。しかし我々が正義をそのような高みから受け取ることができるなら、我々は政府も法も必要としないだろう。確かに理性のみから発する普遍的な正義があるが、しかしこの正義は我々のあいだで承認されるために相互的でなければならない。こうした事態を人間的に考察すれば、自然の制裁が欠けているので、正義の法は人間の間で無力である。正しい者が世間のすべてに対して正義の法を守るが、誰も正しい人に対してそれを守らないとき、正義の法は悪人の利益となり、正しい者の害悪となるだけである。それ故権利と義務を結びつけ、正義の目的を達成するために、合意と法が必要である。すべてが共有である自然の状態においては、何も約束しなかった者に対して私は何の義務もない無用なもののみを私は他人のものと認める。すべての権利が法によって定められている国家状態においては、事態が異なっている」（OC3, 378）。

『社会契約論』第二編第六章「法について」はこのように書いている。ここで「正義の法」の無力が主張されている。この正義は「理性のみから発する」とされているが、この規定は「正しい理性」(2)としての自然法を意味している。「すべての正義は神に由来し、神のみがその源泉である」のは、自然法が神を「創造者」(5)としているからである。つまりここで語られている「正義の法」は自然法であり、ルソーは「正義の法＝自然法」の無力を主張している。

自然法（正義の法）の無力が主張されるのは、「正しい者が世間のすべてに対して正義の法を守るが、誰も正しい人に対してそれを守らないとき、正義の法は悪人の利益となり、正しい者の害悪となるだけである」からである。この事態に対して自然法論者であるキケロは「この法に従わない者は自分自身から逃避し、人間の自然本性を軽蔑しているから、たとえ刑罰と見なされている他の刑罰を逃れたとしても、最大の罰を受けるだろう」と言う。自然法に従うことをこの意味で有効だとするのである。しかしルソーは「こうした事態を人間的に考察すれば、自然の制裁が欠けているので、正義の法は人間の間で無力である」として自然法の無力を語る。『社会契約論』が前提する人間（自己保存を第一とする人間）から見れば（第八節一）、人間の自然本性を否定することによる最大の罰が存在するなどと思いもしないだろう。

自然法は正義の法として「良く、そして秩序に一致するもの」であり、人間の合意に関係がない。つまり自然法は社会契約に基づく国家法と関係がない。それ故自然法の無力を語った後に、「すべての権利が法によって定められている国家状態においては、事態が異なっている」と言われているのである。『社会契約論』が目指す国家の秩序は自然法に基づくのでなく、完全な人為である社会契約と国家法に基づく。自然法と国家法との対比は明らかだろう。この二つの法がまったく異なるが故に次のように続けて言われる。「しかしそれでは結局法とは何か。この言葉に形而上学的観念のみを結びつけることに満足しているかぎり、自分の言っていることを理解せずに、理屈を並べ続けることになるだろう。自然法とは何かに答えたとしても、国家法とは何かを一層よく知ることもないだろう」(OC3, 378)。「形而上学的観念のみを結びつけることに満足している」という言葉は、当時の自然法学者を標的にしている。[9] ともかく「自然法とは何か」を知ったところで、「国家法とは何か」を知ることがないとすれば、国家法は自然法と完全に独立である。『社会契約論』は自然法を「真の法」と見なしていないし、「自然法が国家法に先立ち優越する」(1)というテーゼを否定していることになる。『社会契約論』は自然法論の対極の立場に立っている。

自然法論は「国家法が自然法に従う」ことを主張する。立法者がつくる法は「自然法に一致しなければならない」とロックは語っていた。それ故『社会契約論』における立法者について考察することによって、『社会契約論』が反自然法の立場に立っていることを示そう。それは「自然法は人間の自然本性に由来する」(6)という論点に関わるだろう。

## 三　人間の自然本性・構造を変える

「一つの人民にあえて制度を与える者は、次のことができると自覚すべきである。つまりいわば人間の自然本性を変えること、自分だけで一つの完全な単独の全体である各個人を、この個人がいわばその生命と存在をそこから受け取る一つのより大きな全体の一部へと変容させること、人間の構造を強化するためにそれを変質させること、我々すべてが自然から受け取った身体的な独立な存在の代わりに、部分的で精神的な存在を置き換えること、である。一言で言えば、立法者は人間からその固有の力を奪い、彼に無縁であった力、他人の助けなしに使えなかった力を人間に与えねばならない。自然的な力が死に、消滅すればするほど、それだけ一層獲得された力は大きく、持続的となり、制度も一層強固で完全となる」（OC3, 381-382）。

すでに言及したように（第四節三）、『社会契約論』第二編第七章「立法者について」は立法者の課題をこのように言っている。ここで「人間の自然本性を変える」という言葉に着目しよう。自然法は人間の自然本性に由来する(6)。それ故立法者の課題が「人間の自然本性を変える」ことにあるとすれば、立法者が立てる法（国家法）は自然法を前提せず、むしろ自然法の効力を消し去るのである。

『人間不平等起源論』の序文においてルソーは、ジュネーヴの法学者ビュルラマキの言葉を引用している。「法の観念、さらに自然法の観念は、明らかに人間の自然本性に関する観念である。それ故この学の原理を演繹しなければならないのは、人間の自然本性そのものから、人間の構造から、人間の状態から、である」（OC3, 124）。自然法が人間の自然本性・構造に由来するという考えは伝統的な理解であり（一）、ルソーも手紙（一七五八年一〇月一五日）で「人間の構造に由来する自然法（la loi naturelle qui dérive de la constitution de l'homme）」（CC5, 179, Lettre 712）と書いている。『社会契約論』において立法者が「人間の自然本性を変えること」＝「人間の構造を変質させること」を目指すとすれば、立法者は人間の自然本性・構造に由来する自然法を否定しているのである。

立法者が「自然法が由来する人間の自然本性・人間の構造」を変えることを課題としているとすれば、ルソーの立法者はロックの想定する立法者の対極にある。「自然法は永遠の規則として、すべての人間にも、他の人と同様に立法者にも有効である。立法者が他の人の行動のために作る規則は、立法者自身の行動と他の人の行動と同様に、自然法に一致しなければならない」ということを、ルソーの立法者ははっきり否定しているのである。『社会契約論』の立法者は国家法を自然法に基礎づけるのでも、国家法によって自然法を再確立するのでもない。『社会契約論』は自然に由来する自然法を、つまり自然に由来するすべてのものを消し去ろうとする。「自然的な力が死に、消滅すればするほど、それだけ一層獲得された力は大きく、持続的となり、制度も一層強固で完全となる」。国家の制度は自然を消し去り、完全な人為となることによって確実となる。『社会契約論』は反自然法の立場に立っている。

自然法の無力という主張において、「真の法」(1)、「正しい理性」(2)、「自然法の創造者としての神」(5)という論点が語られていた(二)。そして立法者の課題の検討において、「人間の自然本性に由来する自然法」(6)、そして「自然に属する自然法」(3)が問題となった(三)。次に「自然法が唯一の永遠で不変な法である」(4)という論点に即して、『社会契約論』が反自然法論であることを証明しよう。『社会契約論』は「廃止されえない基本法は存在しない」と主張しているのである。

## 四　廃止されえない基本法は存在しない

「私はここで、すでに証明したと私が信じていることを前提している。つまり国家のうちに廃止されえない基本法は存在しないし、社会契約でさえ廃止されうる、ということである。何故ならすべての市民が集会して全員一致でこの契約を解消するならば、それが極めて合法的に解消されるということは疑いえないからである」(OC3, 436)。『社会契約論』第三編第十八章においてルソーはこのように言う。「すでに証明した」と言われているが、「国家のうちに廃止されえない基本法は存在しないし、社会契約でさえ廃止されうる」というテーゼは、繰り返し語られる『社会契約論』の基本テーゼである。

「臣民の各々がそのもとで考察される二つの異なった関係の故に、公共の議決は、すべての臣民を主権者に対して義務づけることができるが、逆の理由によって主権者を主権者自身に対して義務づけることはできない。従って主権者が違反できない法を自分に課することは、政治体の本質に反する。唯一の同じ関係のもとでしか自分を考察できないから、それは自分自身と契約する個人の場合と同じである。そこから、人民の集団にとって強制的な基本法といったものは存在しないし、また存在しえない。社会契約でさえそうである」(OC3, 362)。

「人民の集団にとって強制的な基本法といったものは存在しないし、また存在しえない。社会契約でさえそうである」と語られているが、これは「国家のうちに廃止されえない基本法は存在しないし、社会契約でさえ廃止されうる」と同じことを言っている。このように主張する論理を解明することは後にして（第八節四）、ここでは主権者がいかなる法をも廃止できることに着目しよう。主権者が主権者であるかぎり、主権者を義務づけるものは何もない。これは最高の権力としての主権の本質である。それ故自らが作った基本法に主権者が拘束されることは、主権者の定義に反する。同様に、主権者の成立を可能にした社会契約が主権者を拘束することも最高の権力としての主権の定義に反する。主権者としての人民は公共の決議によって基本法を廃止することができるし、社会契約そのものも破棄することができる。全員一致で成立した社会契約は全員一致によって破棄することができる。ともかく主権者はいかなる法にも拘束されないから、いかなる法をも変えることができる。

「廃止されえない基本法は存在しない」というテーゼは、自然法が「唯一の永遠で不変な法」であり廃止・撤廃・撤回されえないという自然法論の対極にある。自然法論によれば、基本法（実定法）は自然法の基礎の上に築かれ、自然法は基本法の核心をなしている。『社会契約論』が自然法を認めているとすれば、「いかなる基本法をも廃止できる」と主張するはずがないだろう。いかなる基本法も廃止できるとすれば、その基本法は自然法に基づいていないのである。『社会契約論』第二編第十二章は次のように語っている。

「人民はつねに法を、最良の法でさえ自由に変えることができる。何故なら人民が自分自身を害したいならば、誰がそれを妨げる権利をもっているのか」（OC3, 394）。

国家法が自然法に基づいているとすれば、「最良の法」は最もよく自然法を体現しているだろう。しかし主権者としての人民が最良の法さえ変えることができるとすれば、主権者が立てる法は自然法をまったく前提していないことになる。自然法は永遠不変の法とされているが、『社会契約論』はここで永遠不変の法としての自然法を否定しているのである。「人民が自分自身を害したいならば、誰がそれを妨げる権利をもっているのか」という言葉は、主権者としての人民を超える権威が何もないこと、主権が最高の権力であることをはっきり示している。最高権力としての主権を拘束するものは定義上、ありえない。それ故『社会契約論』は主権者に優越する自然法など認めていないし、国家法のうちに自然法が存続することも認めていないのである。

国家法の基礎に不変な自然法など存在しない。そして自然法の無力を国家法によって強化するということもない。何故ならいかなる国家法(基本法)も破棄しうるからである。国家法が自然法を前提していないことは、『ジュネーヴ草稿』の有名な言葉から明らかである。

「法が正義に先立つのであって、正義が法に先立つのではない」(OC3, 329)。

「正義が法に先立つ」と言われる正義は、「理性のみから発する普遍的な正義」(OC3, 378)であり、自然法として存在する(二)。それ故「正義が法に先立つ」とは、自然法が国家法に先立ち優越することである。しかしルソーはこうした自然法論と逆のテーゼを主張している。「法が正義に先立つ」とは、国家法こそが正義(何が正義か)を決定することを意味する。これはルソーの政治思想における一貫した主張である。『政治経済論』は言う。「政治体は一つの意志をもつ精神的な存在である。そしてこの意志はつねに全体ならびに各部分の保存と福祉を目指し、法の源泉であるが、この意志は国家のすべての構成員にとって、彼らと国家に対する正と不正の基準である」(OC3, 245)[10]。

「廃止されえない基本法は存在しない」というテーゼは、「自然法は永遠不変である」というテーゼの対極にあり、『社会契約論』が反自然法論の立場に立っていることをはっきり示している。しかしさらに「社会契約でさえ廃止されうる」と言われている。基本法が人為の法であると同様に、社会契約も人為に基づく。人為によってなされたものは人為によって破棄することができる。ここに「国家の構造は人為の作品である」(OC3, 424)というテーゼを読み取りうるだろう。完全な人為としての契約という論点を検討することによって、『社会契約論』が反自然法論であることを示そう。

## 五　完全な人為としての社会契約

「社会の秩序は、すべての他の権利の基礎となる神聖な権利である。それにもかかわらずこの権利は自然から由来するのでない。それ故それは合意に基づいている」(OC3, 352)。

『社会契約論』第一編第一章「第一編の主題」においてルソーはこのように言う。神聖な権利としての社会秩序は自然から由来するものでない。社会秩序は人為の産物であり、『社会契約論』は自然の道でなく、人為（脱自然）の道を選ぶ。人為の産物である社会秩序は合意、完全な人為としての合意に基づく。合意は「最初の合意」としての社会契約と主権者の意志（一般意志）としての法である。社会秩序が自然から由来せず、合意に基づくとすれば、社会秩序は自然に属する自然法に依存しないだろう。社会契約に基づく国家は「人為の作品」である。それ故国家の基礎を自然のうちに求める国家観を批判することから『社会契約論』は始まるのである。『山からの手紙』(第六の手紙）において、ルソーは国家を一つにする構成員の結合が義務から生まれるとし、次のように書いている。

「この義務の基礎は何でしょうか。ここで著者たちの意見が分かれます。或る人によればそれは力であり、他の人によれば父権であり、さらに他の人によれば神の意志です。各人が自分の原理を立て、他の人の原理を攻撃します。私自身も別のことをしたわけでありません。このテーマを議論した人々のうちの最も健全な者たちに従って、私は政治体の基礎としてその構成員の合意を立て、私の原理と異なる原理を反駁しました」(OC3, 806)。

『社会契約論』第一編の第二章「最初の社会について」と第三章「最強者の権利について」は、「力、父権、神の意志」による国家の基礎づけに対する批判として理解することができる。第二章は最初の社会として家族を論じている。子供が自己保存のために父親を必要とする間は家族は自然的な関係であるが、その必要がなくなれば、自然の結びつきは解消する。「彼らが結合し続けているなら、それはもはや自然的でなく、意志的である。家族そのものも合意によってのみ維持される」(OC3, 352)。政治社会のモデルとして家族（父権）を語るとすれば、それはとは、第二章が「自然本性による奴隷」(OC3, 353) というアリストテレスの考えを批判していることからも明らかである。自然と人為(合意)との対比が第二章を貫いているが、その対比は第三章をも導いている。第三章「最強者の権利について」は、国家の基礎を力に求める思想を批判している。

「権力に服従せよ。これが力に屈服せよという意味であれば、この教訓は良いが、しかし余計である。この教訓が決して破られないだろうと私は保証する」(OC3, 354-355)[12]。

これはプラトン『ゴルギアス』におけるカリクレスの「強者の正義」に対する批判と理解することができる。カリクレスは強者の正義を「強者が弱者を支配し、より多くのものをもつことである」(483d5-6)[13]とする。そしてこの正義の法は「自然の法」であって、「我々が制定する法」ではない(483e3-4)。ルソーが「力に屈服せよ」という教訓が破られることはないと言うとき、自然の法である「強者の正義」を考えていただろう[14]。つまりルソーは「自然の法」(自然=ピュシス)と「我々が制定する法」(人為=ノモス)との対比を念頭に置いている。ここから次のように続けて言われることが理解できるだろう。

「すべての権力は神から由来する、私はそれを認める。しかしすべての病気も同様に神から由来する。これは医者を呼ぶことが禁じられていることを意味するだろうか」(OC3, 355)。

この言葉は国家を神の意志に基づかせる思想への批判である。この批判が「最強者の権利」批判に続けてなされていることは、この二つの批判が自然と人為との対比という共通性をもっていることを示している。「神の意志から由来する」に対して「医者を呼ぶ」が対置されているが、神の意志は自然(ピュシス)に属し、医者を呼ぶことは人為(ノモス)に属する。

『社会契約論』第一編第二、三章は国家の基礎を「力、父権、神の意志」に求める学説への批判であるが、それは国家の基礎を自然のうちに求める理論への批判を意味する。それに対してルソーは合意を対置するが、それは完全な人為としての合意に国家の基礎を求めることなのである。
最初の合意としての社会契約は完全な人為である。しかし社会契約は無から生じるのではないから、それに先行する条件がなければならない。自然法こそがその条件ではないか、という問題がある。改めて社会契約と自然法との関係を考察しなければならない。

## 六　社会契約と自然法

社会契約が自然法をその条件として前提している可能性として、二つ考えられるだろう。つまり社会契約が契約として有効であるための条件としてか、あるいは社会契約が違反してはならない条件としてか、である。まず第一の可能性から始めよう。

社会契約は契約として守られねばならないから、社会契約が有効であるためには、それを契約として守らせる拘束力が必要である。その拘束力は、「契約は守られるべきである (pacta sund servanda)」という自然法にのみ求めることができる、とされる。[15]『社会契約論』を自然法論と解釈する者はこの議論に依拠するし、[16]反自然法論とする者もこの点を『社会契約論』の基本的な欠陥として非難する。[17]つまり「契約は守られるべきである」という自然法なしに社会契約が有効でないことは、『社会契約論』を自然法論と解釈する者も反自然法論と見なす者も認めている。しかしこうした議論を、自然法の無力を知っている『社会契約論』は全く認めないだろう。何故なら、「契約は守られるべきである」という自然法をたとえ想定したとしても、そのような自然法は自然の制裁が欠けているから無力だからである(二)。『社会契約論』第一編第七章はこの問題に対してはっきり語っている。

「社会契約が無力な書式とならないために、この契約はそれのみが他の約束に力を与えることができる約束を暗黙のうちに含んでいる。つまり一般意志に服従することを拒む者は誰でも政治体全体によって服従を強制される、という約束である」(OC3, 364)。

契約を守らせる拘束力は自然法に由来するのでなく、「政治体全体によって服従を強制される」という人為によるのである。ここに論理的困難や循環など何もない。契約を守らないということが起こりうるから、いかにして守らせるかが問題となる。その解決を自然法に求める必要もないし、自然法は無力であるから、それに求めても無駄である。拘束力は政治体に、つまり契約違反者を罰する政治体の力に求められる。契約のうちに違反者を罰する規定とその処罰実行手段の確立を含ませること、こうした人為的な行為のうちに論理的循環などありはしない。

社会契約が違反してはならない条件としての自然法という第二の論点に移ろう。この論点に関するテキストを、『山からの手紙』(第六の手紙)と『社会契約論』第一編第六章と第四編第二章から引用しよう。

(1) 「他の条件を含むこの自由の条件によって、人間の法廷においてさえ、すべての種類の約束が有効であるわけでない。こうして約束を定めるために、その本性を解明し、その使用と目的を見出し、それが人間に相応しいこと、自然法に反するものを含んでいないことを証明しなければならない。何故なら個人の契約によって自然法に違反することが許されない以上に、社会契約によって自然法に違反することは許されないからである。約束に力を与える自由が存在するのは、この法自身によってのみである」(OC3, 807)。

(2) 「力のこの総和は多数の人の協力からしか生まれることができない。しかし各人の力と自由は自己保存の第一の道具であるから、自分を害することなく、自分に対してなすべき配慮を無視することなく、いかにして各人は力と自由を拘束するのだろうか」(OC3, 360)。

(3) 「その本性によって全員一致の同意を要求する唯一の法は一つしかない。それは社会契約である。何故なら国家的結合はこの上もなく自発的な行為だからである。すべての人間は自由なもの、自分自身の主人として生まれているから、いかなる口実によっても、何人も彼の同意なしに彼を服従させることができない」(OC3, 440)。

(1)は、『社会契約論』が自然法論であることを示すテキストとして解釈されている (cf. RS, 158)。(2)は社会契約が解決すべき困難を語っている。(1)(2)(3)において社会契約と自由が問題となっているから、それらのテキストが同じことを論じていることは否定しえない。つまり⑴⑵⑶は「社会契約が自然法に違反してはならない」ことを主張している。それでは結局、社会契約から出発する『社会契約論』は自然法論として理解されねばならないのか。こうした結論に飛びつく前に、まずここで考えられている自然法の意味を明らかにしなければならない。自由がここでのポイントであるから、⑶の「すべての人間は自由なもの、自分自身の主人として生まれている」という言葉に定位しよう。この言葉は『社会契約論』第一編第一章の冒頭の言葉へ導く。「人間は自由なものとして生まれた、しかし至るところで鎖につながれている」(OC3, 351)。この自由は第一編第二章で語られる自由、「この共通の自由は、人間の本性の一つの帰結である。人間の第一の法は自己保存に気を配ることであり、その第一の配慮は自分自身に対してなすべき配慮である」(OC3, 352)と言われる自由である。つまり自己保存のために自分に与えられた能力を使用することは自由である。これは⑵の「各人の力と自由は自己保存の第一の道具である」と同じことを意味している。この意味での自由が「人間は自由なものとして生まれた」(OC3, 351)と言われる自由である(終章一)。

それ故⑴の「社会契約によって自然法に違反することは許されない」と言われる自然法は、「自己保存に気を配る」という人間の第一の法、つまり自己保存の自然法を意味する(第五節四)。社会契約はこの自己保存への配慮をつねに想定して論じられている。社会契約を結ぶ契約者(国家状態以前の人間)は、自己の利益を求める者(自己保存を第一とする独立人)である(第八節一)。そして社会契約がなされるのは、「自然状態において自己保存を妨げる障害がその抵抗によって、各個人が自然状態にとどまるために使いうる力に打ち勝つという時点」(OC3, 360)を想定するからである(七)。「社会契約は契約者の自己保存を目的としている」(OC3, 376)。

社会契約は「各人の力と自由は自己保存の最初の道具である」とされる自由を前提しているから、自己保存の自然法に違反してはならない。[18] 言うまでもなく、この自己保存の自然法は「契約は守られるべきである」といった自然法から明確に区別されねばならない。前者は自然状態における自然法であり、後者は理性のレベルでの自然法(理性の法としての自然法)だからである(第五節七)。しかしこの区別を認めたとしても、やはり社会契約は、違反してはならない自然法を前提している。そうであるとすれば、『社会契約論』は自然法を先行条件として認める自然法論ではないか。しかし社会契約論は「自然状態から国家状態への移行」を社会契約によって正当化する試みであるから、先行条件として自然状態（国家以前の状態）を想定することは当然である。自然状態において自然法（それがいかなるものであれ）を認めることそれ自体は、「自然法は実定法（人間が作った法）に優先する真の法である」というテーゼを含意しない。問うべきなのは、社会契約によって成立する国家状態のうちに自然法が生きているかどうかである。もし国家状態が自然状態の完全な消去によって可能となるとすれば、国家状態において自然法は消し去られているだろう。「自然状態から国家状態への移行」を考察することによって『社会契約論』が反自然法論であることを改めて証明しよう。

## 七　全面的な譲渡による自然状態から国家状態への移行

社会契約は「各結合者をすべての彼の権利とともに共同体全体に全面的に譲渡すること」(OC3, 360) という全面的な譲渡として考えられている。この社会契約によって「自然状態から国家状態への移行」(OC3, 364) が可能となる。ルソーは第一編第六章「社会契約について」の冒頭で、社会契約がなされる状況を次のように描写している。「自然状態において自己保存を妨げる障害がその抵抗によって、各個人が自然状態にとどまるために使いうる力に打ち勝つという時点に、人間は達した、と私は想定する。そのときこの原初的な状態はもはや存続できず、人類は存在のあり方を変えなければ、滅びるだろう」(OC3, 360)。

ルソーは自然状態において自己保存が不可能になった状況、自然状態から抜け出さねばならない状況を想定する。各人の自己保存のために各人の力を結集し、各結合者が全体に結合しなければならないが、それは完全に自然状態を消し去ることでなければならない。そのためにこそ全面的な譲渡が必要なのである。ルソーは自然状態の完全な消滅を目指している。

「譲渡が無条件に行われるから、その結合もこの上なく完全であり、いかなる結合者も要求すべきものをもはやもっていない。何故ならいくらかの権利が特定の諸個人に残っているとすれば、彼らと公衆の間に判決を下す共通の上位者がいないのだから、各人はある点において自分自身の裁判官であり、やがてすべての点において裁判官であることを要求するだろう。自然状態は存続し、結合は必然的に圧制的となるか無力となるだろう」（OC3, 361）。

譲渡が全面的でないと、自然状態が残ることになるから、譲渡は全面的でなければならない。全面的な譲渡は自然状態を一挙に、しかも完全に消し去る。自然状態において自然法（自己保存の自然法）が支配し、「各人間の力と自由は自己保存の最初の道具である」とされる自由（自然権）が成立している。この想定のもとで自然法がどうなるかを考えよう。「各結合者をすべての彼の権利とともに共同体全体に全面的に譲渡する」とすれば、それは「いくらかの権利が特定の諸個人に残っている」ことを完全に否定すること、自然法が認める自然権を放棄すること、自然法の効力を完全に停止することを意味する。全面的な譲渡は自然法と両立しえない。自然状態の完全な消滅によってのみ、完全な人為である国家状態が可能となる。[19]『社会契約論』は完全な反自然法論として構想されている。

国家状態が自然状態を完全に消し去った状態であることは次の言葉から明らかである。「君が死ぬことは国家のためになる、と執政体が言うとき、市民は死なねばならない。何故ならそのときまで彼が安全に生きてきたのはこの条件においてのみであり、彼の生命はもはや単に自然の恩恵でなく、国家の条件付きの贈り物だからである」（OC3, 376）。生命や自由は「自然の本質的な贈り物」（OC3, 184）であるが、国家状態においてその自然性が消し去られ、「自然の贈り物」は「国家の条件つきの贈り物」となる。

自然状態の完全な消滅によって国家状態が可能となること、つまり国家状態が自然状態の完全な反対物であることは、本節の冒頭で引用した対比から明らかだろう。「人間の構造は自然の作品であり、国家の構造は人為の作品である」。

こうして冒頭の引用に立ち返ることになったが、これまでの考察は『社会契約論』そのものに即して『社会契約論』が反自然法論であることを充分に証明したと思う。『社会契約論』が自然法論か反自然法論かを決定するのは、『社会契約論』そのものであって、それ以外のテキストではない。[20] しかし『社会契約論』の初稿である『ジュネーヴ草稿』は重要なので触れないわけにいかない。

## 八　完成された人為

「人間のあいだに自然な一般社会が存在しないとしても、人間が社交的となることによって不幸で悪くなるとしても、自然状態の自由のうちに生き同時に社会状態の要求に服している者にとって正義と平等の法が無であるとしても、にもかかわらず、我々にとって徳も幸福もなく、天は人類の堕落から脱する手段を与えずに我々を見捨てたと考えずに、悪そのもののなかからそれを治すべき薬を引き出すように努めよう。可能なら新しい結合によって、一般的結合の欠陥を直そう。その成否は、我々の乱暴な対話者が自分自身で判断してほしい。完成された人為のなかに、開始された人為が自然に加えた悪の補償を彼に示そう……」(OC3, 288, cf. OC3, 479)。

『ジュネーヴ草稿』第一編第二章「人類の一般社会について」はこのように書いている。ここに『ジュネーヴ草稿』(『社会契約論』)の基本的立場がはっきり表明されている。

まず「人間のあいだに自然な一般社会が存在しないとしても」という言葉を解明することから始めよう。「一般社会が存在しない」という確認は、「祖国が存在しない」という『エミール』の出発点と見事な対照をなしている(第四節三)。「祖国が存在しない」という宣言は、『エミール』が祖国という真の特殊社会(真の国家)の創設を求めず、自然法が支配する一般社会を目指すことをはっきり言い表わしている。それに対して『ジュネーヴ草稿』の出発点をなすのは「一般社会が存在しない」という立場であり、特殊社会(国家＝祖国)を創設する道である。『ジュネーヴ草稿』(『社会契約論』)が目指すのは、自然法に支配された一般社会でなく、国家法に従う特殊社会である。

次に「人間が社交的となることによって不幸で悪くなるとしても」という言葉を考えよう。この言葉は「自然は人間を幸福で善良なものにつくったが、社会が人間を堕落させ惨めにする」というルソーの大原理を想起させる。それは「開始された人為が自然に加えた悪」である。その悪を克服する道を『ジュネーヴ草稿』（『社会契約論』）は探究する。

「自然状態の自由のうちに生き同時に社会状態の要求に服している者にとって正義と平等の法が無である」と言われている。「自然状態の自由のうちに生き同時に社会状態の要求に服している者」とは、『エミール』がつくろうとしている「社会のうちに生きている自然人」である。そして「正義と平等の法」は『エミール』が語っていた自然法を意味する。「人間の不正によって私の心からほとんど消し去られていた自然法のすべての義務は、義務を私に課し私がそれを果たすのを見ている永遠の正義の名において、生き生きと思い起こされる」（OC4, 603）。それ故「正義と平等の法が無である」という想定は、『ジュネーヴ草稿』（『社会契約論』）が『エミール』の道（自然の道）を選ばないという宣言であり、脱自然の道（完全な人為の道）を選ぶことを表明している。その完全な人為の道が次に語られているのである。

『ジュネーヴ草稿』（『社会契約論』）の目標は、「新しい結合によって、一般的結合の欠陥を直す」ことである。「一般的結合」とは、一般社会における人類の結合である。それ故「一般的結合の欠陥」は一般社会を支配する自然法が無力であることを意味するだろう。「新しい結合」とは特殊社会（国家）である。このことが「悪そのもののなかからそれを治すべき薬を引き出す」、「完成された人為のなかに、開始された人為が自然に加えた悪の補償を示す」と表現されている。「悪そのもの」、「開始された人為が自然に加えた悪」とは、「社会の進歩は個人的な利害を目覚めさせることによって心のなかの人間愛を窒息させる」（OC3, 284）こと、「情念の発展が自然法のすべての掟を無力にしてしまう」（OC3, 284）ということである。開始された人為が人間愛を窒息させ、自然法の掟を無力にしてしまうとすれば、その人為をさらに徹底させることによって、人間愛を消し去り、自然法を消滅させるという「完成された人為」の道を進むべきである。それは人間愛の代わりに祖国愛を創出し、自然法の代わりに国家法を制定することである。これが「悪そのもののなかからそれを治すべき薬を引き出す」ことである。つまり「それを治すべき薬」は開始された人為を徹底化し完成させること、自然を完全な人為に置き換えることを意味する。それは完成された人為の作品である国家の建設、自然性を完全に消し去った国家の秩序を作り出すことである。このことは自然に由来する自然法とまったく反対の道、自然性から純化された国家法によって可能となるだろう。『ジュネーヴ草稿』（『社会契約論』）は徹底化された反自然法論の立場に立っている。「悪そのもののなかからそれを治すべき薬を引き出す」、「完成された人為のなかに、開始された人為が自然に加えた悪の補償を示す」という表現は、このことを鮮明に言い表わしている。[21]「完成された人為」のうちに、自然に由来する自然法が占める位置など残されていないのである。

本節の課題は『社会契約論』が反自然法論であることを証明することであった。人為（完成された人為）の作品である国家の構造を見ることが次の課題である。

## 第八節　国家の秩序

「人間をあるがままの姿で捉え、法をありうる姿で捉えた場合、国家の秩序のうちに正当で確実な統治の何らかの基準がありうるかどうかを私は探究したい。この探究において、正義と功利が分離しないようにするために、法の認めるものと利益の命ずるものをつねに結合するように努めるだろう」（OC3, 351）。『社会契約論』第一編はこの言葉で始まっている。この著作の基本的テーマは「国家の秩序のうちに正当で確実な統治の何らかの基準がありうるかどうか」の探究である。『エミール』が自然の秩序に従う道を選んだのに対して、『社会契約論』は国家の秩序を創設する道を選ぶ。しかも正義と功利の緊張関係のうちで、つまり「法の認めるもの―法をありうる姿で」と「利益の命ずるもの―人間をあるがままの姿で」との対立のうちで、両者を合致させることを目指している。しかし「あるがままの姿での人間」とはいかなる存在なのか。この問いに答えることから、国家の秩序の解明を始めよう。

## 一　人間をあるがままの姿で捉える

「我々は人間を善良で、寛容で、無私で、人間性によって公共善を愛するといった、あるべき姿で人間を想定したのでなく、不正で、貪欲で、何にもまして自分の利益を優先するといった、あるがままの姿で（tels qu'ils sont）想定した」（OC3, 589）。

『サン＝ピエール師の永久平和論抜粋』はこのように書いている。「人間をあるがままの姿で（tels qu'ils sont）捉えた場合」（OC3, 351）、人間は「不正で、貪欲で、何にもまして自分の利益を優先する」という姿で現われる。政治学が前提するのは「あるべき姿での人間」でなく、「あるがままの姿での人間」である。『社会契約論』第一編第二章「最初の家族について」は次のように語っている。

「この共通の自由は、人間の本性の一つの帰結である。人間の第一の法は自己保存に気を配ることであり、その第一の配慮は自分自身に対してなすべき配慮である」（OC3, 352）。

ここにあるがままの姿での人間を読み取ることができる。『社会契約論』が前提する人間は「自己保存に気を配る」人間である。自己保存に気を配るだけの人間を前提しているからこそ、最初の合意である社会契約に関して次のような難点が指摘される。「各人間の力と自由は自己保存の最初の道具であるから、損をすることなしに、なすべき配慮をなおざりにすることなしに、いかにして各人間は力と自由を拘束するのだろうか」（OC3, 360）。この「損をすることなしに、なすべき配慮をなおざりにすることなしに」という論点は、『ジュネーヴ草稿』において独立人の反論として語られている。

「この規則に私を服従させる理由が私はまだ分からない。正義とは何かを私に教えることが問題なのではない。正しいことで私がいかなる利益を得るのかを私に示すことが問題である」（OC3, 286）。

独立人は、「何にもまして自分の利益を優先する」者として現われる。「正しいことで私がいかなる利益を得るのか」と問う人間（独立人）こそが、『社会契約論』が前提する「あるがままの姿での人間」である。「正義と功利が分離しないようにする」という『社会契約論』は、「正しいことで私がいかなる利益を得るのか」という問いに答える試みである。だからこそ『社会契約論』は自然状態から国家状態への移行における貸借勘定をするのである（第九節四）。自己保存に気を配る人間は、理性の法（自然法）に自ら従う者と対比される。

「しかしこのように自分自身から離れることのできる人間がどこにいるのか。そして自己保存の配慮が自然の第一の掟であるとすれば、自分の個人的な構造との結び付きがあるように見えない義務を自分に課するために、このように人類一般を考慮するように強制できるのか。先の反論はつねに依然として有効でないだろうか。いかにして彼の個人的な利益が一般意志に従うことを要求するのかを、考えてみる必要がないのだろうか」（OC3, 286）。

「このように自分自身から離れることのできる人間」は、理性の法としての自然法の義務に従う者である。これに対してルソーは「自己保存の配慮が自然の第一の掟である」ことを対置している。この「自然の第一の掟」は『社会契約論』における「人間の第一の法は自己保存に気を配ることであり、その第一の配慮は自分自身に対してなすべき配慮である」（OC3, 352）と同じことを言っている。ルソーの言う自然の第一の掟は、ディドロの語る自然法、一般社会に妥当する自然法と対置されている。自己保存の配慮という自然の第一の掟にとって、ディドロ（自然法学者）が語る自然法（理性の法）は無力なのである。「先の反論」（OC3, 286）が指しているのは、自然法に対する独立人の反論である。

自己保存に気を配るという「人間の第一の法」は、自己保存の自然法（第五節四）であり、「各人が自分自身の自然つまり自分自身の生命の保存のために、欲するままに自分自身の力を用いる、各人がもっている自由」（LE, 91）

というホッブズの自然権と同じである（第五節六(1)）。これをディドロが語る自然法（理性の法としての自然法）と混同してはならない(2)。

ルソーの国家を構成する素材は、あるがままの姿での人間（独立人）であり、『社会契約論』の目的は、あるがままの姿での人間を満足させる国家の秩序を創設することである。それは社会契約によって可能となる。まず社会契約によって設立される国家の構造を見ることから始めよう。そこに登場する術語を理解することが、社会契約の解明の前提となるからである。

## 二　人的国家

社会契約はそれによって人民が人民となる契約である。社会契約によって成り立つ国家は、人民からなる国家、人的国家（civitas ＝ Cité）である。社会契約は各契約者を全体の不可分の一部とする結合行為である。この結合行為によって人的国家が成立する。

「この結合行為は直ちに、各契約者の個人的人格に代わって、一つの精神的で集合的な団体を生み出す。この団体は集会がもつ投票権と同数の構成員から構成され、この同じ結合行為からその統一性、その共通の自我、その生命とその意志を受け取る。すべての人の結合によってこのようにして形成される公共的な人格は、かつては人的国家という名称をもっていたが、今は共和国あるいは政治体という名称をもっている。それはその構成員によって、受動的であるときに国家と呼ばれ、能動的であるときに主権者と呼ばれ、その同類と比較するときに権力国家と呼ばれる。結合者について言えば、集合的には人民という名称をもち、個別的には、主権に参加する者として市民と呼ばれ、国家の法に服従するものとして臣民と呼ばれる」（OC3, 361-362）。

社会契約によって自然状態は国家状態へ移行する。個別的な人格である自然人の独立性は失われ、「一つの精神的で集合的な団体」＝「公共的な人格」が成立する。この公共的な人格としての国家は「集会がもつ投票権と同数の構成員から構成される」結合体である。社会契約によって生み出される国家は契約者という人々から成り立つ国家、人的国家である。

『社会契約論』の国家が人的国家であることは、「かつては人的国家（Cité）という名称をもっていた」という言葉からも読み取れる。Cité は一般に「都市国家」と訳されているが、しかしルソーはこの言葉に註を付している。「この言葉の真の意味は、近代人のもとでほとんど完全に消え去ってしまった。大部分の人は都市を Cité と見なし、ブルジョワ（bourgeois）を市民（citoyen）と見なしている。家が都市をつくるが、市民が Cité をつくることを彼らは知らない」（OC3, 361）。ここで「都市を Cité と見なす―ブルジョワを市民と見なす」ことが誤りだと言われている。「都市―ブルジョワ」、「Cité―市民」という対応であり、「市民が Cité をつくる」とされる。「都市―ブルジョワ」の対応からブルジョワが都市の住民を意味することが読み取れる。これは都市市民（Stadtbüger）を意味する。しかしルソーが語る citoyen は都市市民でなく、国家市民（Staatsbüger）＝国家人（homme civil）である。[3] ルソーのこの理解は、Cité という語が civitas というラテン語に由来することに基づいている。[4] civitas（＝Cité）は civis（＝citoyen）の総体としての人的国家を意味する。市民は「Cité の構成員」（OC3, 290）であり、「市民が Cité をつくる」とはこのことを意味する。それ故本書は Cité に「都市国家」でなく、「人的国家」という訳語をあてたい。

さらに「人的国家」という訳語はルソーの国家が地域国家（regnum, realm, Reich）でないことをも意図している。ルソーはこの対比を明確に捉えている。「ペルシャ人の王、スキタイ人の王、マケドニア人の王としか自らを呼ばなかった古代の君主は、自らを国の主人というよりもむしろ人間の首長と見なしていたように思える。今日の君主はもっと手際よく、フランスの王、スペインの王、イギリスの王などと自らを呼んでいる。このように土地を掌握することによって、彼らはその住民を掌握していると十分に確信している」（OC3, 366-367）。ここで「ペルシャ人の王……」と「フランスの王……」という二種類の名称が対比されている。この対比は人的国家と地域国家との対比である。[5]

人的国家という理解は「共和国」という言葉にも読み取れる。ルソーは共和国（Republique）という語を res publica から理解している。「いかなる統治形態のもとであろうと法によって統治されているすべての国家を共和国と私は呼ぶ。何故ならそのときにのみ、公共の利益（l'intérêt public）が支配し、公共のもの（la chose publique）が重要なものであるからである。すべての正当な政府は共和的である」（OC3, 379-380）[6]。la chose publique という語は res publica という語のそのままの訳語である。ここでルソーは「共和国（国家）＝人民のもの（res publica ＝ res populi）」というキケロ『国家について』第一巻二五を念頭に置いている。「国家は人民のものである。しかし人民は何らかの仕方で集められた人間のすべての団体でなく、法の合意と利益の共有によって結合されている民衆の団体である」[7]。「法によって統治されている国家」において「公共の利益が支配し、公共のものが重要なものである」ということは、「法の合意と利益の共有によって結合されている」ことを意味する。res publica ＝ res populi であるからこそ、「結合者について言えば、集合的には人民（peuple）という名称をもつ」とされるのである[8]。

国家に関する術語が古典的な国家像に依拠していることは重要であるが、さらに重要なのは「国家と主権者」との区別である。「受動的であるときに国家と呼ばれ、能動的であるときに主権者と呼ばれる」。受動的であるとは、法に従うという受動性であり、法に従うかぎりでの公共的な人格は国家と呼ばれる。能動的であるとは、立法という能動的な行為であり、法を立てるかぎりでの公共的な人格は主権者と呼ばれる。この能動―受動に対応して、公共的な人格の構成員は「主権に参加する者として市民と呼ばれ、国家の法に服従するものとして臣民と呼ばれる」。

ルソーの国家は「すべての人の結合によって形成される公共的な人格」である。この公共的な人格（政治体）は個人的な人格（人間）と同様に、意志と力をもっている。「政治体にも力と意志が区別される。意志は立法権という名称をもち、力は執行権という名称をもつ」（OC3, 395）。

まず人的国家＝政治体が「その統一性、その共通の自我、その生命とその意志を受け取る」とされる社会契約について考察しよう。

## 三　社会契約

「人民が国王を選ぶ行為を検討する前に、それによって人民が人民となる行為を検討するのがよいだろう。何故ならこの行為は前者に必然的に先行し、社会の真の基礎だからである」(OC3, 359)。

社会契約は「社会の真の基礎」として最初の合意であり、いわゆる服従契約とは基本的に区別される。それは「人民が人民となる行為」であり、国家を創設する契約である。しかしこれによって国家の政体が決まるわけではない。国家を創設することと政府を設立することは区別される。社会契約を服従契約から区別し純化することは、立法権と執行権（政府の設立）の区別とパラレルである。こうした区別を明確にしたことのうちに、純化の思想家ルソーを見ることができる。しかもこの区別によって政府の設立はそもそも契約でないことが明確に主張される(八)。

社会契約が解答を与える基本的問題(1)、社会契約の公式(2)、そして社会契約の公式から見て取れること(3)は、それぞれ次のように表現されている。

(1)「すべての共通の力によって各結合者の身体と財産を守り保護する結合形態を見出すこと。それによって各人は全体に結び付くが、にもかかわらず自分自身のみに服従し、以前と同様に自由である」(OC3, 360)。

(2)「我々の各人は自分の身体とすべての力を、一般意志の最高の指揮のもとで共有する。そして我々全員は各構成員を全体の不可分の部分として受け取る」(OC3, 361)。

(3)「結合行為は公共と個人との相互的な約束を含む。そして各個人はいわば自分自身と契約しているので、二重の関係のもとで、つまり主権者の構成員として個人に対して、そして国家の構成員として主権者に対して約束している」(OC3, 362)。

⑴の基本的問題は⑵の社会契約の公式に同意することを通して、公式から読み取れる⑶においてその解決が与えられる。⑴は「すべての共通の力によって各結合者の身体と財産を守り保護する結合形態を見出す」と「それによって各人は全体に結び付くが、にもかかわらず自分自身のみに服従し、以前と同様に自由である」という二つの問題を含んでいる。その二つの問題に対応するのが、⑶での「結合行為は公共と個人との相互的な約束を含む」と「各個人はいわば自分自身と契約しているので、二重の関係のもとで、つまり主権者の構成員として個人に対して、そして国家の構成員として主権者に対して約束している」という二つの解決である。⑴の二つの問題を⑶の二つの解決へともたらすことは、⑵の社会契約の公式に全員が同意することによって可能となる。[9] ⑵に全員が同意することにすべてがかかっている。社会契約に同意するとはいかなることなのか。

社会契約は全員一致の同意を必要とする。「その本性によって全員一致の同意を要求する唯一の法は一つしかない。それは社会契約である」（OC3, 440）。それ故⑵の条項のもとにすべての人が契約を結んだと想定しよう。「自分の身体とすべての力を、一般意志の最高の指揮のもとで共有する」ことによって、一つの意志のもとに結合した全体を作り出す。そして各構成員は「全体の不可分の部分」となる。「最高の」という言葉は、それを超える権威をもたない最高の存在、最高の権力である主権国家（政治体）の成立を意味する。政治体は社会契約に同意した全員から構成される「一つの精神的で集合的な団体」＝人的国家である。

「一般意志の最高の指揮のもとで」という社会契約に同意することは、契約者が一般意志に従うことだけでなく、一般意志を各契約者自身の意志とすることをも意味する。各契約者は一つの意志のもとに結合した「全体の不可分の部分」だからである。社会契約は契約者に「意志する者」と「その意志に従う者」という二重の性格を与える。意志する者としての契約者は「主権者の構成員」（市民）であり、意志に従う者としての契約者は「国家の構成員」（臣民）である。社会契約に同意することは、契約者を政治体の構成員にすることであるが、それは契約者に市民（主権者の構成員）と臣民（国家の構成員）という二重の資格を与えることを意味する。

社会契約を結ぶことは、「一つの精神的で集合的な団体」という全体を創設すること、そして契約者に市民と臣民という二重の資格を与えることを可能にする。このことによって(1)の二つの問題が解決されるだろう。まず「すべての共通の力によって各結合者の身体と財産を守り保護する結合形態を見出す」―「結合行為は公共と個人との相互的な約束を含む」という第一の問題を考察しよう。

第一の問題が社会契約の核心をなしていることは、『山からの手紙』（第六の手紙）から明らかである。「社会契約の確立は、それによって各人が全体に対して約束する特殊な契約です。この契約から各人に対する全体の相互的な約束が生じます。これが結合の直接的な目的です」（OC3, 807）。(3)で言われている「公共と個人との相互的な約束」は、(2)の社会契約に同意することから生じる。「我々の各人は自分の身体とすべての力を、一般意志の最高の指揮のもとで共有する」ことに同意することは、各人が一般意志の表明である国家法に従うことを公共（全体）に対して約束することを意味する。公共（政治体という全体）が個々人に約束するのは、「すべての共通の力によって各結合者の身体と財産を守り保護する」ということである。そしてこれが「各人に対する全体の相互的な約束」という「結合の直接的な目的」である。このことは政治体を指揮する一般意志が自分自身を、あるいは自分の構成要素（各構成員）を傷つけ損害を与えることはありえないことから導かれる。それは人間個人の意志が自分（そして自分の構成要素）を害することを意志しえないこととパラレルである。(10)「主権者はこれを構成する諸個人から形成されているので、彼らの利益に反する利益をもたないし、もつこともできない」（OC3, 363）。それ故主権者の意志である一般意志は「すべての共通の力によって各結合者の身体と財産を守り保護する」のである。(2)の社会契約の公式に同意することによって、(3)の「公共と個人との相互的な約束」が成立し、(1)の第一の基本問題に解答が与えられる。

社会契約を結ぶことによって「公共と個人との相互的な約束」が成立することが、社会契約の論理のポイントをなしている。しかし公共（政治体という全体）は社会契約によって初めて可能となる。ここで反論が生じる。契約によって初めて成立する全体と契約することはできない、という批判である。この批判は、契約以前に存在しないものと契約を結ぶことが論理的に不可能であることに基づく[11]。この批判を検討しよう。

政治体という全体は「一つの精神的で集合的な団体」であるから、同じように契約によって成立する「一つの精神的で集合的な団体」（精神的な人格（personne morale）＝法人）である会社Aに即して考えてみよう。まず既に存在する会社Aと、そこに就職する新入社員bを想定する。bは一定の就業条件に従うことを会社Aと約束し、会社Aはbに一定の給与を支払うことを約束する。会社Aと新入社員bは相互的な約束という契約を結ぶ。契約に違反した場合（つまり会社の規約に違反した場合）、会社Aはbを処罰（減給・解雇）することができることも契約に含まれている。会社Aの名のもとに処罰されることは、bが会社の特定のメンバーと契約しているのでなく、会社Aと契約していることを意味する。ここまでは誰でも認めるだろう。では会社Aの設立に参加した者は新入社員と違った仕方で働いているのだろうか。会社Aの設立の時点に立ち返ろう。

平等な資格において何人かが集まり、契約によって一つの会社（法人）を設立することができる。契約の内容は設立契約書に書かれている。その契約書には、会社の名前Aが書かれているし、会社の目的や機構組織、会社Aを構成するメンバーが守るべき規則（それ故規則違反への処罰条項）も含まれている。会社Aを設立することは、特定の規則を構成員に課する一つの集合的な団体（それ独自の意志と力をもつ精神的な人格＝法人）を創造することを意味する。ともかく会社を新たに設立することに事実上の困難は何もない。問題は契約をいかに考えるかである。契約の性質は、契約の違反を考えることによって明らかとなる。会社Aの設立メンバーcが会社の規則に違反すれば、cの会社での地位が何であれ（平社員であれ、社長であれ）、それなりの処罰を受ける。その違反は会社設立のメンバーのなかの特定の個人に対する契約違反でなく、会社Aの規則に対する違反、会社Aとの契約に違反することである。そしてその処罰は、会社設立のメンバーのなかの特定の人間の名のもとでなされるのでなく、会社Aの名のもとで行われる。この点においてcは新入社員bと何の違いもない。このことが意味するのは、cがbと同様の契約を会社Aとしたこと、つまり会社の設立に参加した時点でcが会社Aと契約した、ということである。社会契約による国家の創設も精神的な人格＝法人を作ることであるから、会社の設立と同様、何の論理的飛躍・矛盾もないだろう。

契約によって初めて成立する会社と契約することに奇妙な点はなにもない。そもそも契約とはいかなることかを考えてみよう。例えば家主と借家人との契約（賃貸契約）を考えよう。契約条項に家主Aと借家人Bという形で書き込まれる。契約が成立すること、契約を結ぶことは、一方が家主として、他方が借家人として契約を結ぶことである。確かに契約の成立以前にAとBは家主でも借家人でもない。しかし契約は家主と借家人という資格で結ばれる。ここに論理的循環などありはしない。家主と借家人という身分は自然的・身体的存在でなく、契約という人為的な行為によって初めて成立する精神的な存在である。契約は契約以前に存在しなかった精神的な存在という資格で結ばれるのである。同様に契約によって初めて成立する公共（精神的な人格＝法人）と契約を結ぶことに論理的な飛躍などないだろう。

以上で(1)の第一の問題の考察を済ませたので、次に(1)の第二の問題に移ろう。それは「自分自身と契約している」というテーゼをめぐって論じられ、主権の絶対性という問題を含んでいる。

## 四　自分自身と契約している

「各個人はいわば自分自身と契約しているので、二重の関係のもとで、つまり主権者の構成員として個人に対して、そして国家の構成員として主権者に対して約束している。しかし誰も自分自身と結んだ約束を守る義務がない、という民法の格率はここで適用できない。何故なら自分に対して義務を負うことと、自分がその一部である全体に対して義務を負うことの間には、大きな相違があるからである」（OC3, 362）。

「それによって各人は全体に結び付くが、にもかかわらず自分自身のみに服従し、以前と同様に自由である」という(1)の第二の問題は、「各個人はいわば自分自身と契約している」ということにその解決を見出しうる。社会契約によって、各個人は市民（主権者の構成員）と臣民（国家の構成員）という二重の資格を得る。この資格は身体的な性質でなく、契約によって初めて成立する精神的な性質である。各個人は市民（主権者の構成員）として法を立て、臣民（国家の構成員）として法に従う。ここに「自分自身に課した法への服従が自由である」（OC3, 365）と言われる精神的自由が可能となる。自分が立てた法に従うことは「自分自身と契約している」ことであり、「自分自身のみに服従し、以前と同様に自由である」ことを意味する（第九節四）。

しかし「自分自身と契約している」ということに対して、「誰も自分自身と結んだ約束を守る義務がない、という民法の格率」が問題となる。この論点は個人と全体という二つのレベルにおいて重要である。まず個人のレベルを問題としよう。

個人のレベルにおいて、この民法の格率が適用されないとルソーは主張する。「何故なら自分に対して義務を負うことと、自分がその一部である全体に対して義務を負うことの間には、大きな相違があるからである」。確かに「自分に対して義務を負う」ことに対して「誰も自分自身と結んだ約束を守る義務がない」という格率が適用されうる。例えば「明朝七時に起床する」という約束を自分自身と結んだとしよう。翌朝九時に起床することによってこの約束に違反したとしても、誰も文句を言わないし、罰則を与える者もいない。つまり約束を守らせる強制力は何もないから、自分自身と結んだ約束は義務としての意味をもたない。しかし社会契約は「国家の構成員として主権者に対して約束する」ことである。社会契約をする者は同時に主権者の構成員であるから、それは「自分がその一部である全体に対して義務を負う」ことである。そしてこの義務は強制力をもっている。つまり社会契約は「一般意志に服従することを拒む者は誰でも政治体全体によって服従を強制される、という約束を暗黙のうちに含んでいる」（OC3, 364）のである。この強制力の故に個人のレベルにおいて「誰も自分自身と結んだ約束を守る義務がない」という格率は妥当しない。しかし全体のレベルにおいては事情が異なる。

「臣民の各々がそのもとで考察される二つの異なった関係の故に、公共の議決は、すべての臣民を主権者に対して義務づけることができるが、逆の理由によって主権者を主権者自身に対して義務づけることはできない。従って主権者が違反できない法を自分に課することは、政治体の本質に反する。唯一の同じ関係のもとでしか自分を考察できないから、それは自分自身と契約する個人の場合と同じである。そこから、人民の集団にとって強制的な基本法といったものは存在しないし、また存在しえない。社会契約でさえそうである」(OC3, 362)。

「臣民の各々がそのもとで考察される二つの異なった関係」とは「二重の関係のもとで、つまり主権者の構成員として個人に対して、そして国家の構成員として主権者に対して」という関係であり、この個人のレベルにおいては「誰も自分自身と結んだ約束を守る義務がない」という格率は適用されない。しかし全体のレベルは各個人のレベルとは異なり、「誰も自分自身と結んだ約束を守る義務がない」という格率が妥当する。つまり臣民という個人でなく、主権者そのものとしての人民というレベルにおいては、契約を守らせる強制力など存在しない。何故なら「唯一の同じ関係のもとでしか自分を考察できないから、それは自分自身と契約する個人の場合と同じである」のだから[12]。基本法・社会契約を破棄することができる最高の権力をもつ意志(一般意志)がここで確立される。ルソーの人民主権の核心は主権のこの絶対性のうちにある。

主権の絶対性は「我々の各人は自分の身体とすべての力を、一般意志の最高の指揮のもとで共有する」という社会契約の必然的な帰結である。社会契約の核心は一般意志の成立のうちにある。それ故一般意志を検討しよう。「主権は本質的に一般意志のなかにある」(OC3, 429)のだから、「一般意志としての主権」を論じることである。

## 五　一般意志としての主権

「主権は一般意志以外の何ものでもない」(OC4, 841)と『エミール』は言っている。それ故一般意志から主権の本質を理解できるだろう。『社会契約論』第二編の最初の三つの章は主権と一般意志について論じている。その第一章「主権は譲渡できない」は次のように書いている。

「主権は一般意志の行使にほかならないから、決して譲渡されえない。主権者は集合的な存在にほかならないから、自分自身によってしか代表されえない。確かに力は譲り渡すことができるが、しかし意志は譲り渡すことができない」(OC3, 368)。

主権が譲渡されえないことが、意志の本質から導かれている。私の意志はつねに私の意志であって、他人の意志ではない。私が意志する代わりに他人が意志することなどありえない。確かに私の意志を他人が私に代わって実行することは可能である。しかしそれは私の意志を実行する力を譲り渡すことであって、私の代わりに意志することではない。この代置不可能性という意志の本質から「主権は譲渡されえない」ことが導かれている。この意志の代置不可能性は主権が代表されえないこととして表現される。「主権が譲渡されえないのと同じ理由によって、主権は代表されえない。主権は本質的に一般意志のうちに存するが、意志は決して代表されない」(OC3, 429)。さらに第二章「主権は分割できない」において意志の本質から主権が分割できないことが導かれる。

「主権が譲渡されえないのと同じ理由によって、主権は分割できない。何故なら意志は一般的であるか、そうでないか、であるからである。意志は人民の団体の意志か、単に部分の意志か、である」(OC3, 369)。

「同じ理由」とは「主権は一般意志の行使にほかならないから」という理由、つまり意志の基本性格に基づいていることを意味する。私の意志は複数の意志の寄せ集めでなく、分割できないという単一性をその本質としている。この単一性から、一般意志としての主権は一般的な意志と特殊な意志から合成された分割可能なものでないことが導かれる。主権は一般意志としてつねに一般的なものを意志し、特殊なものを意志しえない。単一性という意志の本質から主権が分割できないことが導かれている。「主権は単一で一つであり、それを破壊することなしに分割できない」(OC3, 427)。さらに第三章は意志の本質から一般意志がつねに正しいことを導出している。

「以上のことから、一般意志はつねに正しく、つねに公共の功利を目指すことが帰結する。しかし人民の決議はつねに同じ正しさをもつことが帰結するわけではない。人はつねに自分の幸福を意志するが、しかしつねに幸福が分かっているというわけではない」(OC3, 371)。

第三章「一般意志は誤りうるか」はこのように始まっている。一般意志が誤りえないことは、「人はつねに自分の幸福を意志する(veut)」という意志の本性(意志の幸福志向性)から導かれている。私の意志はつねに私の幸福を意志し、私の不幸を意志することなどありえない。結果的に不幸をもたらすことがあるとしても、それは「自分の幸福を意志する」ということを否定するのでなく、「幸福とは何か」を知らないという知性の欠陥に由来する。(13) 一般意志がつねに正しいのは、「人はつねに自分の幸福を意志する」のと同様に、公共の意志である一般意志が「つねに自分の幸福(公共の功利)を目指す」からである。(14) 幸福志向性という意志の本質から「一般意志は誤りえない」というテーゼが導かれている。

意志の本質(代置不可能性、単一性、幸福志向性)から主権と一般意志の本質が導かれている。いかなる法をも廃止できるという主権の本質もまた、意志の本質から導出される。『社会契約論』第三編第十一章は言う。「国家が存立するのは法によってでなく、立法権によってである。昨日の法は今日拘束力をもっていない。しかし沈黙については暗黙の同意が推定され、主権者は法を廃棄できるから、主権者はそれが廃棄しない法を追認していると見なされる。主権者がひとたび意志する(vouloir)と宣言したすべてのものは、彼がそれを廃止しないかぎり、それを主権者はつねに意志している(veut)」(OC3, 424)。

私の意志はつねに現在において自由であり、いかなる過去にも拘束されていない。これを意志の現在的自由性と呼ぶことができる。私の意志はつねに新たに意志することによってのみ意志である。私が過去の行為と同じことを現在するとしても、それは同じことをその都度新たに意志しているからである。「主権者は法を廃棄できる」というテーゼの背景にあるのは、意志がつねに現在の意志であるという意志の現在的自由性である。(15) いかなる法をも廃止しうるという意味において主権者は法を超越する。主権のこの超越性・絶対性は現在の意志が何ものにも拘束されないことから導かれている。

ルソーは主権の絶対性を「主権は制限されえない」と表現するが、しかしルソーは同時に主権の限界を語っている。主権の限界を論じることは主権の絶対性の主張と矛盾するように見える。この問題を解決しなければならない。

## 六　主権の限界

「至上権は譲渡されえないのと同様に変更されえない。それを制限することはそれを破壊することである。主権者が上位者を認めることは不条理であり矛盾である」(OC3, 432)。

『社会契約論』第三編第十六章のこの言葉は、至上権（最高権力）としての主権の絶対性を言い表わしている。「至上権（主権）を制限することはそれを破壊することである」という考えは、『山からの手紙』(第七の手紙)においてもはっきり主張されるルソーの一貫した思想である。「制限されえないことが主権の本質です。つまり主権はすべてをできるか、無であるか、です」(OC3, 826)。「制限されえないことが主権の本質である」という主権の絶対性は、第二編第四章「主権の限界について」において次のように表現されている。「自然が各人間に彼のすべての肢体に対する絶対的権力を与えているように、社会契約は政治体にそのすべての構成員に対する絶対的権力を与える。この権力こそ、一般意志によって導かれ、私が言ったように、主権という名称をもっている」(OC3, 372)[16]。一般意志に導かれる権力（主権）を絶対的権力とすることは、社会契約における「一般意志の最高の指揮のもとで」の必然的な帰結である。しかし主権の絶対性を主張する第二編第四章の表題は「主権の限界について」であり、主権の絶対性（制限されえないこと）は主権の限界という主張と矛盾するように見える。『社会契約論』第二編第四章と第四編第八章は主権の限界をはっきり語っている。

(1)「主権はいかに絶対的で神聖で不可侵であろうと、一般的合意の限界を越えないし、越えることもできない。すべての人間はこの合意によって彼に残されている彼の財産と自由を十分に使用できることが、そこから分かる。

従って主権者は一臣民に他の臣民より多くの負担をかける権利を決してもっていない。何故ならそうした場合、事柄が特殊的となり、主権者の権限内にないからである」（OC3, 375）。

(2)「社会契約が主権者に与える臣民に対する権利は、私が述べたように、公共の功利の限界を越えない」（OC3, 467）。

(1)と(2)はともに主権の限界（限界を越ええない）を語っているが、このことは主権の絶対性（制限されえない）と矛盾するように思われる。ルソーは矛盾の思想家であることが確認され、ルソーが論理的でないと非難されるだろう。[17] しかし「限界を越ええない」と「制限されえない」とが矛盾しているように見えるのは、限界（borne）と制限（limitation）を区別せず、混同しているからである。この区別を明確に捉えれば、見かけの矛盾は消え去るだろう。ルソーはここにおいても極めて論理的・整合的なのである。ともかく主権の限界を正確に理解することにしよう。

(1)「一般的合意の限界を越えない」、(2)「公共の功利の限界を越えない」と言われている。何故越えることができないのか。越えたらどうなるのかを考えてみよう。この限界を越えたら、主権が主権であることを止めるのである。まず(1)から考えよう。(1)において「一般的合意の限界を越えない」と言われているが、一般意志としての主権は一般的合意（社会契約）によって成立したのだから、一般的合意の限界を越えれば、一般意志（主権）であることを止めることになる。さらに限界を越えることとして「一臣民に他の臣民より多くの負担をかける」という例が挙げられている。こうしたことをするとすれば、主権者は特殊なことに関わることになり、「事柄が特殊的となり、主権者の権限内にない」ことになる。主権者の権限が一般的なものにのみ関わることは、主権の本質に属する。主権者の意志が一般意志であるが、「一般意志が真に一般意志であるためには、その本質においてと同様に、その対象においても一般的でなければならない」（OC3, 373）。「一臣民に他の臣民より多くの負担をかける」といったような特殊的なことに関われば、一般意志はもはや一般意志であることを止めるのである。(2)の場合も限界を越えたら一般意志でなくなる。「意志を一般的なものにするのは、投票の数であるより、投票を一致させる共通の利益である」(OC3, 374)から、つまり一般意志の本質は「公共の利益(功利)」を目的とすることにあるのだから、公共の功利の限界を越えれば、一般意志でなくなるのである。[18]

それを越えたら或るものが或るものでなくなる限界は本質を意味する。[19] 限界は或るものを或るものたらしめる積極的・肯定的なものである。[20] それに対して制限は、或るもの自身の本質によって課せられる限界と異なり、自分以外の他のものによって課せられる。他のものによって外から課せられる制限は、越えることができる。何故なら制限は或るものの本質に属していないからである。しかし本質としての限界を越えると、或るものは或るものでなくなる。

限界と制限の区別に基づいて、本項の冒頭に引用したテーゼを理解できる。至上権としての主権を「制限することはそれを破壊することである」。この制限は他のものによって課せられる制限を意味する。主権は最高の権力であって、他のものによって制限されない。自分の外に制限するものを認めることは、最高権力をもつ者(主権者)が自分より上の者(上位者)を認めることを意味する。しかし至上(suprême)とは定義(本質)により、自分より上の者(un supérieur)をもたないことを意味する。それ故「主権者が上位者を認めることは不条理であり矛盾である」、つまり「制限されえないことが主権の本質である」。

「制限されえないことが主権の本質である」と「一般的合意の限界(公共の功利の限界)を越ええない」という二つのテーゼは、矛盾するのでなく、ともに主権の本質(至上権と一般意志)に由来する。限界と制限という二つの概念を正確に押さえさえすれば、このことは明らかだろう。

以上の考察によって見かけの矛盾は消え去る。ルソーは極めて厳密に術語を使っている。ルソーが非論理的と見えるとすれば、それは解釈者の無理解の反映にすぎない。『社会契約論』が論理的な思考に貫かれていることは国家を巡る術語の定義にはっきり現われているが(二)、立法権と執行権の区別にも示されている。執行権をもつ政府について考察することにしよう。

## 七　立法権と執行権

「政府とは何か。それは臣民と主権者の間に相互の連絡のために設立された中間団体であり、法の執行と、国家的および政治的自由の維持を職務としている」(OC3, 396)。

第三編第一章「政府一般について」は政府を「臣民と主権者の間に相互の連絡のために設立された中間団体」と定義している。社会契約によって一般意志が成立するが、それによって一般意志を意志する主権者とその意志に従う臣民の区別が生じる。一般意志の表明が法であるから、主権者は能動的なものとして法を立て、臣民は受動的なものとして法に従う。それ故「相互の連絡のために」とは、主権者と臣民を媒介することとして、主権者が立てた法を臣民に遵守させるという「法の執行」を意味する。法の執行という執行権をもち、主権者と臣民を媒介する中間団体が政府である。主権者と政府とのこの区別はルソーが初めて明確にしたものであり、政治思想史において極めて重要である。[21]

では「国家的および政治的自由(la liberté, tant civile que politique)の維持」とは何を意味するのか。「国家的(civil)」と「政治的(politique)」という言葉はそれぞれラテン語とギリシア語の国家という言葉(civitas, πόλις)に由来し、ルソーの時代において同義的に用いられた(第六節一)。それ故「国家的および政治的自由」は「国家的＝政治的自由」と理解できるだろう。「国家的自由」(OC3, 364)は自然状態における自然的自由と区別され、国家状態において初めて可能となる自由である。この国家的自由は「自由であることを強いられる」(OC3, 364)と言われる自由、国家法に服従することとしての自由である。そしてこの自由を強いることが政府の職務であり、それは法の執行を意味する。つまり政府の職務とされる「法の執行」と「国家的および政治的自由の維持」は基本的に同じことを意味している。

しかし何故中間団体が必要なのか。それは主権者の意志である一般意志の本質に起因する。一般意志は「意志」

であるとともに「一般性」という性質をもっている。ルソーは中間団体としての政府の存在の必然性を、一般意志の本質(「意志性」と「一般性」)に定位して導出している。

まず意志に定位しての導出を見よう。「すべての自由な行動はそれを生み出すことに協力する二つの原因をもっている。一つは精神的な原因、つまり行為を決定する意志であり、もう一つは身体的な原因、つまりそれを実行する力である。……政治体も同じ原動力をもっている。そこでも同様に力と意志が区別される。意志は立法権という名称をもち、力は執行権という名称をもつ」(OC3, 395)。立法権(主権者)と執行権(政府)の区別が、意志と力の区別から説明されている。力は意志を実現する力としてのみあるのだから、意志は力に優越している、つまり立法権は執行権に対する優位をもつ。

次に一般意志の「一般性」から政府の存在が導かれる。「執行権は個別的な行為のみから成り立つが、個別的な行為は法の管轄に属さないし、従って法以外のものでありえない主権者の管轄に属さない」(OC3, 395-396)[22]。ここで働いているのは「一般―個別」の区別である。法の実際の執行は具体的・個別的な事例に関わるが、「法は一般意志の行為である」(OC3, 379)から、法は個別的な行為である法の執行をなしえない。一般意志の一般性によって主権者は「法以外のものでありえない」。「一般意志が真に一般意志であるためには、その本質においてと同様に、その対象においても一般的でなければならない」(OC3, 373)のだから、一般意志が個別的なことに関われば、一般意志はもはや一般意志であることを止める。それ故個別的な行為である法の執行のためには、一般意志としての主権者と異なる団体(政府)の存在が必然的である。個別は一般の適用であるから、一般は個別に優越している、つまり立法権は執行権に対する優位をもつ。

政府の存在の必然性をルソーは一般意志の本質(意志性と一般性)から、「意志―力」と「一般―個別」の区別に基づいて導いている。執行権に対する立法権の優位は、力に対する意志の優位、個別に対する一般の優位を意味する。ルソーは極めて論理的に考えているのである。ルソーを非論理的な思想家と見なすことなど不可能である。

立法権と執行権の区別は極めて重要である。それは両者を確立する行為の区別、執行権をもつ者の資格、そして人民主権と政体との区別を論理的に含意する。まず最初の問題を検討しよう。社会契約とは立法権（一般意志としての主権）を確立するが、しかし執行権の確立、つまり政府の設立という行為は社会契約とは異なる。政府を設立する行為は二つの行為、つまり「法の制定と法の執行」（OC3, 433）から成り立っている。

「第一の行為によって、主権者は或る形態のもとで政府という一つの団体が存在することを規定する。この行為が法であることは明らかである。／第二の行為によって、人民は確立された政府を引き受ける首長を指名する。ところでこの指名は個別的な行為であるから、第二の法でなく、単に第一の法の結果であり、政府の一つの役目である」（OC3, 433）。

法の制定とは政府の形態（民主政、貴族政、君主政、あるいは混合政体）を法として定めることであり、法の執行とはその政府の首長として特定の個人を指名することである。ルールを決め、そのルールに従って行動するという二つの行為を続けて行うことに、実行不可能なことなど何もない。しかしルソーにとっては、ここに理論的な困難が存在する。法は一般意志の表明であるから、主権者は法を制定することができる。しかし法の執行は一般的な行為でなく、個別的な行為（ここでは個別的な個人を指名すること）であって、主権者の行為でなく、執行権をもつ政府の行為でなければならない。政府の設立は政府の首長を指名することを必要とするが、しかしこれは法の執行として政府のみがなしうる行為である。それ故「政府が存在する前に、いかにして政府の行為を人がもちうるか」（OC3, 433）という問題は、実行不可能といった事実上の困難でなく、実現可能な事実をルソーの理論によって説明することに関する理論上の困難である。この困難をルソーが指摘していることは、彼がここでも極めて明晰であり論理的であることを示している。ではいかにしてこの理論的な困難を解決するのか。ルソーは「政治体の驚くべき特性の一つ」を語る。

「この特性は民主政への主権の急変によって生じる。その結果、感覚しうる変化なしに、全体に対する全体の新しい関係によってのみ、市民は執政者となって、一般的行為から個別的な行為へ、法から法の執行へ移行する」(OC3, 433-434)。

法から法の執行への移行、つまり政府の設立の二つの行為がこのように説明されている。これを理解するために、この移行の舞台が人民集会であることを知らねばならない。主権者が主権者として行為するのは、人民集会においてだからである。[23] この人民集会において市民は主権者の構成員として政府の形態を法として定める。そして次に同じ市民がそのまま政府の構成員(つまり施政者)という資格において、法の執行を行う。すべての市民が政府の構成員である政府の形態は民主政であるから、法の執行において民主政の政府が「暫定的な政府」(OC3, 434)として成立する。この「民主政への主権の急変」は、「感覚しうる変化なしに」という言葉が示しているように、精神的なレベルでの変化であって、物理的な変化でない。精神的なレベルでの資格が変わることに何の困難もないだろう。そして人民集会が開かれているとき、既存の政府はその機能を一時的に停止しているから(OC3, 427-428)、二つの政府が同時に存在するわけではない。特定の政府の首長を決めるという法の執行を行うときにだけ一時的に現出する暫定的な民主政体は、首長を決めたら、その決められた首長をもつ恒常的な政府の形態へ転化する。[24]

第二の論点は執行権をもつ者の資格についてである。ルソーは次のように語っている。「政府を設立する行為は決して契約でなく、法である。執行権の受託者は決して人民の主人でなく、その公僕である。人民はこの受託者を好きなように任命し、解任できる……」(OC3, 434)。このテーゼは政府の設立の仕方からの帰結であるが、従来の服従契約(人民と首長との契約)に対する根底的な批判を意味する。[25] 立法権と執行権の峻別・純化が「執行権の受託者は決して人民の主人でなく、その公僕である」というテーゼを初めて可能にした。

第三の論点は人民主権と政体との区別である。ルソーは「共和的」という言葉について次の註を付している。「この言葉によって私は貴族政や民主政だけを理解しているのでなく、一般的に、法である一般意志に導かれているすべての政府を理解している」(OC3, 380)。「法である一般意志に導かれているすべての政府」は共和的である。

つまり人民の意志である一般意志によって政府が導かれていれば、その政府の形態が貴族政、民主政、あるいは君主政であろうが、そうした国家は共和国（人民主権国家）である。ルソーは人民主権（国家が共和的である）を主張したが、しかしそのことはルソーが民主政を主張したことを意味するわけではない。[26]主権が人民にあること（主権論としての人民主権）と政府が民主政であること（政府論としての民主政）とは基本的に次元が異なる。それは主権者と政府を、つまり立法権と執行権を明確に区別するルソーの基本思想からの必然的な帰結である。ルソーは人民主権を主張したが、政府の形態は民主政でなく貴族政を最良のものと考えていた。[27]

次に政府の構造を見ることにしよう。それによって国家の死滅の必然性に至るだろう。

## 八　政府の構造と政治体の死の必然性

「政府は、それを含む政治体という大規模なものを小規模にしたものである。それは或る能力を与えられた精神的な人格であり、主権者と同様に能動的であり、国家と同様に受動的である」（OC3, 398）。大規模と小規模との違いはあるが、ともに「或る能力を与えられた精神的な人格」として政治体と政府はパラレルな構造をもっている。政治体が「その構成員によって、受動的であるときに国家と呼ばれ、能動的であるときに主権者と呼ばれる」（OC3, 362）ように、政府も「能動―受動」という二つの契機から捉えられている。しかしそれは何を意味するのか。「私が前に国家と主権者を区別したように、執政体と政府を区別しなければならない」（OC3, 400）と言われているから、二つの契機は「執政体と政府」の区別として語られている。政府はその構成員から成る「精神的な人格」であるから、政治体と同様に或る能力、つまり「その自己保存を目的とする固有な力と意志」（OC3, 399）をもっている。そして「人民の意志と執政体の意志、国家の公共的な力と政府の特殊な力」（OC3, 408）という表現から、「人民の意志―執政体の意志」、「国家の公共的な力―政府の特殊な力」という対応関係が読み取れる。人民の意志は主権者の意志として能動的なものであるから、政府における「主権者と同様に能動的である」

ものは執政体と呼ばれ、「国家と同様に受動的である」ものは政府と呼ばれる。政府の能動性は執政体の意志であり、その意志に従ってその意志を実行する受動性は政府の特殊な力である。[28] ここで「政府」という言葉が二義的に語られているから、政治体に対応する政府を「統治体（le corps gouvernant）」と呼ぶことにしよう。そうすれば、「能動―受動」に定位して、政治体が主権者と国家と呼ばれるように、統治体は執政体と政府と呼ばれる、と表現できる。しかし混乱がなければ、統治体という言葉を使う必要はないだろう。

政治体と統治体は精神的な人格として意志と力という能力をもっている。統治体は主権者と国家を媒介する中間団体であるから、「主権者→統治体→国家」という仕方で主権者の意志が国家において実現される。これに意志と力を入れて表現すると、「主権者の意志→執政体の意志→政府の特殊な力→国家の公共的な力」という構造となる。国家の秩序において主権者の意志を国家の力として実現しなければならない。この「主権者の意志→国家の公共的な力」（魂→身体[29]）を媒介するために比例中項＝中間団体（統治体）が必要となるが、この統治体も執政体の意志と政府の力という二つの契機をもつ。それ故ここでも再び「執政体の意志→政府の特殊な力」を媒介するもの（比例中項）が必要とされる。これが繰り返されることによって、最後に「分割できない一つの比例中項、つまり唯一の首長あるいは最高の施政者」（OC3, 398）に達する。これは一つの個人的な人格（人間）であるから、もはやその意志と力を媒介するものを必要としない。意志とそれを実行する力という二つの対概念によって政府の構造が規定されている。

主権者の意志を国家として実現するために、中間団体としての統治体が必要である。しかし統治体もそれ独自の意志と実行する力をもっている。確かに「主権者の意志→執政体の意志」であるから、「執政体の支配的な意志は一般意志あるいは法以外のものでないし、またそれ以外のものであってはならない」（OC3, 399）。しかし統治体はそれ独自の精神的な人格であるから、「執政体が主権者の意志より能動的な意志をもつ」（OC3, 399）という可能性がある。ここに政治体の死の原因がある。「執政体はその特殊意志に従うために、その手のうちにある公共の力を使い、その結果人は言わば権利上と事実上の二つの主権者をもつだろう。その瞬間に社会的な結合は消え去り、政治体は解体するだろう」(OC3, 399)。ルソーは政治体の死の必然性を冷静に見ている。[30]

「政治体は、人間の身体と同様に、その誕生のときから死に始め、自分自身のうちにその破壊の原因を宿している」(OC3, 424)。

もちろん政治体はその外部に由来する原因によって死に至ることがある。しかしそうした外部的な原因をすべて取り除いたとしても、政治体の死は政治体の誕生そのものに内在している。政治体を誕生させる社会契約は、「一般意志に服従することを拒む者は誰でも政治体全体によって服従を強制される、という約束」(OC3, 364)を含んでいる。法に服従することを強制することは、中間団体としての政府の存在によってのみ可能である。政治体の誕生は、政府の誕生を必然的に含んでいる。しかし政府は政治体を解体させる必然的な傾向をもっている。[31] 政治体の成立にとって必然的な政府の存在そのものが、つまり政治体の存在を可能にするものそれ自身が、政治体の破壊の原因となる。ここに国家の死の必然性がある。この必然性を冷静に見据えた上で、『社会契約論』は「国家がもちうる最善の構造」(OC3, 424)を見出そうとしたのである。そのことは『ポーランド統治論』の言葉からも明らかである。

「人間のすべての作品は人間と同じように、不完全で一時的で滅びるものである」(OC3, 1041)。

## 九　意志主義

国家の秩序をテーマとした本節は、国家を構成する素材(人間)(一)とそれによって構成される国家(人的国家)(二)、そしてその誕生を可能にする社会契約(三、四)を検討することから始まり、政治体の死とその必然性(八)にまで至った。ここで改めて意志という視点から国家の秩序を検討することにしよう。何故ならルソーが構想する国家は意志によって貫かれているからである。

社会契約論の系譜においてその意志主義が語られる。国家を創設する契約は人間の自由意志によるのであり、その意味で社会契約論は「政治的意志主義」であるとされる。[32] しかしルソーの意志主義は契約者個人の意志のうちにでなく、社会契約によって成立する一般意志にこそ求められる。国家の秩序における一般意志のうちに意志主義(volontarisme)を見ることができる。

本節の冒頭の引用から明らかなように、『社会契約論』は「国家の秩序のうちに正当で確実な統治の何らかの基準」を求めることを課題としている。この基準は一般意志である(cf. OC3, 1432)。一般意志は「国家のすべての構成員にとって、彼らと国家に対する正と不正の基準」(OC3, 245)、「統治の基本的な基準」(OC3, 247)、「社会体の行動の基準」(OC3, 305)とされている。『山からの手紙』(第六の手紙)は書いている。「全体の意志は秩序、最高の基準であり、この人格化された一般的な基準は、私が主権と呼ぶものです」(OC3, 807)。「全体の意志は秩序、最高の基準である」とは「一般意志の最高の指揮のもとで」という社会契約の公式に対応する。そしてこの最高の基準である全体の意志(一般意志)こそが、『社会契約論』が求めていた「統治の正当で確実な何らかの基準」(OC3, 351)である。一般意志が国家の秩序の基準であるという意味において、ルソーの政治思想は意志主義である。国家の秩序を秩序たらしめる一般意志のうちに意志主義が見出される。

意志概念が『社会契約論』を貫いている。「我々の各人は自分の身体とすべての力を、一般意志の最高の指揮のもとで共有する」(OC3, 361)という社会契約の条項によって、意志する者とその意志に従う者が、つまり主権者としての人民と臣民としての人民が成立した(三)。社会契約の核心は意志する者とその意志に従う者という二重の視点にある。そして本節四において主権者の意志の絶対的自由を確認し、五において主権の基本性格が意志の本質から導かれていることを見、主権が意志すればいかなる法をも廃止しうるという主権の意志の絶対性にまで至った。そして立法権と執行権が意志と力の区別から導かれること、執行権に対する立法権の優位が力に対する意志の優位を意味すること(七)、政治体と政府という精神的な存在が意志と力から捉えられていること(八)を確認した。国家の秩序を貫いているのが意志であるという意味において、ルソーの国家論は意志主義である。

意志主義は「理性に対する意志の優位」の主張である。『社会契約論』における理性の問題は自然法と立法者のうちに現われるから、『社会契約論』が意志主義であることを示すために、自然法と立法者という二つの観点から検討しなければならない。まず自然法の問題から始めよう。自然法は理性の法であるから、実定法（人間の意志によって立てられる人為の法）に対する自然法の優位を主張する自然法論は、理性主義（意志に対する理性の優位）である。それに対して『社会契約論』は徹底的な反自然法論であるから（第七節）、理性の法（自然法）を認めない意志主義と見ることができる。反自然法論は理性に対する意志の優位（意志主義）を意味する。

しかし『社会契約論』が意志主義であるという主張に対して、法をつくるのは理性（立法者の理性）であると反論されるだろう。『社会契約論』において立法者は「すぐれた知性の持主」（OC3, 381）であり、「崇高な理性（cette raison sublime）」（OC3, 383）と呼ばれている。そうであるとすれば、国家法もまた理性によって定められるのであり、『社会契約論』は結局理性の優位を主張する理性主義となるだろう。ここで『社会契約論』における立法者の位置づけが問題となる。「立法者の職は施政でも主権でもない。共和国を構造化するその職は、国家の構造のうちに含まれない」（OC3, 382）。「立法者の職は施政でも主権でもない」とは、立法者が執行権も立法権ももっていないということである。国家は立法権と執行権から成り立っているから、立法者は国家の構造のうちに含まれない。ルソーが構想する国家の秩序は意志（立法権）と力（執行権）によって貫かれているから、理性としての立法者は意志も力ももたず、それ故国家の秩序に属さない。立法者が起草した法は、一般意志としての人民の意志（主権者の意志）がそれを意志することによってのみ国家法として認められるのであり、政府の力によって執行される。国家法を国家法たらしめるのは、理性（立法者の理性）でなく、意志（人民の意志＝一般意志）である。「法は一般意志の表明に他ならない」（OC3, 430）[33]。『社会契約論』における立法者の位置が繰り返し問題となるが、立法者が国家の構造に属さないことは、ルソーの国家の秩序が理性でなく、意志と意志を遂行する力によって規定されていることに由来する。ルソーの政治思想は理性主義でなく、意志主義である。[34]

『社会契約論』が理性に対する意志の優位を主張する意志主義であることは、次の言葉から明らかである。「人民はつねに法を、最良の法でさえ自由に変えることができる。何故なら人民が自分自身を害したいならば、誰がそれを妨げる権利をもっているのか」（OC3, 394）。崇高な理性である立法者は最良の法を起草するだろうが、その最良の法を人民の意志が自由に変えることができるとすれば、それは理性（立法者の理性）に対する一般意志の優位を意味する。ルソーの国家論の核心にある人民主権論（人民に立法権がある）が主権者の意志主義に貫かれていることは、次の言葉から明白である。「国家が存立するのは法によってでなく、立法権によってである。……主権者がひとたび意志すると宣言したすべてのものは、彼がそれを廃止しないかぎり、それを主権者はつねに意志している」（OC3, 424）。

理性に対する意志の優位の主張としての意志主義は「意志をして理性（理由）に代わらしめよ（sit pro ratione voluntas）」というラテン語によって表現される。この表現は「私はかく意志し、かく命令する。意志をして理由に代わらしめよ（sic volo, sic jubeo; sit pro ratione voluntas）」というユウェナーリスの言葉に由来する。[35]この言葉に定位して、ルソーの意志主義を規定することができる。

『社会契約論』が求めた「国家の秩序における正当で確実な統治の基準」は一般意志（人民の意志）である。主権者としての人民は一般意志として意志する（私はかく意志する）。しかし臣民は特殊意志をももっているから、一般意志に従うよう強制されねばならない。「自由であることを強いられる」（OC3, 364）のである。一般意志は臣民としての人民に命令する（私はかく命令する）。臣民として法に従うに先立って主権者としての意志がある（私はかく意志し、かく命令する）。その場合一般意志（私はかく意志する）に先立って何らかの理由（理性）があって、その意志を根拠づけ、正当化するわけではない。つまり自然法という理性の法（recta ratio）によって一般意志が正当化されるのではないし、立法者の理性によって起草された法が一般意志を導くのでもない。一般意志こそが最高の意志として法を国家法として意志する。この意志は立法する意志として根源意志であり、すべての根拠・根源であって、それ自身いかなる根拠・理由ももたない（意志をして理由に代わらしめよ）。

本節「国家の秩序」は第五節「自然の秩序」と対照的な関係にある。それは自然の道と脱自然の道という二つの純化された構想を示している。改めて「自然の道と脱自然の道」を考察しよう。それは『エミール』と『社会契約論』の関係を問うことであり、第九節のテーマとなる。

## 第九節　自然の道と脱自然の道

「教育論において何度も引用され要約さえされているこの作品は、教育論の一種の補遺と考えられるべきであり、二つの著作は一緒になって一つの完全な全体をなします」(CC10, 281, Lettre 1790)。『エミール』出版の四日前の手紙（一七六二年五月二三日、フランスにおいて匿名での出版を請け負おうとしていた出版業者デュシェーヌに宛てた手紙）において、ルソーは『社会契約論』（この作品）と『エミール』（教育論）の関係をこのように書いている。『エミール』と『社会契約論』という「二つの著作は一緒になって一つの完全な全体をなす」とはいかなることなのか。『エミール』と『社会契約論』はともに同じ志向目的をもち、その目的達成のための唯一可能な二つの選択肢（自然の道と脱自然の道）を提示している。この意味において「二つの著作は一緒になって完全な全体をなす」。このことを証明し、そこにルソー思想の独自性を見ることが本節の課題である。

### 一　一緒になって一つの完全な全体をなす

『新エロイーズ』の完成の後、ルソーは『エミール』と『社会契約論』を平行して書き進めた（第三節四）。そして同じ一七六二年、『社会契約論』は四月に、『エミール』は五月に出版された。このことは解釈者を悩ます問題を生み出した。二つの著作の間に人間と市民の矛盾を見るからである。

しかしルソーは二つの著作の矛盾を認めず、「二つの著作は一緒になって一つの完全な全体をなす」と考えていた。『エミール』第一編の冒頭と『社会契約論』第一編第一章の冒頭は、それぞれの著作の基本構想を示している。「万物の創造者の手で作られたばかりのときにはすべてが良い。人間の手のもとではすべてが変質する」(OC4, 245)。「人間は自由なものとして生まれた、しかし至るところで鎖につながれている」(OC3, 351)。この二つの言葉は同じ思想、「自然は人間を幸福で善良なものにつくったが、社会が人間を堕落させ惨めにする」というルソーの大原理を表現している(第二節一)。それ故二つの著作の矛盾を取り除くことが解釈の課題となる。

こうした解釈の試みはすでに簡単に概観した(第一節二、三、四)。ルソーの思想のうちに単なる矛盾でなく、思想の一性を求めることはルソー解釈の基本的な課題である。『エミール』と『社会契約論』はルソー思想の頂点をなすが、人間と市民との矛盾を含んでいるように見える。それ故カント以来、ルソーの思想の一性は人間と市民の統一に求められた。人間と市民という対概念に定位することは正しいが、しかしその統一を求めるのでなく、選択として理解すべきである。「人間か市民か」は相反する選択肢であるが、同じ志向目的(一つになった人間の幸福)をもっている。ルソーの思想の一性をその志向から捉えるという点で、スタロバンスキーの解釈は正しい。しかしそれを透明という形式的な共通性で捉えることは、人間と市民の対比というルソー独自の問題提起の射程を逸するだろう。ルソーの思想の一性を矛盾の統一に求めるという固定観念から解放し、一性を選択の問題として解釈するという点において、メルツァーは正しい。しかしそれを「極端な個人主義か極端な集団主義か」の選択と見なすことは『エミール』と『社会契約論』の独自性を見失うだろう。

『エミール』と『社会契約論』の関係を最もよく示すのは、何度か言及した「公的な幸福について」という政治断章の言葉である。この断章は一七六二年四月に、つまり『社会契約論』と『エミール』がまさに公にされようとする時期」に書かれたと考証されている。[1] ここでもう一度その断章を思い起こして欲しい（第一節五）。「人間を全部残らず人間自身に引き渡せ」と「人間を全部残らず国家に与えよ」という二つの選択肢、つまり人間をつくる『エミール』の道と市民をつくる『社会契約論』の道という二つの道が示されている。「人間と市民との間に見出される矛盾」から解放されるためには、つまり「人間を一つにする」ためには、完全に人間となるか、完全に市民となるか、この二つの選択肢しかない。そして「人間を一つにすることによって人間を可能なかぎり幸福にする」という共通の志向目的のもとで、二つの選択肢が提示されている。『エミール』と『社会契約論』は、同じ目的の実現のための二つの道を構想し、しかも二つの道はその目的を達成するための可能性をすべて尽くしている。この意味において「二つの著作は一緒になって一つの完全な全体をなす」。

「一緒になって一つの完全な全体をなす」ことの意味と射程は、自然と脱自然という二つの道へと純化し、それを選択肢として提示したことのうちに求められる。すでに『エミール』に定位して二つの選択肢を考察したから（第四節）、ここでは『社会契約論』に即して、二つの選択肢が相反する二つの道であること（二、三）、そして二つの道が同じ志向目的を目指していること（四、五、六、七）を改めて示したい。さらにルソーにおける「政治学と倫理学」の関係を明らかにし（八）、最後に純化の思想家ルソーの独自性・独創性に「ピュシスとノモス」から光を当てよう（九）。

## 二　第四の法と公教育・祖国愛

『社会契約論』第二編第十二章「法の分類」は、「全体を秩序づけるために、つまり公共のものに可能な最善の形態を与えるために、さまざまな関係を考察しなければならない」（OC3, 393）という言葉によって始まっている。公共のもの（公共体、国家）を秩序づける法が考察されるが、それは四種類ある。第一は政治法（基本法）、第二は民法、第三は刑法である。『社会契約論』は「国家に対する主権者の関係を規制する法」（OC3, 393）＝「政府の形態を構成する政治法」（OC3, 394）のみをテーマとするが、しかしここで主題としたいのは、第四の法である。「これらの三種の法に、第四の法、すべての法のうちで最も重要な法が加わる。この法は大理石や青銅の上に刻まれているのでなく、市民の心のなかに刻まれている。この法は国家の真の構造をなすもの、毎日新たな力を得るもの、他の法がすたれたり消滅するとき、それらの法をよみがえらせたり補充し、その創設の精神のうちに人民を保持し、徐々に権威の力を習慣の力に置き換えるものである。私は習俗、慣習、とりわけ世論について語っている。我々の政治家には知られていない法のこの部分に、他のすべての法の成否はかかっている。偉大な立法者は、個別的な規則にのみ関わっているように見えるときも、ひそかにこの法に専心している。個別的な規則は円天井の拱腹にすぎないが、習俗はゆっくりと生まれ、最終的に円天井の揺るぎなき要石を形成する」（OC3, 394）。

まず第四の法と他の法との区別を問題にしよう。「この法は大理石や青銅の上に刻まれているのでなく、市民の心のなかに刻まれている」。成文法（政治法、民法、刑法）は「大理石や青銅の上に刻まれている」だろうが、しかし第四の法はそのような成文法でなく、「市民の心のなかに刻まれている」。この表現は、「自然法が消し難い文字で依然として人間の心のなかに刻まれている」（OC3, 602）という『戦争状態』の言葉を想起させる。「人間の心」と「市民の心」という対比は人間と市民の対比である。自然法は『エミール』がつくる人間に属するが、市民が従うのは国家法である。「第四の法が市民の心のなかに刻まれている」という表現は、「自然法が人間の心のなかに刻まれている」こととの対比を、つまり国家の秩序としての国家法と自然の秩序としての自然法の対照を鮮やかに示している。

第四の法は成文法とも自然法とも異なる。では第四の法とは何か。ここで「偉大な立法者は……ひそかにこの法に専心している」という言葉に着目しよう。偉大な立法者の典型はルソーにとってリュクルゴスである。『社会契約論』第二編第三章は言う。「一般意志の表明が十分になされるために、国家のなかに部分社会がなく、各市民が自分の意見のみを言うことが重要である。偉大なリュクルゴスの独特で崇高な制度はそのようなものであった」

(OC3, 372)。リュクルゴスは偉大な立法者であり、しかも「各市民が自分の意見のみを言う」という制度を確立した。各市民が自分の意見を述べる（opiner）ことによって、世論（opinion）が形成される。このことは「習俗、慣習、とりわけ世論」としての第四の法と関係するだろう。『人間不平等起源論』もリュクルゴスに言及している。

「そこにおいて法が主として子どもの教育に気を配り、法を付け加える必要がほとんどないような習俗をリュクルゴスが確立したスパルタのみが例外であるが、法は一般に情念より強くなく、人間を抑制するが、変えることはない」(OC3, 187-188)。

「法を付け加える必要がほどんどないような習俗」という言葉は、成文法と区別された「習俗、慣習、とりわけ世論」としての第四の法を意味するだろう。そしてこうした習俗を確立するのは「法が主として子どもの教育に気を配る」ことによって、つまり公教育によってである。[2] では立法者は公教育によって何をするのか。それは「法は一般に情念より強くなく、人間を抑制するが、変えることはない」という言葉が示唆している。成文法と区別された第四の法は「人間を変える」ことに関わるだろう。そして法より強い情念の問題は祖国愛に関わるだろう。

立法者リュクルゴスは『エミール』において公教育の文脈で語られていた（第四節三）。プラトン『国家』が公教育についての最良の書とされるが、リュクルゴスは公教育に関してプラトンより高く評価される。「プラトンは人間の心を純化しただけである。リュクルゴスは人間の心を脱自然化した」(OC4, 250)。立法者は「人間の自然本性を変える」＝「人間の構造を変質させる」(OC3, 381) が、それは市民をつくることとして、公教育がなすことである。人間の心を脱自然化したとされるリュクルゴスは公教育の真の実践者であると考えられている。それ故に公教育によって「法を付け加える必要がほとんどないような習俗をリュクルゴスが確立した」と言われる。「偉大な立法者は、個別的な規則にのみ関わっているように見えるときも、ひそかにこの法に専心している」とルソーが書いたとき、立法者であり公教育の実践者であるリュクルゴスを考えていた。[3]「一つの人民にあえて制度を与える者」(OC3, 381) は公教育という制度を確立しなければならない。[4]

では公教育は何を教えるのか。ここで第四の法が「その創設の精神のうちに人民を保持する」とされていることに着目しよう。この言葉は、市民が祖国を愛するという祖国愛へと導く。市民は祖国との関わりにおいてのみ市民である。『社会契約論』は市民をつくることを選んだのであり、「祖国に各市民を与える」(OC3, 364) のである。「祖国が存在しないところに、市民は存在しえない」(OC4, 250) ことを『政治経済論』は、第二章の冒頭に引用したように次のように表現している。

「祖国は自由なしに存立しえない、自由は徳なしに存立しえない、徳は市民なしに存立しえない。もしあなた方が市民を形成すれば、あなた方はすべてをもつだろう。……市民を形成することは一日の仕事でないし、大人の市民をもつために、子どもの市民を教育しなければならない」(OC3, 259)。

市民をつくる教育は公教育であり、市民→徳→自由→祖国が可能となる。市民の徳は祖国愛のうちにある。『政治経済論』は言う。「善良であれ、と市民に対して言うことは十分でない。……祖国愛が最も有効である。何故ならすでに述べたように、すべての人間は彼の特殊意志があらゆる点から見て一般意志に一致するとき、有徳であり、我々は我々の愛する者が欲するものを喜んで欲するからである」(OC3, 254)[5]。とすれば、「その創設の精神のうちに人民を保持する」第四の法は祖国愛であろう。このことは『ポーランド統治論』からも読み取ることができる。[6]

『ポーランド統治論』を導いているのは、「祖国あるところ、人は幸福なり (ubi patria, ibi bene)」(OC3, 963) という言葉である。[7]『ポーランド統治論』から祖国愛と法に関する言葉を引用しよう。「祖国を愛し、彼らは熱意をもって心から祖国に仕えるだろう。この感情だけで、立法が悪しきものであろうと、善き市民をつくるだろう」(OC3, 961)。「この共通の競争心によって引き起こされた興奮から、あの祖国愛の陶酔が生まれるだろう。それだけが人間を自分自身を超えて高めることができ、それなしに自由は空しい名にすぎず、立法は妄想にすぎない」(OC3, 1019)。このように言われる祖国愛こそが「国家の真の構造をなすもの、毎日新たな力を得るもの、他の法がすたれたり消滅するとき、それらの法をよみがえらせたり補充するもの」であろう。

祖国愛を育てるのは公教育である。『ポーランド統治論』の「Ⅳ 教育」は「これは重要項目である」という言葉で始まり、次のように続けている。「人々に国民的な力を与え、彼らが性向と情念によって祖国愛者となるように彼らの意見と好みを導くべきものは、教育である。子どもは目覚めるとき祖国を見なければならないし、死に至るまで国家だけを見なければならない。すべての真の共和主義者は彼の母の乳とともに祖国への愛、つまり法と自由への愛を吸った。この愛が彼の存在のすべてをなしている。彼は祖国しか見ない。彼は祖国のためにのみ生きる。一人になるやいなや、彼はゼロの存在である。もはや祖国をもたなくなるやいなや、彼はもはや存在しない。死なないとしたら、彼はもっと悪い」（OC3, 966）。人間をつくる家庭教育が人間の心に人間愛を呼び起こすのと対比的に、市民をつくる公教育は市民の心に祖国愛をたたき込むのである。「一人になるやいなや、彼はゼロの存在である」という印象的な言葉は、「自分だけで一つの完全な単独の全体である各個人を、この個人がいわばその生命と存在をそこから受け取る一つのより大きな全体の一部へと変容させる」（OC3, 381）という公教育によって育てられた市民の姿をはっきり描いている。(8)

公教育は「人間の自然本性を変える」＝「人間の構造を変質させる」ことによって、つまり人間を脱自然化することによって、祖国愛に満たされた市民をつくる。これに対して家庭教育は子どもを自然の秩序にとどめることによって、人間愛に生きる人間をつくる。第四の法は公教育・祖国愛から理解できる。そして公教育・祖国愛は家庭教育・人間愛との対照において構想されている。「祖国愛と人間愛は、例えば、そのエネルギーにおいて両立しえない徳である」（OC3, 706 note 2）。

第四の法は「市民の心のなかに刻まれ」、「すべての法のうちで最も重要な法」であり、その法に「他のすべての法の成否はかかっている」とされるが、それは最終的に祖国愛に求められる。このように市民の心を重要視するのは、市民によって成り立つ人的国家の秩序を問題としているからである。市民の心に深く関わるのは、宗教である。それ故『社会契約論』はその最後に国家宗教について論じている。(9)

### 三　国家宗教と一般社会・特殊社会

「一般社会か特殊社会である社会との連関から考察された宗教は、同様に二種類に区別されうる、つまり人間の宗教と市民の宗教である。人間の宗教は、神殿も祭壇も儀式もなく、至高の神の純粋に内的な礼拝ならびに倫理の永遠の義務に限られ、福音書の純粋で単純な宗教であり、真の有神論であり、神的な自然法と呼びうるものである。市民の宗教は、ただ一つの国のうちに刻まれ、その国にその神々、その固有の守護神を与える。市民の宗教はその教義、儀式、法によって規定された外的な礼拝をもっている。それに従う唯一の国民以外のすべての者はこの宗教にとって不信心者、異邦人、野蛮人である。この宗教は人間の義務と権利をその祭壇の外にまで拡げない。原始的な人民の宗教はすべてこのようなものであり、神的な国家法あるいは実定法という名を与えることができる」(OC3, 464)。

『社会契約論』の第四編第八章「国家宗教について」はこのように宗教を対比している(第四節二)。一般社会と特殊社会の区別は人間と市民の対比に対応するから、宗教は「人間の宗教」と「市民の宗教」に区分される。宗教のレベルであるから「神的」という形容詞が付くが、この区別は「自然法」と「国家法あるいは実定法」との対比である。『エミール』もこの区別をはっきり知った上で、「人間の宗教」(＝自然宗教)を選択している。このことの確認から始めよう。『エミール』第四編でサヴォアの助任司祭の信仰告白が語られるが、それは自然宗教である。

「あなたは私の説明のうちに自然宗教だけしか見ない。他の宗教が必要であることは極めて奇妙である。どこからそうした必要性を私は知るのだろうか。……神の栄光のために、社会の福祉のために、私自身の利益のために、自然法の義務に何を付け加えることができるのか、そして私の礼拝の帰結でないようないかなる徳を新しい礼拝から生み出すのか、を私に示してほしい」(OC4, 607)。

サヴォアの助任司祭の信仰告白は、自然宗教の信仰告白である。自然宗教は自然の秩序に属するから、自然宗教を信じることは「自然法の義務」のみを果たすことである。自然法は福音書の教えに読み取られるから（第五節六）、自然宗教は「福音書の純粋で単純な宗教」としての人間の宗教であり、「神的な自然法」である。自然宗教について次のように言われる。「もし神が人間の心に語りかけることだけに人が耳を傾けていたなら、地上に一つの宗教しか存在しなかっただろう」（OC4, 608）。この言葉は自然宗教が一般社会に属する「人間の宗教」であることを示している。[10]

助任司祭の基本的な態度は「他の宗教が必要であることは極めて奇妙である」と言い表わされる。『エミール』は明確に自然宗教を選ぶのである。「私はそうした宗教を信奉するために自然宗教を捨てることなどしないだろう。何故ならあなたもよく分かるように、必然的に選ばねばならないだろうから。あなた方の神は我々の神でない、と私はその宗派の人に言うだろう。唯一の人民をまず選んで残りの人類を追放するような神は、人間の共通の父でない」（OC4, 613-614）。「唯一の人民をまず選んで残りの人類を追放するような神」を信じる宗教は、「それに従う唯一の国民以外のすべての者はこの宗教にとって不信心者、異邦人、野蛮人である」とされる市民の宗教である。『エミール』は『社会契約論』と同様に、人間の宗教（自然宗教）と市民の宗教の対立を知っている。そしてその対立の明確な認識のもとで、人間の宗教を選択している。『エミール』は市民をつくるのでなく、人間をつくる道を選んだからである。

では『社会契約論』はいかなる宗教を選択するのか。『社会契約論』は、市民をつくる道を選ぶのだから、市民の宗教をそのまま選択することになると思うかもしれない。しかし『社会契約論』は市民の宗教が「排他的で暴君的となって、人民を残忍で不寛容にする」（OC3, 465）という欠陥をもっていることを知っている。市民の宗教のこの欠陥は、『エミール』においても「人間を傲慢に、不寛容に、残酷にする。地上に平和を確立する代わりに剣と火をもたらす」（OC4, 607）と表現されている。それ故、市民の宗教をそのまま選ぶことはできない。『社会契約論』は市民の宗教と区別された「国家宗教」を提示する。

「国家宗教の教理は、単純で少数で、説明や註釈なしに明確に述べられねばならない。強く、賢く、慈悲深く、先見の明があり、配慮ある神の存在、死後の生、正しい者の幸福、悪しき者への懲罰、社会契約と法の神聖性、これが肯定的な教義である。否定的な教義に関して、私は一つだけに限る。それは不寛容である。不寛容は我々が排除した信仰に属する」（OC3, 468-469）[11]。

『社会契約論』はこの国家宗教を選択する。国家宗教は国家社会（特殊社会）に属する宗教であるから、一般社会に対応する人間の宗教でないし[12]、市民の宗教がもつ不寛容という欠陥を含まないから、市民の宗教そのままでもない。では国家宗教とは何か。『ジュネーヴ草稿』は『社会契約論』と同様に国家宗教を提示した後に、次のように語っている。

「こうして人は人間の宗教と市民の宗教の利点を結びつけるだろう。国家はその礼拝をもち、他の国家の礼拝の敵にならないだろう。神的法と人間的法はつねに同じ目的に関して結びつき、最も敬虔な有神論者はまた最も献身的な市民になるだろう。そして神聖な法の防衛は人間の神の栄光になるだろう」（OC3, 342）。

同じことを『山からの手紙』（第一の手紙）は書いている。「立法者はこの国家宗教のうちに、すべての善き宗教の基本的教義、一般社会であれ特殊社会であれ社会にとって真に有益な教義を含ませ、信仰にとって重要でありうるが、しかし地上の幸福に少しも重要でない他のすべての教義を切り捨てる」（OC3, 705）。ここから、国家宗教が人間の宗教と市民の宗教を統一する宗教である、という結論を導けると思うかもしれない。そしてそれは宗教のレベルでの人間と市民の統一であると考えるだろう。しかしこのような結論に飛びつく前に、きちんと考えてみよう。「国家がその礼拝をもつ」とは「法によって規定された外的な礼拝をもつ」（OC3, 464）ことであり、市民の宗教の利点である。何故ならそれによって「国家に奉仕することが守護神に奉仕することである」（OC3, 465）と市民に教え、祖国愛を鼓舞するからである[13]。「他の国家の礼拝の敵にならない」とは、市民の宗教の欠陥（不寛容）を克服することであり、人間の宗教の利点を意味する。何故なら人間の宗教は一般社会に属する宗教として、「人間は同じ神の子であり、すべての者を兄弟と認めあう」(OC3, 465) ことを教えるからである。こうして利点を結びつけるが、それは二つの宗教の統一を意味するわけではない。「神的法と人間的法はつねに同じ目的に関して結びつく」という言葉は、国家法が「神的」かつ「人間的」(人間によって作られた法＝実定法) であること、つまり「神的な国家法あるいは実定法」であること、市民の宗教の基本性格をもっていることを示している。そして「最も敬虔な有神論者はまた最も献身的な市民になるだろう。そして神聖な法の防衛は人間の神の栄光になるだろう」という言葉も、「国家に奉仕することが守護神に奉仕することである」(OC3, 465) という市民の宗教の利点を表現しているだけである。

確かに国家宗教は市民の宗教と区別されるが、その基本的相違は市民の宗教がもつ欠陥 (不寛容) を克服するという点にある。[14] 国家宗教はその基本性格において、人間の宗教でなく、市民の宗教の側に立っている。国家宗教を導入するのは、「自分の義務を愛するようにする一つの宗教を各市民がもつことは、国家にとってとても重要である」(OC3, 468) という認識に基づいている。国家という特殊社会にとっての宗教こそが問題であるのだから、国家宗教が特殊社会の宗教に属することは当然である。「国家宗教 (la religion civile)」という言葉そのものが国家の秩序に属していることを示している。[15]

『社会契約論』が国家宗教を提示していることは、人間の宗教と市民の宗教の統一でもないし、いわんや人間と市民の統一体をつくることでもない。それは、国家法を制定する立法者の立場から一つの選択をしたことを意味している。ここでも人間と市民を統一することなどルソーの念頭にない。人間の宗教はキリスト教の福音書の教え、ルソーが理解したキリスト教である。それ故人間と市民を国家のレベルで統一するとすれば、「キリスト教国家(共和国)」となるだろう。しかし『社会契約論』は言う。「しかしキリスト教共和国ということにおいて私は間違っている。この二つの言葉は相互に他を排除する」(OC3, 467)。キリスト教と国家 (共和国) が両立しないのだから、ルソーにとってキリスト教共和国は形容矛盾である。それ故国家宗教の基礎にキリスト教 (福音書の教えとしての人間の宗教）があるとすることは、完全に誤っている。「福音書は決して国民宗教を確立しない」（OC3, 467）。
『社会契約論』の基本姿勢は、人間の宗教と市民の宗教を混合することを厳しく批判することのうちにある。そうした混合形態は第三の宗教と呼ばれている。第三の宗教は「人間に二つの立法、二つの首長、二つの祖国を与え、矛盾した義務に服従させ、信者であると同時に市民でありうることを妨げる」（OC3, 464）。こうした矛盾に引き裂かれることは惨めなことであるから、第三の宗教が最も悪い宗教形態である。この同じ矛盾がキリスト教共和国（キリスト教国家）のうちに見出される。「つねに執政体と国家法が存在したから、この二重の権力から、権限をめぐる永遠の競合が生まれ、キリスト教国家において善き市民を不可能にした。人が支配者と聖職者のどちらに従うべきかを遂に知ることが決してできなかった」（OC3, 462）。キリスト教国家には国家の支配者と聖職者という二つの首長が存在し、矛盾した義務のうちどちらに従うべきかという矛盾に引き裂かれるから、善き市民（信者であると同時に市民でありうること）は不可能となる。『社会契約論』は聖職者という首長を否定し、国家の支配者を選ぶ。それが国家宗教、「その箇条を確定することが主権者に属する、純粋に国家的な信仰告白」（OC3, 468）である。それ故ルソーの国家宗教の狙いは、「純粋に国家的」であること、キリスト教から国家を純化することにある。それは同時に国家からキリスト教を純化することを意味する。『山からの手紙』（第一の手紙）では次のように表現されている。

「キリスト教を国民宗教とし、立法の体系のうちに構造的な一部としてキリスト教を導入しようとした人々は、それによって二つの有害な誤りをしました。一つは宗教に対して、もう一つは国家に対してです。彼らはその王国がこの世に属さないというイエス・キリストの精神から遠ざかり、地上の利益に宗教の利益を混ぜ合わせ、その天上の純粋性を汚し、宗教を暴君の武器と迫害者の道具にしました。彼らは同様に政治の健全な格率を傷つけました。何故なら政府の機構を単純化する代わりに、それを組み立て、無関係で余計な原動力を与えたからです」（OC3, 704）。

キリスト教と国家を相互に純化することこそ、ルソーの基本的な狙いである。何故ならキリスト教と国家（共和国）という言葉は「相互に他を排除する」（OC3, 467）のだから。この純化の意図を『山からの手紙』（第一の手紙）ははっきり言明している。「国家制度からキリスト教を取り除くことによって、私はキリスト教を人類のために最善のものとして確立しました」（OC3, 707）。それ故どちらかを選ばねばならない。キリスト教を選ぶのは、自然宗教（人間の宗教）を選ぶことであり、『エミール』の道である。国家を選ぶのは、『社会契約論』の道であり、国家宗教を選ぶことである。人間と市民は国家宗教において統一されるのでなく、人間か市民かの選択は、自然宗教（人間の宗教）か国家宗教か、という選択肢として提示されているのである。

市民をつくる『社会契約論』の道と人間をつくる『エミール』の道が相反する道であることを見た（二、三）。次に二つの道が共通の志向目的をもっていることを明らかにしよう（四、五、六、七）。

## 四　法に従うこととしての自由

「事実上人間としての各個人は、彼が市民としてもつ一般意志に反し相違する特殊意志をもちうる。……／それ故社会契約が無力な書式とならないために、この契約はそれのみが他の約束に力を与えることができる約束を暗黙のうちに含んでいる。つまり一般意志に服従することを拒む者は誰でも政治体全体によって服従を強制される、という約束である。これは自由であることを強いられるという以外のことを意味しない。何故ならこれは、祖国に各市民を与えることによって、市民をすべての人格的依存から守る条件だからである」（OC3, 363-364）。『社会契約論』第一編第八章は自由についてこのように言っている。「法は一般意志の表明に他ならない」（OC3, 430）から、一般意志に服従することは法に従うことを意味する。各個人は特殊意志をもっており、一般意志に反し相違すること、つまり法に従わないことがありうる。それ故法（一般意志）に従うよう強制される必要がある。法に従うことが自由であるから、「自由であることを強いられる」。自由が強制の反対概念であると思っている者にとって、このテーゼは逆説的・自己矛盾的に聞こえるだろう[16]。しかしルソーの自由概念（法に従うこととしての自由、特殊意志が一般意志に一致することとしての自由）を理解しさえすれば、このテーゼのうちに自己矛盾（いわゆる逆説的なもの）など何もない。法に従うことそれ自体が「自由である」ことであって、自由であるための条件にすぎないのでは決してない[17]。この点を誤解しないことが肝要である。

人間の上にある法に従うことは、あらゆる人格的依存（人間への依存＝不自由）から人間を解放し、自由にする。この自由は、自然状態から国家状態へ移行することによって獲得される自由、国家的自由（la liberté civile）である[18]。この移行による損失の差引は『社会契約論』第一編第八章において次のように要約されている。

「人間が社会契約によって失うものは、その自然的自由と、彼を引きつけ手が届くすべてのものに対する無制限の権利である。彼が得るものは、国家的自由と、彼が占有するすべてのものの所有権である。この埋め合わせについて思い違いをしないために、個人の力だけを限界とする自然的自由と、一般意志によって制限される国家的自由とを十分に区別すること、力の結果や最初の占有者の権利にすぎない占有と、実定的な権限にのみ基づきうる所有権とを十分に区別することが必要である」（OC3, 364-365）[19]。

ここで損失の差引が語られているが、これは「正義と功利が分離しないように、法が許すものと利益が命ずるものを結びつける」（OC3, 351）という『社会契約論』の狙いから書かれている。ここでは所有権でなく、自由が問題である。自然状態から国家状態への移行によって、「個人の力だけを限界とする自然的自由」は失われるが、「一般意志によって制限される国家的自由」を獲得する。「一般意志によって制限される」という言葉から明らかなように、国家的自由は「法（一般意志）に服従することとしての自由」である。この自由を「法に違反しないかぎり、何をしてもいい」という意味での自由と誤解してはならない。一般意志によって制限されること、つまり法に従うこと自体が自由なのである。そしてこの自由は「自由であることを強いられる」と言われた自由、「祖国に各市民を与えることによって、市民をすべての人格的依存から守る条件」（OC3, 364）である。つまり法に従うこととしての国家的自由は、人間への依存（人格的依存）からの自由を意味する。さらにルソーは精神的自由を獲得することを損失の差引に加えている。

「以上のことに基づいて、国家状態における獲得されたものに、それのみが人間を真に彼の主人とする精神的自由を加えることができる。何故なら単なる欲望の衝動は奴隷状態であり、自分自身に課した法への服従が自由だからである」（OC3, 365）。

精神的自由が「自分自身に課した法への服従」として語られている。「精神的」という形容詞は「自然的」との対比を示し、精神的自由は欲望の衝動という自然性を超えた次元での自由を意味する。ここで国家的自由と精神的自由との異同が問題となる。この二つの自由は「法に従うこととしての自由」として同じ自由であるが、その意味において異なっている。国家的自由は人間への依存という奴隷状態からの自由、つまり他者からの自由を意味する。それに対して精神的自由は「単なる欲望の衝動」によって支配される奴隷状態からの自由、欲望（情念）からの自由である。この意味での自由は、「人は共和国のうちで自然状態のすべての利点を国家状態の利点と結びつけ、人間を悪徳から免れさせている自由に、人間を徳へと高める精神性を結びつけるだろう」（OC4, 311）という『エミール』の言葉から理解できる（第四節六）。精神的自由は「人間を徳へと高める精神性」を意味する。法に従うことは、「単なる欲望の衝動」に打ち勝つ徳によって可能であり、その意味で「自己の主人」になるという徳としての自由である。法に従うことは特殊意志を一般意志に一致させることであるが、それは有徳であることを意味する。「特殊意志があらゆる点から見て一般意志に一致するとき、有徳である」（OC3, 254）[20]。国家状態において獲得される自由は、法に従うこととして、二つの契機を、つまり国家的自由（他者からの自由）と精神的自由（欲望からの自由、徳としての自由）をもっている。

さらに別の視点から「自分自身に課した法への服従」としての精神的自由を考察しよう。国家状態へ移行した者は「主権に参加する者として市民と呼ばれ、国家の法に服従するものとして臣民と呼ばれる」（OC3, 362）。「主権に参加する者」は立法に参加する者、法を制定する主権者の構成員である。この契機は「自分自身に課した法」という表現のうちに読み取ることができる。[21] そして「法への服従」とは臣民として法に従うことである。それ故「自分自身に課した法への服従」は、主権者として自らが立てた法に臣民として従うという自己立法（自律）の理念を言い表わしている。「法に服する人民が法の制定者でなければならない」（OC3, 380）。法に従うという臣民の契機と法を制定するという主権者の契機が一緒になって、「自分自身に課した法への服従が自由である」というテーゼが成立する。この意味において、国家状態へ移行した者は自然状態におけるより一層自由なのである。[22]

『社会契約論』が語る自由は「法に従うこととしての自由」であり、国家的自由のうちに「自由であることを強いられる」という契機が、そして精神的自由のうちに徳としての自由（自分の主人）という契機が読み取られた。この自由の意味と二つの契機は『エミール』における人間の自由のうちにも同様に見出すことができる。「自然と秩序の永遠の法が存在する。それは賢者にとって実定法の代わりになる。それは良心と理性によって彼の心の底に書かれている。自由であるために従うべきものは、この法である」（OC4, 857）。「自然と秩序の永遠の法」としての自然法に従うことが、『エミール』における自由である。従うべき法が国家法か自然法かの違いはあるが、法に従うこととしての自由という理解は共通である。[23] すでに『エミール』における自由について考察し、『社会契約論』における自由との共通性にも言及した（第五節七）。「自由であることを強いられる」という契機と自分の主人という契機は『エミール』において次のように表現されていた。

「私に暴力を加える私の情念から私を守ることによって私を自由にして下さい。私が情念の奴隷になることを防いで下さい。私の感覚でなく私の理性に服従することによって、私自身の主人となるよう私を強いて下さい」（OC4, 652）。

「私自身の主人となるよう私を強いて下さい」という言葉のうちに、自由の二つの契機（「強いられる」と「自分の主人」）が表現されている。そして自分自身の主人（情念の奴隷からの自由）となることは徳としての自由を意味する。「今や実際に自由になれ。君自身の主人となることを学べ。君の心に命令せよ。おおエミール。そうすれば君は有徳となるだろう」（OC4, 818）。自分の主人となる精神的自由を獲得した者は有徳な者である。『エミール』がつくる人間の自由は、自然法に従うこととしての自由であり、「自由へと強いられる」と「自分の主人」という二つの契機をもっている[24]。

『社会契約論』と『エミール』はともに「法（国家法、自然法）に従うこととしての自由」を獲得するという共通の目的をもっている。両者とも「人間の上に法を置く」ことによる自由を目的としている。「法なしに自由は存在しないし、誰かが法の上にいる場合も自由は存在しない」（OC3, 842）という『山からの手紙』の言葉は『社会契約論』に妥当するだけでなく、『エミール』にもそのまま当てはまる。

人間の自由と市民の自由はともに、法への服従としての自由である。この自由は法が命じる義務を果たすという徳としての自由である[25]。徳は自然的性向（情念）との戦いであり、自然的性向を克服する力である。人間も市民もともに有徳な者である。人間の自由は自然法への服従としての自由であり、市民の自由は国家法への服従としての自由である。法への服従としての精神的自由は、法を知らない自然人の自由（自然的自由）とは区別され、自然的自由より高次の徳としての自由である。『人間不平等起源論』における「自由な動因」という契機は、『エミール』の人間と『社会契約論』の市民において、精神的自由として完成する。

人間と市民の共通性を「法に従うこととしての自由」、したがって有徳であることのうちに見たが、さらに「社会のうちで生きる」という点から見ることにしよう。

## 五　人間と市民の共存可能性

ルソーは社会を一般社会と特殊社会に区別し、それぞれに人間の宗教と市民の宗教を対応させた（三）。つまり人間は一般社会のうちで、そして市民は特殊社会のうちで生きている。人間と市民は社会のうちで生きるのであり、自然状態における自然人の非社会性とは区別される。

社会を認めることは共通であるが、その社会は一般社会と特殊社会との対立にある。人間をつくる『エミール』の基本的態度は「祖国が存在しないところに、市民は存在しえない」(OC4, 250) というテーゼに見ることができる(第四節三)。つまり「祖国(真の特殊社会)は存在しない」が『エミール』の立場である。それに対して市民をつくる『社会契約論』の基本的態度は「人間のあいだに自然な一般社会が存在しない」(OC3, 288) というテーゼのうちに読み取ることができる(第七節八)。

人間と市民は「一般社会のうちで生きる」と「特殊社会(祖国)のうちで生きる」というあり方において対立している。しかしこのことは人間と市民が共存できないことを意味するわけでない。共存可能であることを『社会契約論』と『エミール』に即して証明したい。まず『社会契約論』から出発しよう。『社会契約論』が構想する国家は、主権者の構成員でない者がその国家に住むことを想定している。国家の創設を可能にする社会契約について次のように言われている。

「社会契約のときに反対者がいたとしても、その反対は契約を無効にしない。その反対は反対者が契約に含まれることを妨げるだけである。反対者は市民のなかでの異邦人である。国家が創設されるとき、同意は居住のうちにある。その領土に住むことは、その主権に服することである」(OC3, 440)。

社会契約に同意しない者(反対者)は国家の創設に参加しない。つまり社会契約によって成り立つ一つの精神的で集合的な団体(政治体)に属さない。この政治体は「集会がもつ投票権と同数の構成員から構成される」(OC3, 360)のだから、反対者は人民集会における投票権をもった市民(主権者の構成員)でない、つまり「市民のなかでの異邦人」である。しかし設立された国家の領土に反対者が住み続けるとすれば、「同意は居住のうちにある」のだから、その国家のうちに住んでいることによって「その領土に住むことは、その主権に服することである」というテーゼがその反対者に妥当する。つまり「市民のなかでの異邦人」も「その主権に服する」者として、その国家の法に従わねばならない。『エミール』がつくる人間(エミール)はまさにこの「市民のなかでの異邦人」として生きるのである。

「同意は居住のうちにある」というテーゼは、人が自分の住む国家を選ぶ自由を前提している。『社会契約論』の構想する国家は移住可能な「自由な国家」(OC3, 440)である。この同じ自由な国家を『エミール』が想定していることは、その第五編における「旅について」から明白である(第六節三)。『社会契約論』と『エミール』は「自由な国家」という同じ国家像を共通に前提している。そして『社会契約論』が要求する「その領土に住むことは、その主権に服することである」というテーゼを『エミール』は認めている。『エミール』第五編に『社会契約論』の抜粋が含まれていることを想起しよう。それは「同胞市民との国家的な関係を通して自分を考察する」(OC4, 833)ためである。エミールは市民(主権者の構成員)になることはないが、しかし国家の構成員として市民の義務を果たすことになっている(第六節四)。「祖国をもたない者も少なくとも国をもっている」(OC4, 858)というテーゼが『エミール』の立場を言い表わしている(第六節五)。自然宗教を信じ自然法に従って生きる人間の典型として描かれたサヴォアの助任司祭は語る。

「より偉大な光を待ち望みながら、公共の秩序を守ろう。すべての国において法を尊重しよう。国が命ずる礼拝を混乱させせないようにしよう。市民を不服従へと導かないようにしよう。何故なら市民にとって彼らの意見を他意見のために捨てることが良いことかどうかを、我々が確実に知っているわけでないからである。そして法に服従しないことが悪いことである、と我々は極めて確実に知っている」(OC4, 629)[26]。

人間として育てられるエミールは、「すべての国において法を尊重し、国が命ずる礼拝を混乱させず、市民を不服従へと導かない」だろう。「すべての国において法を尊重する」ことは、「その領土に住むことは、その主権に服することである」という『社会契約論』のテーゼと正確に対応している。『社会契約論』の国家においてエミールは「市民のなかでの異邦人」であり、「その領土に住むことは、その主権に服することである」という言葉がエミールに妥当する。つまりエミールは人民集会における投票権をもった市民（主権者の構成員）でないが、しかし「その主権に服する」者としてその領土において法に従う臣民（市民の義務を果たす者）として生きる。

「国が命ずる礼拝を混乱させない」という言葉に着目しよう。そうであれば、人間としてのエミールは「純粋に国家的な信仰告白」を認めるだろう。認めるのはエミールが市民であるからでなく、「国が命ずる礼拝を混乱させない」ためである。国家的な信仰告白は「宗教の教義としてでなく、それなしに善き市民でも忠実な臣民であることが不可能な社会性の感情として」（OC3, 468）制定されるが、エミールは国家の構成員としてすべての国において法を尊重する「忠実な臣民」として生きる。つまりエミールは国家の構成員として市民の義務を果たすのである。確かに『社会契約論』の国家は国家宗教の信仰告白の箇条を信じない者を国家から追放する。「主権者は誰にも信仰箇条を信じるよう強いることができないが、それを信じないいかなる者をも国家から追放できる」（OC3, 468）。しかしエミールは「国が命ずる礼拝を混乱させない」のだから、国家から追放されることはないだろう。

『エミール』がつくる人間は『社会契約論』の国家のうちに生きることができるし、『社会契約論』の国家は人間としてのエミールを受け入れる。確かに『エミール』と『社会契約論』は相反する二つの道であり、人間と市民は相反する二つの理念型であるが、そのことは人間と市民が相互に他を排除することを意味するわけでない。つまり人間と市民は同じ社会のうちで共存可能である。しかも両者は社会のうちで「自分のためにも他人のためにも役立つ者」である。この点を確認しよう。

## 六　自分のため・他人のため

「人が人間を育てることができるのは、自分自身のためか、他人のためかである。それ故二つの教育、つまり自然の教育と社会の教育が存在する。人は一方によって人間を形成し、他方によって市民を形成するだろう」（OC4, 58）。

『ファーブル草稿』は「自分自身のために育てる自然の教育」と「他人のために育てる社会の教育」とを峻別している（第四節三）。この区別は人間をつくるか、市民をつくるか、という『エミール』における選択に正確に対応している。そうであるとすれば、人間は自分自身のためにのみつくられ、他人のためにならず、市民は他人のためにのみつくられ、自分自身のためにならない、と思われるだろう。しかしこうした理解は短絡的であり、誤っている。改めて『エミール』に立ち返ろう。

『エミール』は公教育と家庭教育という二つの相反する教育形態を提示し、祖国がないが故に、公教育を選べないと語る。そして学院の教育を批判し、さらに世間の教育に対して「この教育は相反する二つの目的を目指して、その二つの目的とも失敗する」（OC4, 250）と語っている。こうした教育によって育てられた者は「自分のためにも他人のためにも役立つことはない」（OC4, 251）と言われているから、「二つの目的」は「自分のために役立つ」と「他人のために役立つ」という二つの目的を意味する。そしてこの批判は人間にも市民にもなれない者への批判である。他の教育の形態を批判した後に、『エミール』は次のように言う。

「最後に家庭教育つまり自然の教育が残る。しかしもっぱら自分のために教育された者は他人にとっていかなる者になるのか。もし人が目論む二重の目的が一つに集まりうるとすれば、人間の矛盾を取り除くことによって、彼の幸福に対する大きな障害を取り除くことになるだろう。それを判断するためにすっかり形成された者を見なければならないだろう。彼の性向を観察し、彼の進歩を見、彼の歩みを辿っておかねばならないだろう。一言で言えば、自然人を知らねばならない。この著作を読んだ後に、この探究においていくらか前進したことになるだろうと私は信じる」（OC4, 251）。

「自分のために教育された者」という言葉は、『ファーブル草稿』における「人間を自分自身のために育てる」という人間を形成する自然の教育に対応している。『エミール』においても家庭教育（自然の教育）は「人間を自分自身のために育てる」のである。それ故「人が目論む二重の目的」とは、「自分自身のために育てる」ことと「他人のために育てる」ことであり、だから「もっぱら自分のために教育された者は他人にとっていかなる者になるのか」と問われているのである。つまり「二重の目的」は「二つの目的」（OC3, 250）と同じこと、「自分のために役立つ」と「他人のために役立つ」という二つの目的である。[27] そして「もし人が目論む二重の目的が一つに集まりうるとすれば」という言葉は、「もっぱら自分のために教育された人は他人のためにも役立つ人間となる」という答えを予期させるだろう。「自分のために教育された者」は「自分のためにも他人のためにも役に立つ者」となるだろう。それは『エミール』が育て上げる自然人を知ることによって答えられる。

『エミール』においてつくられる人間は人間がなすべきことをなしうる。「自然の秩序において人間はすべて平等であり、その共通の天職は人間という身分である。そのために十分教育された者は誰でも人間に関係するものをうまく果たせないはずはない。……私の手で作られたばかりのとき彼は、確かに施政者でも軍人でも司祭でもないだろう。彼はまず第一に人間であるだろう。人間がそうであるべきすべてに、必要があれば、どんな人とも同じように彼はなることができるだろう」（OC4, 251-252）。「人間がそうであるべきすべてに、必要があれば、どんな人とも同じようになることができる」者は、他人のために役立つ者になることができる。

『エミール』が育てる自然人（人間）はモラルな秩序において自然法に従う。「神の栄光のために、社会の福祉のために、私自身の利益のために、自然法の義務に何を付け加えることができるのか、そして私の礼拝の帰結でないようないかなる徳を新しい礼拝から生み出すのか、を私に示してほしい」（OC4, 607）。「社会の福祉のために、私自身の利益のために」という言葉は、自然法に従う者が「自分自身のために、他人のために」生きることを示している。そして自然法の核心に「他人にしてもらいたいと望む通りに他人にもする」という福音書の教えがあるのだから（第五節(六)）、自然法に従う人間は他人のために役立つ人間である。家庭教育によって「もっぱら自分のために教育された者」は、「社会のうちに生きる自然人」として、「自分のためにも他人のためにも役立つ者」となるだろう。

では「他人のために育てる」公教育によって育てられた市民はいかなる者となるのか。「他人のために育てる」とは単なる利他主義者を育てることではない。公教育は祖国愛を育て、国家のために生きる市民をつくる。市民は国家が定めた国家法に従い、市民の義務を果たす。しかしそれは単に「他人のために」を意味するだけでない。「我々を社会体に結び付ける約束は、その約束が相互的であるが故にのみ、義務的である。その約束の本性は、人がそれを果たすことによって、同様に自分のために働くことなしに、他人のために働くことができないようなものである」(OC3, 375)。国家の秩序のうちに生きる市民はその義務を果たすことによって「自分のためにも他人のためにも役立つ者」なのである。『社会契約論』の狙いは「正しいことで私がいかなる利益を得るのかを私に示すことが問題である」(OC3, 286)と主張する独立人を満足させる国家の秩序を構想することなのだから、一般意志(法)に従うという義務を果たすことは、正しい行為であると同時に、自分の利益になる。

家庭教育は「自分のために育てる」という仕方で人間をつくるが、それは「他人のために」と反するわけではない。公教育は「他人のために育てる」という仕方で市民をつくるが、それは「自分のために」を排除するわけではない。家庭教育と公教育は、異なった道を通って、そして人間と市民という異なった形で、「自分のためにも他人のためにも役立つ者」をつくるのである。

人間は自然の秩序のもとで、そして市民は国家の秩序のもとで、ともに「自分のためにも他人のためにも役立つ者」である。人間は人間愛から義務を果たし、市民は祖国愛から義務を果たす。義務を果たすことは、「他人のために」であるとともに、法(自然法、国家法)への服従としての「精神的自由」を獲得し、有徳な者となるという意味で、つまり「自由な動因と完成能力」の実現として、「自分のために」でもある。人間も市民も社会(一般社会、特殊社会)のうちで他の人々とともに生きているのであり、「自分のために・他人のために」生きる。

以上の考察から、人間と市民との対立・選択を「極端な個人主義と極端な集団主義」の対立・選択と理解することが誤りであることが分かる。極端な個人主義者は自分(個人)のためにのみ生きるのであり、極端な集団主義者は他人（集団・国家）のためにのみ生きる。確かに人間と市民は両立不可能であり、「人間か市民かの選択」をしなければならない。しかしこの二つの選択肢は幸福になるための唯一可能な二つの道として構想され、ともに社会のうちにあって、「自分のため・他人のため」という条件を満足させる。人間と市民はともに社会のうちで生きるのであって、「極端な個人主義と極端な集団主義」（孤独と共同体）といった対比で捉えることは基本的な誤りである。

人間と市民は社会のうちで生きるが、このことは二つの理念型が社会化を肯定していることを意味している。社会化の肯定はルソーの基本的な思想に属する（第二節三）。しかし「自然は人間を幸福で善良なものにつくったが、社会が人間を堕落させ惨めにする」がルソー思想の大原理であった。「社会が人間を堕落させ惨めにする」という現実に対して、ルソーは別の可能性を対置する。それは社会化が始まる決定的な時点において、「社会が人間を堕落させ惨めにする」ことが起きないようにすることである。『社会契約論』と『エミール』はそうした可能性を示す試みである。

## 七　幸福な瞬間と第二の誕生

「もしこの新しい状態の悪用が、抜け出した自然状態より以下へ人間を堕落させることがあまりないなら、彼をそこから永遠に引き離し、愚かで限られた動物を知的存在と人間にした幸福な瞬間を、人間は絶えず祝福しなければならないだろう」（OC3, 364）。

『社会契約論』第一編第八章は「自然状態から国家状態への移行」を「幸福な瞬間」として祝福すべきものとしている。何故なら「愚かで限られた動物を知的存在と人間にした」からである。そして損失の差引が有利だからである（五）。「この新しい状態の悪用が、抜け出した自然状態より以下へ人間を堕落させる」とは「社会が人間を堕落させ惨めにする」ことであり、『人間不平等起源論』が描写した歴史である。『人間不平等起源論』は「人間を自然状態から国家状態へ導いたにちがいない、忘れられ失われた道程」（OC3, 191）を語っているが、その決定的な瞬間をその第二部の冒頭で印象的に描いている。

「一つの土地を囲い、これは私のものだ、と言うことを思いつき、人々がそれを信じるのに十分なだけ単純であることを見出した最初の者が、国家社会の真の創設者であった」（OC3, 164）[28]。

これは自然状態から国家状態への移行の決定的な瞬間であり、『社会契約論』が語る「幸福な瞬間」と同じ時である。しかし『人間不平等起源論』が描くこの瞬間は、不平等への歩みが開始される不幸な瞬間である。その歩みは「法と所有権の確立」→「施政職の設立」→「合法的な権力から専制的な権力への変化」という三つの時期を経る（OC3, 187）。第三の時期は「主人と奴隷の状態」（OC3, 187）である。「主人と奴隷」という言葉は『社会契約論』第一編第一章の有名な言葉を想起させる。

「人間は自由なものとして生まれた、しかし至るところで鎖につながれている。或る人は自分を他人の主人と信じているが、やはり彼ら以上に奴隷である。いかにしてこの変化が起きたのか。私はそれを知らない。しかし何がこの変化を正当化するのか。私はこの問題を解けると信じる」（OC3, 351）。

「いかにしてこの変化が起きたのか」は『人間不平等起源論』が論じている。しかし『社会契約論』はこの問題に何らの関心も示していない。何故なら『社会契約論』は現実に起こった歴史を描くという事実の次元にあるのでなく、正当化の次元にあるからである。「国家の秩序のうちに正当で確実な統治の何らかの基準がありうるかどうか」（OC3, 351）を探究することが『社会契約論』の課題である。『社会契約論』で描かれた自然状態から国家状態への移行の瞬間は、正当な国家の誕生の瞬間である[29]。それは現実の国家を打ち倒し、新たな国家を打ち立てる革命を描いているのでないし、失われた楽園を取り戻すことでもない。こうした試みは、「人間の本性は後戻りせず、無垢と平等の時代を一度離れたら、決してその時代へ戻らない」（OC1, 935）というルソー思想の原理によって不可能とされるだろう。この原理と「社会が人間を堕落させ惨めにする」という大原理から、社会の歴史を最初から新たに開始することが導かれるだろう（第二節四）。『社会契約論』は国家創設の瞬間に定位する。それは「至るところで鎖につながれている」という「主人と奴隷の状態」へと至る始まりの瞬間において、別の可能性を描くことを意味する。

『エミール』もまた子どもの誕生からまったく新たに始められる。「人間の教育は人間の誕生とともに始まる」(OC4, 281)。そしてその教育は第二の誕生を決定的な瞬間としている（第五節三）。それは子どもが身体的な存在からモラルな存在へ変わり、モラルな秩序へ入る時だからである。第二の誕生は「人間に対する人間のモラルな関係」(OC4, 487)が始まる瞬間、人間社会へと入る瞬間である。それは『社会契約論』と『人間不平等起源論』における「自然状態から国家状態への移行」という決定的な瞬間に対応している。

第二の誕生が『人間不平等起源論』の議論を背景としていることは、第二の誕生において「自己愛が利己愛に変わる地点」(OC4, 523)が問題となっていることから明らかである。『人間不平等起源論』はその註XVにおいて自己愛と利己愛を区別している。「利己愛と自己愛を混同してはならない。この二つの情念はその本性と結果から見て非常に異なっている。自己愛は自然の感情であり、すべての動物がその自己保存に気を配るように仕向け、人間において理性によって導かれ憐れみの情によって変容されて、人間愛と徳を生み出す。利己愛は相対的で人工的な、社会のうちで生まれる感情であり、各個人がすべての他人より自分を尊重するように仕向け、人々が相互になすすべての悪を人々に吹き込むものであり、名誉心の真の源泉である」(OC3, 219)。第二の誕生は社会化の開始の地点であり、利己愛という「相対的で人工的な、社会のうちで生まれる感情」が生まれる時点である。それに対して『エミール』が目標とするのは、自己愛が利己愛に変わることを防ぎ、「理性によって導かれ憐れみの情によって変容されて、人間愛と徳を生み出す」ことである。つまり「社会が人間を堕落させ惨めにする」ことを防ぎ、「自然は人間を幸福で善良なものにつくった」状態を自然の秩序に従って発展させ、第二の誕生による人間の社会化を正しく導く。

人間も市民ももはや自然状態にいるわけではない。ルソーは自然状態（未開の状態）へと立ち返ることの不可能性を十分知っていた。そして人間の社会化を単純に否定したのでなく、自然状態から社会の状態への移行を肯定していた。人間は「社会の状態のうちに生きている自然人」であり、モラルな秩序のうちで他の人間と関わる。市民は国家の秩序のうちで他の市民とともに国家を形成している。ルソーの思想の核心は、自然状態への還帰にあるのではなく、「自然状態から社会の状態（一般社会・特殊社会）への移行」のうちにある。『エミール』においてその移行は子ども期から青年期への移行、つまり第二の誕生である。子ども時代は事物との身体的な関係のうちにあり、それは自然状態に対応する。第二の誕生によって人間はモラルな秩序に入り、理性と良心へと目覚め、初めて有徳な人間となりうる。[30]『社会契約論』において社会契約による国家の創設は、「自然状態から国家状態への移行」という時点においてである。この移行によって市民となった者は自然状態で不可能な精神性の次元に高まり、有徳な市民となる。

『エミール』と『社会契約論』はともに「自然状態から社会の状態（一般社会・特殊社会）への移行」に焦点を絞っている。それはこの移行こそが人々を堕落させ惨めにした出発点をなしているからである。両書はこの移行を新たに最初から開始する試みである。ルソーは歴史の分岐点に立つ。『エミール』は個人の歴史として、そして『社会契約論』は人類（共同体）の歴史として、である。前者は人間をつくり、後者は市民をつくる。人間と市民は、社会の状態への移行によって可能となった二つの存在様式、人間に固有の完成能力の二つの実現のあり方である。それは自然状態における自然人より高次な人間のあり方なのである。

以上の考察によって、『エミール』と『社会契約論』が「一緒になって一つの完全な全体をなす」ということの意味が明らかになった。二つの著作は同一の志向目的、つまり「幸福になること」（一）、「法に従うこととしての自由」（四）を実現するための二つの道である。そして「社会のうちで生きる」（五）、「自分のため・他人のため」（六）、社会化を新たに始めるという点（七）において、両者は共通の地平における二つの選択肢である。しかし二つの道は「公教育・祖国愛と家庭教育・人間愛」（二）と「特殊社会と一般社会」（三）、そして「人類の歴史と個人の歴史」(七)という点で、同一の目的を実現する仕方において異なっている。二つの著作はそれぞれ、自然の道と脱自然の道という相反する二つの道を、唯一可能な二つの道として提示している。それ以外に矛盾と人的依存から脱して幸福・自由になる道がないから、二つの道がすべての可能性を尽くしている。この意味において『エミール』と『社会契約論』は「一緒になって一つの完全な全体をなす」のである。

ルソーが『エミール』と『社会契約論』を同時に執筆できたのは、彼が二つの道を自然と脱自然という仕方で、相互に純化したからである。『エミール』と『社会契約論』はルソーが純化の思想家であったことを示している。このことを「政治学と倫理学」に即して考察し(八)、さらに「ピュシスとノモス」に定位してルソー思想の意味と射程を捉えることにしよう(九)。

## 八　政治学と倫理学

「人間を通して社会を、社会を通して人間を研究しなければならない。政治学と倫理学を別々に扱おうとする者は、そのどちらにおいても決して何も理解しないだろう」(OC4, 524)。

『エミール』第四編は「モラルな秩序のうちに入る」(OC4, 522)と語っている文脈において、この有名なテーゼを語っている(以下「政治学–倫理学」テーゼと呼ぶ)。従来の解釈がこのテーゼから読み取るのは、「政治学=倫理学(道徳)」、つまり政治の道徳化と道徳の政治化である。このテーゼは次のように註釈されている。「或る意味で政治学は一つの道徳であり、一つの道徳的な教育ですらある。そして道徳は政治学に、『一般意志』という観念に帰着する」(OC4, 1479)。こうした理解は人間と市民を統一する試みに由来し、「人間と同時に市民を育成する教育」というカントのルソー解釈に遡源する(第一節二)。しかしルソーの基本思想は「人間か市民かの選択」にあり、倫理学と政治学の区別は人間と市民の区別に対応している(第四節二)。そうであるとすれば、「政治学–倫理学」テーゼは両者の統一でなく、両者の相互純化を示していることになるだろう。このことを「政治学–倫理学」テーゼを解明することによって示さねばならない。

まずこのテーゼが提示されるコンテクストを明らかにすることから始めよう。文脈から切り離して、テーゼを勝手に改釈すべきでないからである。「我々はついにモラルな秩序のうちに入る」(OC4, 522)と語られた次の段落において、「自己愛が利己愛に変わる地点」(OC4, 523)が問題となっている。この問題は『人間不平等起源論』の問題圏に属している(七)。『エミール』のここでの議論が『人間不平等起源論』を背景にしていることは、さらに次の段落が「ここで自然的および国家的な不平等の程度、そして社会秩序全体の一覧表が問題となる」(OC4, 524)という言葉で終わっていることからも疑いえない。この言葉に続く次の段落の冒頭で「政治学―倫理学」テーゼが語られている。そしてこのテーゼが提示される次の段落は次の言葉で始まっている。「自然状態においては現実的事実上の破壊しえない平等が存在する。……国家状態においては架空の空しい権利上の平等が存在する」(OC4, 524)。これが『人間不平等起源論』の問題であることは言うまでもないだろう。「政治学―倫理学」テーゼが属している文脈は『人間不平等起源論』をその背景としているのだから、このテーゼも『人間不平等起源論』を背景としているだろう。「政治学と倫理学(la politique et la morale)」という言葉は『人間不平等起源論』の序文へ導く。「人間とその自然的能力とその能力の継起的発展の真剣な研究なしには、こうした区別をし、事物の現在の構造のうちで、神の意志がつくったものと人間の人為がつくろうと意図したものを分離することに決して成功しないだろう。それ故私の検討する重要な問題が要求する政治的および倫理的な探究は、とにかく役に立ち、政府の仮説的な歴史は人間にとってすべての点で有益な教訓である」(OC3, 127)。

ここで「政治的および倫理的な探究(les recherches Politiques et morales)」と言われているが、それは「倫理学と政治学の問題」(OC3, 192)を扱うのであり、政治的な探究として政治学を、そして倫理的な探究として倫理学を意味しているだろう。つまり「政治的および倫理的な探究」は、「政治学と倫理学を別々に扱う」のでなく、「人間を通して社会を、社会を通して人間を研究する」のである。しかしその意味が問われなければならない。この探究は「人間とその自然的能力とその能力の継起的発展」を研究し、「神の意志がつくったもの」と「人間の人為がつくろうと意図したもの」を区別し、分離することを課題とする。この区別はルソー思想の基本的区別であり、『社会契約論』において「人間の構造は自然の作品であり、国家の構造は人為の作品である」(OC3, 424) と表現されていた。「人間の人為がつくろうと意図したもの」は人為の作品である国家の構造であり、政治学は国家の構造を探究する。そして「神の意志が作ったもの」は自然の作品である人間の構造であり、倫理学は人間の構造を探究するだろう。

「政治学―倫理学」テーゼは、「人間を通して社会を、社会を通して人間を研究しなければならない」という形で、人間と社会を対概念としている。このことは、「自然は人間を幸福で善良なものにつくったが、社会が人間を堕落させ惨めにする」というルソー思想の大原理を想起させる。大原理が『エミール』を根底から導いているのだから、「人間を通して社会を、社会を通して人間を」という言葉も大原理から理解できるだろう。人間とは「自然は人間を幸福で善良なものにつくった」とされる人間、つまり自然がつくったものである。社会とは「社会が人間を堕落させ惨めにする」と言われる社会、つまり人為がつくったものである。「人間を通して社会を研究する」とは、自然がつくったもの(人間)との対比において、人為がつくったもの(社会)を研究することを意味する。「社会を通して人間を研究する」とは、社会(人為)によって堕落していない人間を純粋に研究することである。つまり人間(自然がつくったもの)と社会(人為がつくったもの)との対比から「政治学―倫理学」テーゼが理解できるだろう。

「政治学―倫理学」テーゼは、政治学と倫理学の統一を主張しているのではなく、政治学と倫理学との峻別から理解されるべきである。「倫理学全体の要約は、福音書のなかの法の要約によってあたえられている」(OC4, 523) のであり、倫理学は「福音書の教えとしての自然法」として理解されている(第五節六)。『社会契約論』は政治学に属するが、『社会契約論』は自然法を国家法から完全に排除する反自然法論である(第七節)。そして福音書の教えとしての自然法の立場に立つ『エミール』は国家法(人為の法＝実定法)に対して次のように言っていた。「自然と秩序の永遠の法が存在する。それは賢者にとって実定法の代わりになる。それは良心と理性によって彼の心の底に書かれている。自由であるために従うべきものは、この法である」(OC4, 857)。福音書の教えを国家社会に導入することをルソーが激しく批判していることから(第九節三)、政治学と倫理学(福音書の教え)を統一するという考えがルソー思想に反することは明白である。

「政治学―倫理学」テーゼは、政治学と倫理学(道徳)を一緒くたにして、「政治の道徳化と道徳の政治化」を主張しているのでない。このテーゼはそれとまったく反対のことを主張している。政治的な探究としての政治学は「人間の人為がつくろうと意図したもの」を研究し、倫理的な探究としての倫理学は「神の意志がつくったもの」を研究する。倫理学は自然の秩序に属するものを、そして政治学は国家の秩序に属するものを探究するのである。ルソーは純化の思想家として、この二つの秩序を相互に純化し峻別した。二つの秩序はそれぞれ相互に他方から純化されることによって、国家の秩序から独立な自然の秩序が、そして自然の秩序から独立な国家の秩序が剔出される。それによって倫理学は政治学から解放されて、自然の秩序にある人間の学として純化される(『エミール』)。政治学は倫理学から解放されて、国家の秩序にある市民の学として純化される(『社会契約論』)。「政治学―倫理学」テーゼは、「政治の道徳化と道徳の政治化」を意味するのでなく、まさにそれと逆のこと、「道徳からの政治学の純化・自立、政治からの倫理学の純化・自立」を意味する。

『人間不平等起源論』の序文で語られた「政治的および倫理的な探究」は、相互純化によって『エミール』と『社会契約論』として結実した。この純化の意味を「ピュシスとノモス」に即して、政治思想の歴史のうちに位置づけよう。

## 九　ピュシスとノモス

「ポリス的正義のうち或るものはピュシス的なものであり、或るものはノモス的なものである。ピュシス的な正義は至る所で同じ力をもつものであり、信じるか信じないかによってあるのでない。ノモス的な正義はもともとこのようでも別様でも差がないが、一旦制定されれば、重要となる」(1134b18-21)。

アリストテレス『ニコマコス倫理学』第五巻第七章はその冒頭で、ポリス的正義をピュシス的な正義とノモス的な正義に分けている。ピュシスとノモスの対比はギリシア時代からの基本的な区別である。[31] この対比のうちに読み取れるのは、自然法と人為法（実定法）の区別、あるいは自然法（jus naturale）と意志法（jus voluntarium）の区別である。[32] 自然法は理性の法であるから（第七節一）、この区別は理性と意志の対比を含意する。法をめぐるピュシスとノモスの対比のうちに、「自然と人為」、「理性と意志」という概念が現われる。このことはオークショットの政治哲学史の解釈視点へと導くだろう。

オークショットは政治哲学における三つの伝統を区別している。つまり「理性と自然」、「意志と人為」、「理性的な意志」である。この三つの伝統の代表として、彼はそれぞれプラトン『国家』、ホッブズ『リヴァイアサン』、ヘーゲル『法の哲学』を挙げている。[33]『社会契約論』は意志主義であり（第八節九）、完成された人為による国家の創設を目的としているから（第七節八）、ルソーは「意志と人為」の伝統に属するだろう。[34] それ故ここではホッブズ『リヴァイアサン』の伝統が問題となるが、その核心は「国家社会は人為的であり、自然が神の絶対的な意志の創造であるのとまさに同様に、絶対的意志の自由な創造である」[35] というテーゼに求められる。このテーゼは「国家の構造は人為の作品である」（OC3, 424）と語る『社会契約論』にそのまま妥当するだろう。ルソーの政治思想を政治哲学の歴史のうちに位置づけることは、「ホッブズからルソーへ」を明らかにすることを意味する。[36] まず両者の違いを確認することから始めよう。

ホッブズとルソーは、「契約によって自然状態（国家成立以前の状態）から国家状態へ移行する」（自然状態→契約→国家状態）という構図をもつ社会契約論の系譜に属する。この構図に定位して両者の違いを指摘できるだろう。まず自然状態の違いである。『人間不平等起源論』においてルソーはホッブズを批判している。「この著者は彼が確立した原理に基づいて推論するとき、自然状態は我々の自己保存の配慮が他人の自己保存にとって最も害にならない状態だから、従ってこの状態は平和に最も適し、人類に最も相応しかった、と言うべきである。しかし彼はまさにその反対のことを言う。未開人の自己保存の配慮のうちに、社会の産物であり法を必要とした多数の情念を満足させる欲求を不当にも入れたためである」(OC3, 153, cf. OC3, 288, OC3, 611)。しかしこのホッブズ批判はモンテスキューを踏襲したものにすぎない[37]。

契約の違いはより重要である。ホッブズ『リヴァイアサン』第十八章は言う。「コモンウェルスが設立されたと言われるのは、次のことを多数の人々が同意し、各人が各人と契約するときである。つまり、すべての人々の人格を表わす(つまり彼らの代表者である)権利が、多数決によって一個人か合議体に与えられること、それに賛成投票した者も反対投票した者もあらゆる人が、一個人か合議体のすべての行為と判断を、自分自身のものであるかのように同じ仕方で承認すること、そしてそれはお互いに平和に生き、他の人々から保護されるという目的のためであること」(LE, 121)。ルソーが考える社会契約との違いは明らかである。まず「各人が各人と契約する」に対して、ルソーの社会契約は「公共と個人との相互的な約束」(OC3, 362)、「それによって各人が全体に対して約束する特殊な契約」(OC3, 807) である(第八節三)。しかしより基本的な相違は、ホッブズにおいて社会契約が国家の創設だけでなく、同時に政府の設立をも含んでいることにある。社会契約によって「すべての人々の人格を表わす(つまり彼らの代表者である)権利が、多数決によって一個人か合議体に与えられる」ことは、立法権だけでなく、執行権を与えることを意味している。それに対して立法権と執行権を峻別するルソーは言う。「法は一般意志の表明に他ならないから、立法権において人民が代表されえないことは明らかである。しかし法に適用される力に他ならない執行権において、人民は代表されうるし、代表されねばならない」(OC3, 430)。ルソーの社会契約は一般意志(立法権)の確立であり、政府の設立(執行権)とは区別される。従って「多数決によって」が妥当するのは政府の設立に対してだけであり(第八節七)、社会契約は全員一致でなければならない。「その本性によって全員一致の同意を要求する唯一の法は一つしかない。それは社会契約である」(OC3, 440)。

ホッブズとルソーにおける契約の違いから、契約によって成立する国家状態の基本的な違いが生じる。社会契約に関する最も重要な違いは、ホッブズにおいて権利(立法権と執行権)を与えられる者(一個人か合議体)が契約に加わらないことにある。「主権者とされる者が前もってその臣民と契約を結ばなかったことは明らかである」(LE, 122)。ホッブズの国家状態においては、権利のみをもつ者(主権者)と義務のみをもつ者(臣民)が実体的に区別される。それに対してルソーの社会契約からは「結合の直接的な目的である、各人に対する全体の相互的な約束」(OC3, 807)が生じる(第八節三)。ルソーの社会契約の核心にあるのは、人民が自ら立法し、その法に自ら従うという自己立法の思想である。ここに人民主権の本来の意味がある。

自然状態、契約、国家状態に即してホッブズとルソーとの基本的な対立を指摘した。しかしこのことは「ホッブズからルソーへ」が単なる対立であることを意味しない。確かにホッブズの場合、主権者は人民でないが、しかし主権の絶対性は両者において同じである。「コモンウェルスの主権者は、合議体であれ一個人であれ、国家法に従属しない。何故なら法を立て、廃棄する権限をもっているので、主権者は彼を悩ます法を廃棄し、新たな法を立てることによって、望むときに、その服従から自由になりうるからである」(LE, 184)。これは「主権者は法を超越する(legibus solutus)」という主権の絶対性の主張である。ルソーにおいても主権者の絶対性は明確に主張されている(第八節四)。ルソーはホッブズの主権の基本性格を認めた上で、人民主権を打ち立てたのである。[38] ここからルソーがホッブズと単に対立しているだけでないことが見て取れるだろう。ルソーはホッブズを極めて高く評価し、「かつて存在した最も優れた天才の一人」(OC3, 611)と呼んでいる。[39] ルソーは単にホッブズに対立しているのでなく、その本質においてホッブズの政治思想を徹底化しているのである。ここで「意志と人為」という論点、そしてピュシスとノモスが問題となる。『リヴァイアサン』が「意志と人為」の伝統の典型であることは、その序説の冒頭から読み取ることができる。

「自然（それによって神が世界を作り統治する技術）は、人間の技術によって、他の多くの事柄におけるのと同様に、人工動物を作ることにおいても模倣される。……技術はさらに進み、自然の理性的な最も卓越した作品である人間をも模倣する。何故なら技術によって、コモンウェルスとか国家（ラテン語で civitas）と呼ばれるあの偉大なリヴァイアサンが創造されるからである。それは一つの人工人間（an Articicial Man）にほかならない」（LE, 9)。

ホッブズは国家を人工人間として、人間の技術（art＝人為）から捉えたことによって、国家を人為の作品（人間の意志による自由な創造）と見なすことができ、国家を自然（ピュシス）から解放する決定的な一歩を印している。その意味において『リヴァイアサン』は政治思想における「意志と人為」という伝統の創始者と呼ぶことができる。しかしホッブズは人間の技術（人為）を自然の模倣と考えている。これは「技術は自然を模倣する」[40]というアリストテレスの伝統に属するが、自然の模倣としての技術という考えのうちに、自然性が残っている。この自然性は自然法との関係においても現われる。

確かにホッブズの政治思想は反自然法論への決定的な一歩であると言うことができる。[41]しかしホッブズが次のように言っていることを忘れてはならない。「主権者の職務（君主であれ、合議体であれ）は、そのために主権者が主権を委託された目的のうちに、つまり人民の安全の獲得のうちに存する。その目的を主権者は自然法によって義務づけられ、その法の創造者である神に対して、そして神に対してのみ、その釈明をするよう義務づけられている」（LE, 231)[42]。ホッブズにおいて主権者が自然法とその創造者である神に義務を負うとすれば、主権者の意志は自然法（その創造者である神）から解放されていない。確かに国家が人工人間であるように、国家法は「人工の鎖」（LE, 147）であるが、しかし「自然法と国家法は相互に他を含み、等しい範囲をもつ」（LE, 185)。つまり国家の創設によって自然法は初めて国家の命令・国家法として現実に法となる。ここに法のレベルにおける「自然の模倣としての技術（人為）」という思想が読み取れる。[43]ホッブズの人工人間である国家は自然性（自然の模倣、自然法）から未だ自由でなく、完全な人為の作品となっていない。

ルソーは「人工人間としての国家」と主権の絶対性という思想を受け継いでいる。(44) しかしルソーはホッブズの単なる追従者でなく、ホッブズの政治思想をその極限まで押し進めた思想家である。彼はホッブズの「人工人間」の人為性をその極限にまで徹底化し、完成された人為によって国家を自然法から完全に解放した（第七節）。社会契約論が契約という人為によって国家の創設を説明する理論であるとすれば、ルソーは完成された人為という明確な志向によって社会契約説をその純粋な形へと仕上げたのである。この意味において、そしてこの意味においてのみ、ルソーを社会契約論の完成者と呼ぶことができる。

人民から成り立つルソーの国家は、最高の権力（summa potesta＝Sovereign power＝主権）をもつもの、地上に並ぶもののないリヴァイアサン（「可死の神」（mortal God））である。このリヴァイアサンは自らが立てた法を破棄できるだけでなく、自らを成立させた社会契約さえも破棄できる。社会契約を破棄することは自分の存在を消し去るという自殺の自由をもっていることを意味する。ルソーの国家は、いかなるものにも、自分の存在にも拘束されない意志の絶対的自由（主権者の意志の絶対性）をもっている。ここにすべての桎梏（自然性）から解放されたリヴァイアサンが現われる。これこそが「完成された人為」の究極的な姿、「意志と人為」の極限である。

このことをルソーに可能にしたものは、「人間の構造は自然の作品であり、国家の構造は人為の作品である」（OC3, 424）というテーゼに求めることができる。「国家の構造は人為の作品である」とは人工人間としての国家を意味するが、その人為性を徹底化しえたのは、「人間の構造は自然の作品である」というテーゼとの対比によってである。自然と人為との対比・峻別によって、ルソーは自然性と人為性を相互に純化した。それによってルソーは人為（ノモス）から純化された自然（ピュシス）の道と自然から純化された脱自然（ノモス）の道を構想できたのである。

ルソーは自然の道（ピュシス）と脱自然の道（ノモス）を相互に純化し、『エミール』と『社会契約論』へと具体化した。『エミール』の世界は自然の秩序に従い、実定法から独立した自然法（ピュシス）が支配する世界である。

『社会契約論』の世界は人間を脱自然化し、自然法から独立した実定法（ノモス）が支配する世界である。この相互純化によって、それぞれ独自の倫理学（人間論）と政治学（国家論）が初めて可能となった（八）。自然と脱自然への純化は、自然と国家を完全に分離し、一方において自然の発見（人間の発見）へ導き、他方において自然法から独立な国家（完全な人為による国家の創設）の構想を可能にしたのである。

「ピュシスとノモス」という二つの原理をそれぞれ「自然と脱自然」へと純化し、その純化された理念を『エミール』と『社会契約論』として具体化したこと、ここにルソーの思想の独自性がある。ルソーはその矛盾を統一へともたらさねばならない矛盾の思想家ではない。ルソーは純化の思想家であり、この純化の力こそがルソーの思想を独自の思想たらしめたのである。

第一章で人間という理念型を、第二章で市民という理念型を考察した。そして最後に「ピュシスとノモス」という対概念に定位することによって、人間をつくる自然の道（『エミール』）と市民をつくる脱自然の道（『社会契約論』）という二つの道に光を当てることができた。しかし人間と市民という二つの理念型を純化によって創造したルソーは、さらに自己探究を通して、人間と市民とは基本的に異なった第三の理念型を創造するに至る。それを「孤独な散歩者」として描くことが第三章の課題である。

註

**第七節**

（1）「我々の考察する研究史の範囲を今世紀にのみ限っても、たとえばすぐ後で見るハイマンやドラテにとってはルソーはまぎれもない自然法論者であるが、マリタンその他の人々にとってはルソーは「自然法の破壊をもたらす」者であり、あるいは「虚偽の自然法論」者にほかならないのである。さらに他の人々にとっては彼は自然法論者でも法実証主義者でもない、あるいはバーカーによれば彼はヤヌスのごとく二つの顔をもっているのである。これを詳述すれば、ルソーの自然状態論こそは、ヴォーンによれば後述のように自然法否定の金字塔であるが、ゴールドシュミットによれば、そこで最も伝統的な自然法観が表明されているのである。また全面的譲渡論によって特徴づけられる彼の社会契約説は、彼を非難の対象とする人々にとっては、自然権を否定しさらには個人を滅ぼす恐るべき集団主義の体系であるが、ドラテにとってそれは個人の権利を一層確実にするための技法に過ぎず、人はここで以前と同様に自由であるのみならず、いっそう自由になるのである。さらにルソーの一般意思説こそは、メルツァーによれば主意主義の表明以外の何物でもないが、ポランによればそれは自然法の伝統に従ったものであり、あるいは更にシュトラウスによれば一般意思は自然法の位置を占めているのである」（西嶋法友『ルソーにおける人間と国家』一―二頁）。Cf. NG, 129 note 17.

（2）「ルソーが自然法との断絶をどれほど明確に意識していたかを言うことは困難である。『ルソーは自然法の歴史においてヤヌスのような人物である。彼は自然法に頼り、それに属している。彼は自然法に背き、他に属している』（バーカー）」（A. P. d'Entrèves, *Natural Law*, p.75）。ヤヌスのように見えるのは、ルソーが相反する二つの道を選択肢として提示しているからである。人間をつくる道において「彼は自然法に頼り、それに属している」。市民をつくる道において「彼は自然法に背き、他に属している」。市民をつくる道を選ぶ『社会契約論』は、「自然法に背く」反自然法論である。

（3）Cicero, *De re publica* (Loeb, 213), p.210.

（4）「私は法の根源を自然のうちに探し求めよう」（Cicero, *De legibus* (Loeb, 213), p.318）。

（5）「我々は法の自然本性を説明しなければならず、それを人間の自然本性（hominis natura）のうちに探し求めなければならない」(Cicero, *De legibus*, pp.314-316)。「人間の自然本性（humana natura）そのものが自然法の母である。……人間の自然本性はいわば国家法（jus civile）の曽祖母と考えられるだろう」（WP, p.15）。

（6）J. Locke, *Two Treatises of Government*, ed. P. Laslett, Cambridge University Press, 1960, p.276. 以下TGと略し、頁でなく節番号を示す。

（7）自然法を「法である理性」と「神の意志の宣言」とすることは、大きな問題をはらんでいる。グロティウス『戦争と平和の法』は、法の起源（理性か意志か）によって、法を自然法と意志法（神の法と人間の法）に区分している（WP, p.38）。「自然法は正しい理性の命令である」（p.38）から、「神の法は、その起源を神の意志のうちに持つ法であり、この起源によって、……自然法から区別される」（WP, p.45）。確かに自然法もまた神的と呼ばれうる（WP, p.45）。自然法は人間の内的原理に由来するが、その原理が人間のうちに存在することを神は意志したからである（WP, p.14）。しかし自然法（理性法）を意志法から区別することは、自然法を神から独立させることへと導く。「たとえ神が存在しないことを我々が承認するとしても……、我々が語ってきたことは一定の効力を持つだろう」(WP, p.13)。これはヴォルフ『ドイツ語倫理学』やモンテスキュー『ペルシア人の手紙』でも表明される近代法思想の特質である。「自然法は自然そのものによって立てられたのであり、……たとえ神が存在しないとしても、自然法は行われるだろう」(Chr. Wolff, *Vernünftige Gedanken von der Menschen Thun und Lassen, zu Beförderung ihrer Glückseeligkeit*, in: *Gesammelte Werke*, 1. Abteilung, Deutsche Schriften Band 4, pp.16-17)。「たとえ神が存在しないとしても、我々はやはり正義を愛すべきだろう」(Montesquieu, *Lettres persanes*, in: *Œuvres complètes*, vol. 1, Gallimard, 1949, p.256)。

(8) 「キケロとロックが二人とも非常に似た仕方で自然法を定義したことは、二人を隔てている一八世紀余りの間この観念が絶え間なく容認されていたことの証拠にはならない」(A. P. d'Entrèves, *Natural Law*, p.15)。「キケロとロックが自然法の彼らの定義において一致しているならば、このことは単なる模倣や繰り返し以上の密接な結びつきを示している」(ibid., p.17)。

(9) 『人間不平等起源論』の序文においてルソーは、近代の自然法論者が「きわめて形而上学的な原理に基づいて自然法を確立している」(OC3, 125)とし、「非常に偉大な理論家で深遠な形而上学者であることなしに、自然法を理解すること、従って自然法に従うことは不可能である」(OC3, 125)と批判している。

(10) 「一般意志は国家において正と不正の基準である」(OC3, 484)。この点においてルソーはホッブズと完全に一致する。「共通の権力が存在しないところに法は存在しない。法が存在しないところに不正は存在しない」(LE, 90)。「国家法が善と悪、正と不正、正直と不正直の規則である。それ故立法者が命令することは善であり、立法者が禁じていることは悪であると考えられねばならない」(Th. Hobbes, *Man and Citizen*, Harvester, 1978, p.244)。

(11) 家族のあり方を二つに区別することは、ルソーに一貫している。『人間不平等起源論』と『政治経済論』を引用しよう。「自然法によって父親はその助けが必要である間だけ子どもの主人であり、この期間を越えれば父親と子どもは平等となり、その場合父親から完全に独立した息子は父親に尊敬の義務だけがあって、服従の義務がない」(OC3, 182)。「いかにして国家の統治は、その基礎が非常に異なる家族の統治と類似することがありうるのか。父親はその子どもより身体的に強いから、その助けが必要である間、父権は自然によって確立されていると正当に考えられる。そのすべての構成員がもともと平等である大家族において、その設立に関して純粋に恣意的である政治的な権威は、合意のみに基づきうる」(OC3, 241)。子どもが父親の助けを必要とするかぎり、自然法によって(自然によって)父権(子どもの主人としての父親)が確立されている。この意味での自然的な家族は国家(大家族=

政治社会）と類似性をもたない。それに対して『社会契約論』が「家族は政治社会の第一のモデルである」（OC3, 352）と言う場合、その家族は「この期間を越えれば父親と子どもは平等となる」ときの家族、つまり「合意によって維持される家族」（OC3, 352）である。家族の二つの意味を区別すれば、ルソーにおける家族と国家の関係が一貫していることは明らかである。この区別の基礎にあるのは、自然（自然法）と合意との対比である。そしてここで語られている自然法は「自己保存の自然法」を意味するだろう（第五節四、七）。

（12）パスカル『パンセ』は次のように書いている。「正しいものに従うのは正しい。最も強いものに従うのは必然である」（L103/B298）。『パンセ』からの引用は、ラヒュマ版とブランシュヴィック版の番号を付す。

（13）プラトンの引用はOCT（Oxford Classical Texts）の頁数、行数に従う。
ルソーがカリクレスの思想を知っていたことは『人間不平等起源論』から読み取れる。「私は幾人かの人が、最も強い者の征服や弱い者の団結のような別の起源を政治社会に与えたことを知っている」（OC3, 179）。政治社会のこの二つの起源はホッブズやダランベールに求めうるが（cf. OC3, 1352）、『ゴルギアス』におけるカリクレスのうちにも見出される。「最も強い者の征服」は「強者が弱者を支配し、より多くのものをもつことである」（483d5-6）というカリクレスの主張に対応するだろう。そして「弱い者の団結」は「法の制定者は弱い人間、すなわち大部分の人々である」（483b4-6）というカリクレスが批判する主張である。『人間不平等起源論』における「最も強い者の征服」説に対する批判は『社会契約論』における「最強者の権利」批判と基本的に同じである。「いかなる降伏条約を結んだとしても、それは暴力にのみ基づいており、従って事実そのものによって無価値であるから、この仮説のうちに真の社会も政治体も、最強者の法以外の他の法もありえない」（OC3, 179）。

（14）『人間不平等起源論』は「不平等の最後の帰結」を次のように特徴づけている。「すべては最強者の唯一の法に、従って新たな自然状態に立ち戻る」（OC3, 191）。最強者の法は自然状態を支配する法、自然の法（ピュシス）と考えられている。

（15）これはホッブズ『リヴァイアサン』が第三の自然法と呼んだものである。「第三の自然法は、結ばれた契約を履行すべし、である。これなしに契約は空しく、空虚な言葉である」（LE, 100）。契約・約束の履行が自然法とされることはヒューム『人間本性論』からも明白である。「我々は三つの基本的な自然法を、つまり所有の安定性の自然法、合意による所有の移転の自然法、約束の履行の自然法を今や調べ終えた」（D. Hume, *A Treatise of Human Nature*, p.526）。
ルソー自身も約束の履行を自然法と考えていたことは、『エミール』第二編から読み取れる。「約束を守るというこの義務が子どもの精神においてその功利の重みによって強固にされないとしても、現われ始めた内的な感情が、良心の法として、それが適用される認識が得られさえすれば発展する生得的な原理として、やがて子どもにその義務を課するだろう。この最初の文字は人間の手によって少しもしるされておらず、すべての正義の創造者によってその心のなかに刻まれている。合意の原初的な法とそれが課する義務を取り去れば、人間社会においてすべては空しく無力となる」(OC4, 334)。「良心の法」、「すべての正義の創造者によってその心のなかに刻まれている」という言葉は、ここで語られている法が自然法であることを示している(第五節五)。確かに『エミール』は良心の法としての自然法を認めるが、それは自然の道を選んでいるからである。それに対して脱自然の道を歩む『社会契約論』は自然法の無力を主張する(第七節二)。

(16)『社会契約論』を自然法論と解釈するドラテは言う。「ルソーは社会契約からすべての道徳的制裁を同時に奪うことなしに、自然法の観念を拒否できなかっただろう。……契約を尊重する義務はその唯一の基礎を自然法のうちに、そして約束を守る義務のうちにもっている。自然法を取り払うとすれば、社会契約はすべての道徳的制裁を奪われ、力以外の他の保証をもはやもっていない」(RS, 159)。Cf. OC3, LXXXVII.

(17)『社会契約論』を反自然法論と見なすヴォーンは、『ジュネーヴ草稿』から『社会契約論』への変更の理由を次のように書いている。「ルソーは自然法の観念を拒絶することにおいて、知らず知らずに契約の拘束力に致命的な裂け目を作ってしまったことに気づいた。そして国家社会の基礎として契約に代わるべき他の原理をもっていなかったので、彼の唯一の方針は、自然法に対して不注意に向けた砲台を沈黙させることであった。要するに、その拒絶を抹消すること、そして社会契約をそのままにしておくことであった」(C. E. Vaughan, *The Political Writings of Jean Jacques Rousseau*, vol. I, pp.441-442)。

(18)『社会契約論』第一編第四章「奴隷制について」は、合意(契約)に基づく奴隷制が自然法に違反している、と批判している。この批判のうちに、社会契約が自然法(自己保存の自然法)に違反してはならないという論点を読み取ることができる。「自分の自由を放棄することは、人間の資格、人間性の権利、人間の義務さえ放棄することである。すべてを放棄する者にとって、いかなる埋合せも存在しない。このような放棄は人間の自然本性と両立しない」(OC3, 356)。

(19)ドラテがホッブズについて語ることは、そのままルソーに妥当する。「自然法学派のこの見解にホッブズの見解が反対する。この思想家において国家状態は、そのすべての権利とともに自然状態を消し去ることなしに設立されえない。何故なら一方はまさしく他方の反対だからである」(RS, 169)。

(20)「自然法の観念を放棄したどころか、ルソーは絶えず自然法に拠り所を求めている」(RS, 158)と主張するドラテがその根拠として引用するテキストは、『社会契約論』からのテキストでなく、次の五つである(RS, 157-158)。⑴一七五八年一〇月一五日の

「法律家たちへ」の手紙、⑵『山からの手紙』の第六の手紙（OC3, 806-807）、⑶「人間にとってそれに違反することが許されず、罰せられずに違反することも決してない神聖な法」（OC2, 195）という『新エロイーズ』の言葉、⑷『エミール』第五編の言葉（OC4, 857）、⑸『山からの手紙』の第八の手紙（OC3, 842）。⑵と⑸はすでに論じたし（第七節六、第五節四）、⑶と⑷は『エミール』がつくる人間の立場から言われている（第九節註23、第六節三）。それ故ここでは、ルソーの自然法論を示す「最も有意義なテキスト」（RS, 342）とされる⑴を簡単に検討しておこう。

「『国家のうちで主権より上位の権威（une Autorité supérieure à l'Autorité souveraine）を彼が認めるとき』。／私は三つの権威だけを認めます。まず神の権威、次に人間の構造に由来する自然法の権威、それから地上のすべての王より強い、廉直な心に関わる名誉の権威。／『あるいは少なくとも主権から独立している』。／単に独立しているだけでなく、上位にある（supérieur）。主権が三つの権威の一つと争うようなことがありうるとすれば、その場合主権が譲歩しなければなりません。冒瀆者ホッブズは逆のことを主張したため忌み嫌われています」（CC5, 179, Lettre 712）。

このように書いているルソーは「人間の構造に由来する自然法の権威」を認める自然法論者であるように見えるだろう。しかし主権よりも上位の権威を認めることは、『社会契約論』の基本思想に反する（第八節六）。「至上権（l'autorité suprême）は譲渡されえないのと同様に変更されえない。それを制限することはそれを破壊することである。主権者が上位者（un supérieur）を認めることは不条理であり矛盾である」（OC3, 432）。ルソーを矛盾の思想家と見なして済ませるという安易な方法を採らないとすれば、精確な解釈が要求されるだろう。ポイントは「主権」という言葉の意味にある。ルソーは「主権」という語に註を付している。「我々がこの語に与えている意味に関して我々はお互いに良く理解し合えないでしょう。そして我々がよりよく理解し合うことは善くないので、我々はこれについて議論しない方がいいでしょう」（CC5, 180）。ルソーがこのように書いたのは、「主権」（主権者の権威）の意味がルソーと法律家において異なっているからである。ルソーにとって主権者は人民であり、その意味での主権者が「上位者を認めることは不条理であり矛盾である」。それに対して法律家たちは主権者を国王と考えている。この手紙においてルソーは「主権者」を法律家の理解する意味で使っている。「我々がよりよく理解し合うことは善くない」からである。人民主権を主張したら、ますますルソー批判がひどくなるだろう。この手紙は『社会契約論』の出版以前のものであり、法律家たちはルソーの人民主権論を知らない。この手紙においてルソーは「主権者の権威＝王の権威」とする前提のもとで、その権威より上位の権威を三つ認めている。ルソーから見れば、法律家たちは「君主にのみ服従しているので、命令する者がつねに主権者であると信じる」（OC3, 838）という過ちを犯しているにすぎない。しかし言うまでもなく、『社会契約論』にとって君主国における王は主権者でなく、単なる受託者・公僕にすぎない（第八節七）。

（21）開始された人為によって、「人間の魂と情念は徐々に変質し（s'altérant）、いわばその自然本性を変える（changent pour ainsi dire de Nature）」（OC3, 192）。『社会契約論』の立法者は、この開始された人為を完成された人為とすることによって、「いわば人間の自然本性を変えること（changer, pour ainsi dire, la nature humaine）」、「人間の構造を変質させること（altérer la constitution）」（OC3, 381）を可能にする。つまり脱自然化された市民をつくるのである。

### 第八節

（1）『社会契約論』の前提する人間が自己保存を第一としていることは、自然権に言及していることからも明らかである。「しかし公共的人格のほかに、それを構成する私的人格を我々は考察しなければならない。私的人格の生命と自由は本性的に公共的人格から独立している。それ故市民と主権者のそれぞれの権利を十分に区別し、市民が臣民としての資格で果たすべき義務と、市民が人間としての資格で享受すべき自然権とを十分に区別することが肝要である」（OC3, 373）。「市民が人間としての資格で享受すべき自然権」は、「私的人格の生命と自由」に関わり、自己保存の自然法に対応する。

「私的人格の生命と自由は本性的に公共的人格から独立している」のは、国家という公共的人格は精神的な存在（「合意による観念的な実在」（OC3, 309）しかもたない存在、身体的存在をもたない架空的存在）にすぎないからである。『戦争状態』においてルソーは言う。「実際は、政治体は精神的な人格以外の何ものでもないから、架空的存在（un être de raison）以外の何ものでもない。公共の合意を取り除いてみよ。そうすれば直ちに、国家を構成するすべてのものにおける少しの変化もなしに、国家は破壊される。人間のすべての同意は物の物理的なものにおける何ものも決して変えることができない」（OC3, 608）。国家状態のうちにある者は、市民と臣民という精神的な存在であるが、しかし同時に生命と自由をもつ身体的・自然的な存在である。国家が破壊された場合、市民と臣民という精神的性格は消え去るが、身体的・自然的な存在としては、何の変化もなく存在し続ける。「人間としての資格で」とは、この意味での身体的・自然的な存在を意味する。この人間は「人間をあるがままの姿で捉えた場合」の人間、自己保存を第一とする人間である。

（2）ディドロの論文「自然法」との関係については、cf. C. E. Vaughan, *The Political Writings of Jean Jacques Rousseau*, vol. I, pp.423-433, R. D. Masters, *The Political Philosophy of Rousseau*, Princeton University Press, 1968, pp.261-265.

（3）「二つの概念はもともと同義に使用され、都市の市民（cité, civitas / bourg, burgus）を意味した。……すでに一八世紀において『ブルジョワ』が主として経済的な利害によって規定された私的な市民概念の名称として用いられたのに対して、昔から同じ意味をもっていたがあまり流布していなかった『市民』は、ルソーと百科全書派の人々によってラテン語の civis に依拠して、ドイツ語で『国家市民』と翻訳されねばならない新たな意味を獲得した」(M. Riedel, "Bürger, Staatsbürger, Bürgertm", in: *Geschichtliche Grundbegriffe*, vol. 1, pp.692-693)。

(4) ルソーの国家像が civitas という人的国家に由来していることは、「政治体」(corps politique) と「国家」(État) という言葉からも明らかである。「corps politique という表現は、一七世紀と一八世紀の法律用語において、civitas というラテン語の同義語の一つであった」(RS, 397)。「État という語は、一七世紀の法律学者が respublica より好んで使用した civitas というラテン語の実際の同義語である」(RS, 380)。

(5) この対比は福田歓一『国家・民族・権力』(岩波書店、一九八八年) において国家 pc と国家 R との対比として描かれている。同書一八頁、一一一―一一三頁、一五一―一五三頁、一九二―一九三頁参照。

(6) ルソーはこれに註を付けている。「私はこの言葉によって、貴族政や民主政だけを理解しているのでなく、法である一般意志によって導かれているすべての政府を一般的に理解している」(OC3, 380)。この註はモンテスキュー『法の精神』の用例を意識して書かれている。「共和政体の本質は人民全体あるいはいくつかの家族が主権をもっていることであり、君主政体の本質は君主が主権をもつが、確立した法に従って執行することであり、専制政体の本質は唯一の人が自分の意志と気まぐれに従って統治することである」(EP, 251)。

(7) Cicero, *De re publica* (Loeb, 213), p.64.

(8) キケロとの相違も重要である。「法の合意」と言われるが、キケロにおいて真の法は自然法である。しかしルソーが「法によって統治されている国家」と言う場合の「法」は、自然法から独立な国家法である (第七節)。さらにルソーは人民という語を「主権」という近代的概念と結びつけ、人民主権の概念を確立した。

(9) 『山からの手紙』(第六の手紙) においてルソーは社会契約の特殊性を語っている。「私はこの約束が特殊な種類のものであると言いますが、それは絶対的で無条件で保留なしであり、その約束がつねに不正でありえず、弊害の可能性がありえないという点においてです。何故なら全体が全体のためにのみ意志するかぎり、団体が自分自身に害を与えようとすることは可能でないからです。／さらに特殊な種類であるのは、この約束がいかなる人にも服従させることなしに契約者たちを結びつけ、彼らの意志だけを基準として彼らに与えることによって、彼らを以前と同じように自由たらしめるという点においてです」(OC3, 807)。「全体が全体のためにのみ意志するかぎり、団体が自分自身に害を与えようとすることは可能でない」と「彼らの意志だけを基準として彼らに与えることによって、彼らを以前と同じように自由たらしめる」とされ、⑴の二つの基本問題が社会契約によって解決されることが語られている。

(10) アリストテレス『ニコマコス倫理学』は言う。「誰も自分自身を害することを選ばない。それ故自分自身に対する不正は存在しない」(1134b9-11)。

(11) 未だ存在しない全体と契約を結ぶことができない、という論点は、ホッブズ『リヴァイアサン』に見出される。「一方の当事者として全体と契約を結ぶことは不可能である。何故なら未だ彼らは一つの人格でないからである」(LE, p.122)。ルイ・アルチュセールの「第一のずれ」批判も同じである。「すべての契約において二人の受取人(Parties Prenantes＝PP)が契約行為に先立ってその外部に存在する。ルソーの社会契約において、PP1(個人)のみがこの条件に従っている。反対にPP2(共同体)はこの条件を免れている。それが契約に先立って存在しないのは、それ自身が契約の産物であるというもっともな理由による。それ故社会契約のパラドックスは、二人のPPを対峙させることにある。その一方は契約に先立ってその外部に存在するが、しかし他方は契約に先立ってその外部に存在しない。何故ならそれは契約の産物そのもの、より適切に言えば、契約の目的、契約の目標だからである。我々が第一のずれとして銘記するのは、契約における二人の受取人の間にある理論的な身分のこの相違のうちに、である」(L. Althusser, "Sur le "Contrat Social"", in: *Cahiers pour l'Analyse*, No. 8 (*L'Impensée de Jean-Jacques Rousseau*), Editions du Seuil, 1970, p.18)。

(12) 主権者が国家法に服従しないというこの論理は『リヴァイアサン』と同じである。「いかなる人にとっても、自分自身に義務を負うことは不可能である。何故なら義務を負わしうる者は義務を解除できるのだから。それ故自分自身にのみ義務を負う者は義務を負っていない」(LE, 184)。「主権者自身つまりコモンウェルスがつくった法に主権者は服さない。何故なら法に服することはコモンウェルスに服すること、つまり主権的な代表者に、つまり自分自身に服することであり、それは服従でなく、法からの自由だからである」(LE, 224)。

(13) 『社会契約論』第二編第六章も同じことを語っている。「人民は自ずとつねに幸福を意志するが、しかし自ずとつねに幸福が分かっているというわけではない。一般意志はつねに正しいが、しかしそれを導く判断がつねに明晰であるというわけではない」(OC3, 380)。それ故に人民の幸福を意志する一般意志は「幸福とは何か」を教える知性を必要とする。この「知性と意志の結合」(OC3, 380)のために、「すぐれた知性の持主」(OC3, 381)、「崇高な理性」(OC3, 383)である立法者が必要となる(本節九)。

（14）『ジュネーヴ草稿』は意志の幸福志向性をはっきり書いている。「意志はつねに意志する存在の幸福を目指し、特殊意志はつねに個人的な利益を目的とし、一般意志は共通の利益を目的とするから、共通の利益が社会体の真の原動力であり、そうでなければならないことが導かれる」（OC3, 295）。

（15）主権者の意志（一般意志）の現在性というテーゼが重要であることは、『ジュネーヴ草稿』からも明白である。「国家を導くべき一般意志は、過ぎ去った時代の意志でなく、現在の瞬間の意志である」（OC3, 296）。「今日の法は昨日の一般意志の行為であってはならず、今日の一般意志の行為でなければならない。……法が人民の名において語るとき、それは現在の人民の名においてであって、昔の人民の名においてではない」（OC3, 316）。Cf. OC3, 485.

（16）政治体（corps politique）とその構成員（ses membres）の関係が、人間の身体（corps）とその肢体（ses membres）の関係から捉えられている。この類比はパスカル『パンセ』における「考える肢体」を想起させる。「考える肢体に満ちた一つの身体（un corps plein de membres pensants）を想像しよう」（L371/B473）。「肢体が幸福であるようにするために、それらが一つの意志を持ち、この意志を身体に一致させることが必要である」（L370/B480）。パスカルにおいてこの一つの意志はイエス・キリストの意志であるが、ルソーにおいては一般意志である。「肢体であることは、身体の精神によってのみ、そして身体のためにのみ、生命と存在と運動を持っていることである。肢体が切り離され、その属している身体をもはや見ることがなければ、それは滅び去り死にゆく存在にすぎない。……」（L372/B483）。これに対応する形でルソーは市民について語る。「彼は祖国しか見ない。彼は祖国のためにのみ生きる。一人になるやいなや、彼はゼロの存在である。もはや祖国をもたなくなるやいなや、彼はもはや存在しない。死なないとしたら、彼はもっと悪い」（OC3, 966）。

『パンセ』の「考える葦」の断章は「それ故よく考えることに努めよう、ここに道徳の始原（principe）がある」（L200/B347）という言葉で終わっているが、それが「キリスト教の道徳」として「考える肢体」論となる。「この無限の空間の永遠の沈黙が私を恐怖させる」（L201/B206）と語る考える葦は、考える肢体としての幸福に至るだろう。パスカルの「考える肢体」はパウロの教会論に由来する。「体は一つでも、多くの部分から成り、体のすべての部分の数は多くても、体は一つであるように、キリストの場合も同様である。つまり、一つの霊によって、わたしたちは、ユダヤ人であろうとギリシア人であろうと、奴隷であろうと自由な身分の者であろうと、皆一つの体となるために洗礼を受け、皆一つの霊をのませてもらったのです」（コリントの信徒への手紙一、12.12-13）。

（17）ルソーにおいて「主権を絶対権力と同一視する」と「主権が修正と限界を含むことを認める」という相反する二つのテーゼが主

張されているように見える。「見かけ上ほとんど和解しがたい二つの断言に直面して、『社会契約論』において主権の制限についての相反する二つのテーゼを並存することに満足した、とあれほど多くの歴史家がルソーを非難したことを人は理解する」（RS, 333）。こうした非難が描いているのは、矛盾の思想家ルソーという像である。ここでドラテ自身の解釈を簡単に検討しよう。彼は法律家たちが認める主権の三つの限界、つまり⑴「自然法」、⑵「社会と国家権力が設立された目的そのもの」、⑶「基本法、つまり国家の憲法」を挙げる（RS, 321）。そしてドラテは結論する。「主権の行使にとって憲法上の制限はないが、にもかかわらず主権者の権力は自然法に反する何ものも命令できず、公共の功利の限界を越ええない」（RS, 340-341）。つまりルソーは主権の限界として⑶を否定するが、⑴と⑵を認めている、とドラテは理解している。自然法を主権の限界とするのは、ルソーを自然法論者と見なしているからである。しかしルソーが主権の限界として語るのは⑵のみである。さらにドラテが限界と制限という二つの概念の相違に無頓着であるという点を指摘しなければならない。彼は「主権は絶対的であると同時に制限されているという二つの性格を示す」（RS, 356）と語る。制限されていることが「個別的な対象について何も決定できない」（RS, 357）という主権（一般意志）の本質を意味しているとしても、「主権が制限されている」という表現は、「制限されえないことが主権の本質である」（OC3, 826）という主権の絶対性（無制限性）と矛盾するだろう。つまり制限と限界という二つの言葉を概念的に区別しなければ、ルソーの主権概念を正確に捉えることなど不可能なのである。

(18)「共通の福祉以外に他の目的をもたない主権は、十分に理解された公共の功利以外の他の限界をもっていない」（OC3, 1390）。

(19)「本質としての限界」はアリストテレスのペラス概念へ導く。ペラスは限界と訳されるが、アリストテレス『形而上学』第五巻第一七章はペラス（限界）の四つの意味を区別している。ここで重要なのは第四の意味である。「ペラスはそれぞれのもののウーシア、それぞれのものの本質（τὸ τί ἦν εἶναι ἑκάστῳ）を意味する。何故ならそれぞれのものの本質は認識の限界だからである。そして本質が認識の限界であるとすれば、それはまた物の限界である」（1022a8-10）。ルソーが「主権の限界」を語るとき、限界はペラスとしての本質を意味している。

(20) 限界を否定的なものとしてでなく、肯定的なものとして理解することはギリシア哲学へと導く。ハイデガーは言う。「ギリシア人にとって限界は、そこで或るものが終止するもの、否定的なものでなく、そこから或るものが始まり、それによって或るものがその形態へと局限されるものである。限界（πέρας）はギリシア人において肯定的な規定である」（*Zollikoner Seminare*, ed. M. Boss, Klostermann, 1987, p.40）。「πέρας は哲学的ギリシア的に思惟されれば、外的な端（Rand）という意味での限界ではないし、そこで或るものが終止するものではない。限界はその都度、限界づけるもの、限定するもの、支えと存立を与えるもの、それによってそしてそれの内で或るものが始まり、存在するものである」(M. Heidegger, *Gesamtausgabe*, vol. 9, Vittorio Klostermann, 1976, p.269)。「外的な端という意味での限界」とは終端(ἔσχατον)としてのペラスであろう。

(21) 主権者と政府の区別は「ルソーの政治的な教説の最も独創的な側面」(R. D. Masters, *The Political Philosophy of Rousseau*, p.335)と言うことができる。この独創性をルソーがはっきり自覚していたことは、『山からの手紙』(第八の手紙)から読み取ることができる。「誰も主権者と政府、立法権と執行権を十分に区別しませんでした。この二つの権力が十分に分離されているような国家は決して存在せず、人はとても好んで両者を混同してきました。或る人たちは、民主政とはすべての人民が執政者であり裁判官である政府であると信じこんでいます。別の人たちは、政府の首長を選ぶ権利のうちにのみ自由を見、君主にのみ服従しているので、命令する者がつねに主権者であると信じています」(OC3, 837-838)。

三権(立法権、執行権、司法権)の区分に対して「立法権と執行権」の二区分は論理的である。「そもそも、相互の外縁を同一平面上に明確に示しうる分劃基準を、この三分法に求めうるかどうかは問題である。というのは、国家作用分類にあたって、法をつくる作用を一区分とするならば、他はこれに拘束されて執行する作用とならねばならない。前者は立法であるが、行政と司法とは後者における再分類であって、立法・行政・司法は同次元における単一基準からの分類ではないからである」(小嶋和司『憲法と政治機構』(小嶋和司憲法論集二)、木鐸社、一九八八年、一四一頁)。

(22) 『山からの手紙』(第六の手紙)は次のように書いている。「法はその本性によって個別的個人的な対象をもつことができません。しかし法の適用は個別的個人的な対象に及びます。/それ故主権者である立法権は法を執行する他の権力、つまり法を個別的な行動に至らせる別の権力を必要とします。この第二の権力は、それがつねに法を執行し、決して法以外のものを執行しないように確立されねばなりません。ここに政府の制度が現われます」(OC3, 808)。

(23) 「主権者は立法権しかもっていないから、法によってのみ行動する。そして法は一般意志の真正な行為に他ならないから、主権者は人民が集会するときにしか行動できないだろう」(OC3, 425)。

(24) ルソーのこの理論は、「主権者として考えられた主権者が執行権をもつことが可能であるとすれば、権利と事実が大いに混同され、何が法であり法でないかを人はもはや知らないことになるだろう」(OC3, 432)というテーゼと矛盾するわけではない。このテーゼを保持しているからこそ、ルソーは暫定的な民主政というアイディアを提示したのである。主権者であるかぎりの人民は執行権をもちえないから、人民集会に集まった市民は主権者の構成員として法を制定し、その法の執行においては民主政の政府の構成員として行為する。この暫定的な民主政の政府は、政府(民主政、貴族政、君主政等)の首長を決める瞬間だけに現われるにすぎない。政府の設立というこの行為は定期的な人民集会において繰返される。二つの行為は二つの議案への投票として行われる。「第一の議案、政府の現在の形態を保持することは主権者にとってよいか。／第二の議案、現在統治を引き受けている者に統治を任すことは人民にとってよいか」(OC3, 436)。第一の議案に対して投票するのは、主権者の構成員としてであり、第二の議案に対して投票するのは暫定的な民主政の政府の構成員としてである。

政府の形態は「政府を構成する構成員の数によって区分され」(OC3, 402)、民主政、貴族政、君主政に分類される。しかし市民の半数以上が政府の構成員であることは奇妙であり、君主一人が政府の仕事をすることなど不可能ではないか。これは当然の疑問であるが、政府の構成員の意味を誤解していることから生じているにすぎない。暫定的な民主政の例から明らかなように、政府の構成員は「確立された政府を引き受ける首長を指名する」、つまり実際に行政を行う者を指名する。民主政において、市民の半数以上の人間は実際の行政に携わるのでなく(それは奇妙だろう)、行政執行者を指名する権利をもっている。君主政において、君主は一人で行政を行うのでなく(それは不可能だろう)、行政執行者を指名できる。そして政府の構成員以外の者を行政執行者に指名できるし、市民以外の者も指名できる。だから市民でないエミールがローマの執政官ほどの地位につくこともありうる(第六節註6)。

(25) 「ルソーは、人民と支配者の間の契約関係という考えのあらゆる痕跡を消し去った最初の思想家であった」(O. Gierke, *Natural Law and the Theory of Society*, Cambridge University Press, 1934, p.149)。

(26) 「とりわけ『社会契約論』の最初の二編を読み、ほんの少ししか他の二編を読まないことによって、そこで説明されている人民の主権の教説を通して民主政の理論をそこに見出すとずっと以前から人は信じこんできた。……国家の基礎は主権者の作品、人民の一般意志である。これこそ世紀の思い違いの原理である。何故ならこの原理が民主政を定義しているのは、他の人々にとってであって、ルソーにとってではないからである」(R. Polin, *La politique de la solitude*, Editions Sirey, 1971, p.192)。

(27) 「政府が受け入れることのできるさまざまな形態は三つの主要な形態に帰します。それらの利点と欠点によってそれらを比較した後に、私は二つの極端の中間にあり貴族政という名称をもつ形態を選びます。国家の構造と政府の構造が非常に異なったものであること、そして私が二つを混同しなかったことをここで人は忘れてはなりません。最良の政府は貴族制ですが、最悪の主権は貴族制です」(OC3, 808-809)。「この著作において確立されている統治の原理に関して、それは二つの原理に還元されます。つまり第一の原理は合法的に主権がつねに人民に属するということ、第二の原理は貴族政がすべてのうちで最良であるということです」(CC12, 98, Letrre 2028)。

(28) 執政体と政府について『社会契約論』第三編第一章は次のように書いている。「この団体の構成員は施政者あるいは王、つまり統治者と呼ばれ、団体全体は執政体という名をもつ。……／それ故私は、執行権の正当な行使を政府あるいは最高の行政と呼び、この行政を引き受けた人間あるいは団体を執政体あるいは施政者と呼ぶ」(OC3, 396)。これに対応する形で『エミール』は言う。「この団体の構成員は施政者あるいは王、つまり統治者と呼ばれる。団体全体は、それを構成する人間から考察される場合執政体と呼ばれ、その行為から考察される場合政府と呼ばれる」(OC4, 844)。政治体が主権者と国家という二つの名称をもつように、中間団体(統治体)も執政体と政府という二つの名で呼ばれる。「それを構成する人間から考察される場合執政体と呼ばれる」のだから、執政体の意味は「それを構成する人間」、つまり施政者から読み取ることができる。『社会契約論』第三編第二章は施政者の人格のうちに三つの意志を区別している。個人の固有の意志、施政者の共通の意志、そして主権者の意志である。ここで言われている第二の意志、つまり「執政体の利益にのみ関わる施政者の共通の意志」(OC3, 400)は、施政者がその構成員である執政体の意志である。執政体は意志という契機に対応する。そしてその意志に従ってその意志を実現する契機から見られれば、中間団体は政府と呼ばれる。そのことは「執行権の正当な行使」、「その行為から考察される場合」という言葉から明らかだろう。政治体と中間団体(統治体)は精神的な人格として意志と力をもつ。政治体が意志の契機から見られれば主権者、力の契機から見られれば国家と呼ばれるように、統治体は意志の契機から見られれば執政体、力の契機から見られれば政府と呼ばれる。

(29) 「人間の構造において身体に対する魂の作用が哲学の深淵であるように、公共的な力に対する一般意志の作用は、国家の構造における政治学の深淵である」(OC3, 296)。

(30) (1)個人の固有の意志、(2)施政者の共通の意志、そして(3)主権者の意志という三つの意志の強弱という視点から国家の死の必然性を捉えることができる。「完全な立法」が要求するのは、(1)が無であり、(2)が従属的であり、(3)が支配的であることである。しかし自然の秩序に従えば、(3)が最も弱く、(1)が最も強い(OC3, 401)。それ故国家の善き秩序は自然の秩序をできるかぎり排除すること、つまり完全な人為によってのみ可能である。しかし自然性を完全に消し去ることは不可能であり、自然の秩序がつねに国家の秩序を脅かし、一般意志(主権者の意志)は特殊意志(個人の意志あるいは執政体の意志)によって押しつぶされる。人為に対する自然の反逆は人為の作品である国家を死へと必然的に導く。

(31) 「特殊意志が絶えず一般意志に逆らって働くのと同じように、政府も主権に反する絶え間ない努力をする。……これこそ、老衰と死が人間の身体を破壊するのと同様に、政治体の誕生以来休みなく政治体を破壊することを目指す内在的な不可避の欠陥である」(OC3, 421)。「政府は政治体の不可欠の部分として政治体を構成する一般意志に協力します。……／……主権がつねに弛緩へ向かうように、政府はつねに自分を強化することへ向かいます。こうして行政府は長い間に立法府に勝ることになります。法がついに人間に服するとき、奴隷と主人しか残りません。国家は破壊されます」(OC3, 808)。

(32) ライリは社会契約論を政治的意志主義と規定している。「社会契約論を政治的意志主義として、自由な行動の一般的な人間の能力の政治的な表現として見なすことは確かに正当だと思われる」(P. Riley, *Will and Political Legitimacy*, Replica Books, 2000, p.vii)。「一七世紀以来の政治哲学は、とりわけ意志主義によって、個人の同意を政治的正当性の基準として強調することによって特徴づけられてきた」(ibid., p.1)。

(33) 「法は一般意志の表明に他ならない」というルソーのテーゼは、法の意志主義を明確に宣言している。スコトゥスとオッカムにおける「法は意志である」という法実証主義の思想については、cf. H. Rommen, *Die ewige Wiederkehr des Naturrechts*, J. Kösel, 1947, pp.58-61, pp.186-187.

(34) 「理性主義との断絶は主権概念の決定的な前提であり、また『権利』による『法』の排除の前提、つまり要求の優位による義務の優位の排除の前提でもある。それ故すべての特殊に近代的な政治学の可能性の条件である理性主義との断絶は、ホッブズにおいてその最も鋭い表現を、もともと欠如している普遍的な理性の代わりとなる主権的権力を理性としてでなく、意志として彼が把握することのうちに見出す。……ここから、支配の源泉と座が『一般意志』であるというルソーの教説までは、ほんの一歩がさらに必要なだけである。ルソーはホッブズによってラディカルに遂行された理性主義との断絶を完全に明らかにした。ルソーは、理性的動物としての人間という古代の定義を新たな定義にはっきりと置き換えたのである。『動物の間で人間を特に区別しているのは、知性であるよりむしろ自由な動因という人間の特質である』」(L. Strauss, *Hobbes' politische Wissenschaft*, Luchterhand, 1965, pp.153-154)。「動物の間で人間を特に区別しているのは、知性であるよりむしろ自由な動因という人間の特質である」という『人間不平等起源論』(OC3, 141) の言葉は、ルソーの意志主義をはっきり示している。

(35) 田中秀央・落合太郎編著『ギリシア・ラテン引用語辞典』(岩波書店、一九七七年) 七一六頁。ルソーが若い頃からユウェナーリスのこの言葉を知っていたことは、一七四二年一月一七日の手紙において“sit pro ratione voluntas”を引用していることから明らかである。「理由の説明なしに決定することに満足し、その上に sit pro ratione voluntas を明らかに望んでいる高圧的な検閲官の理由を推量することは、不可能である」(CC, I, p.136, Lettre 43)。この言葉のこうした理解はライプニッツにも見出される。「stat pro ratione voluntas、私の意志が理性に代わると言うことは、もともと専制君主のモットーである」(G. W. Leibniz, *Political Writings*, ed. P. Riley, Cambridge University Press, 1988, p.46)。stat pro ratione voluntas は sit pro

ratione voluntas は同義とされている（『ギリシア・ラテン引用語辞典』七四二頁参照）。ユウェナーリスの言葉がこのように引用されることは、『風刺詩』から理解できる。「『奴隷をはりつけにおし』と妻が言うと、（夫は）『（だってあの）奴隷はどんな罪で（そんな）刑に値するのかね？　証人には誰がいるのかね？　訴えてきたのは誰だね？・（奴隷の言い分も）聞いてやるがいい。人間の死についてはいくら慎重に構えても遅すぎるということはないのだ』『あら、おバカさんね。そんなにまでして奴隷を人間扱いするの？　何もしなかった？——そりゃそうでしょうよ。（でも）あたしゃこうしたいんだからこうしろと言っているのさ。理由のかわりに意志があればいいのだわ（hoc volo, sic iubeo, sit pro ratione voluntas)』と」（ユウェナーリス『サトゥラェ　風刺詩』（藤井昇訳、日中出版、一九九五年）一〇八頁）。

　しかしカントは『実践理性批判』において立法について次のように語っている。「しかしこの法が与えられたものとして誤解なく見るために十分注意されねばならないことは、この法が経験的事実でなく、純粋理性の唯一の事実であるということである。純粋理性はこうして自己を本来立法するもの（sic volo, sic jubeo）として告知する」（KA5, 31）。カントの倫理思想を sic volo, sic jubeo; sit pro ratione voluntas から、つまり意志主義から解釈する可能性を読み取れるだろう。事実カントは『オープス・ポストゥムム（Opus postumum）』において次のように書いている。「自由の概念は義務の定言命法から生まれる。Sic volo sic iubeo stet pro ratione voluntas」（KA21, 23; cf. KA21, 28）。それ故 sic volo, sic jubeo; sit pro ratione voluntas を単に「高圧的な検閲官」や「専制君主のモットー」から捉えるのでなく、意志主義という積極的な意味で理解できるだろう。拙論「カント倫理学における「理性の事実」」（『哲学年報』第三九輯、一九八〇年）参照。

　自然法は理性の法であるから、ルソーを自然法論者とする解釈は sic volo, sic jubeo を否定することになる。Cf. F. Haymann, “La loi naturelle dans la philosophie politique de J.-J. Rousseau”, in: *Annales de la Société Jean-Jacques Rousseau*, XXX, p.101.

**第九節**

（1）Cf. C. E. Vaughan, *The Political Writings of Jean Jaques Rousseau*, vol. I, p.325.

（2）「政府によって規定された規則と主権者によって任命された執政官のもとでの公教育は、人民的あるいは合法的な政府の基本的な格率の一つである」（OC3, 260-261）。

　第四の法はモンテスキュー『法の精神』における「教育の法」に関係するだろう。「教育の法は我々が最初に受け入れる最初の法である。教育の法は我々が市民となる準備をする……」（EP, 261）。そして「共和政体における教育」について次のように語られている。「人はこの徳を法と祖国への愛と定義できる。この愛は自分の利益より公共の利益を絶えず優先することを要求し、すべての特殊な徳を与える。すべての特殊な徳はこの優先にほかならない。……それ故共和制においてはこの愛を確立することにすべてがかかっている。教育が注意深くなければならないのは、この愛を吹き込むことである」（EP, 257）。

（3）「リュクールゴスは立法事業全体を教育と結び付けた」（河野與一訳『プルターク英雄傳』（一）一二〇頁）。「立法者の事業の中で最も大事な最も立派なものと考えていた教育については、遠くの方から始めて、先づ結婚や出生に関する事柄を検討した」（同上一二一頁）。「リュクールゴスは子供というものを父親の私有物ではなくて国家の共有物と考えていたから……」（同上一二四―一二五頁）。リュクルゴスが法を与えたスパルタにおいて公教育が最大の成功をおさめた、とルソーは思っていた。「かつて公教育を実践した三つの人民だけしか私は知らない。つまりクレタ人とスパルタ人と古代ペルシャ人である。三つの人民すべてにおいて公教育は最大の成功をおさめたが、後二者において公教育は驚異的なことを行った」（OC3, 261）。

（4）「一つの人民に思い切って制度を与える者は誰でも、世論を支配し、世論によって人間の情念を制御することができなければならない。……習俗と装いにおける簡素さは、法の成果であるより、教育の成果である」（OC3, 965-966）。

（5）『政治経済論』から引用しよう。「徳の最大の驚異的な行為が祖国愛によって生み出されたことは確かである」（OC3, 255）。「我々は人民が有徳であることを欲するか。それなら彼らが祖国を愛するようにすることから始めよう」（OC3, 255）。

（6）『ポーランド統治論』から引用しよう。「市民の徳、祖国愛の熱意、国民的制度が魂に与えうる特殊な形態、これこそがポーランドを守る準備ができている唯一の城壁、どんな軍隊も突破できない唯一の城壁である」（OC3, 960）。「ただ一つのことで、ポーランドを征服することを不可能にするのに十分である。それは、それらと切り離せない徳によって生命を与えられた、祖国と自由への愛である」（OC3, 1019）。

（7）「祖国あるところ、人は幸福なり（ubi patria, ibi bene）」は、「人が幸福なるところ、そこに祖国あり（ubi bene, ibi patria）」を逆にしたものである。『エミール』は書いている。「『人が幸福なるところ、そこに祖国あり』、これは金持のモットーである。彼の故郷は金がすべてであるところ、彼の国は彼の金庫が通用する至るところである」（OC4, 681）。Cf. OC3, 534.

（8）この市民の姿は、『エミール』がつくる人間と対照的である。「自由は政府のいかなる形態のうちにもない、自由は自由な人間の心のうちにある。自由な人間は自由を持ち運ぶ。卑しい人間は至るところへ隷属を持ち運ぶ。或る者はジュネーヴでも奴隷であり、他の者はパリでも自由である」（OC4, 857）。

（9）「同じ精神がすべての古代の立法者を彼らの制度において導いた。彼らすべては市民を祖国に結び付け、市民同士を結び付ける絆を捜し求めた。そして彼らはそれを特殊な慣習のうちに、その本性によってつねに排他的で国民的である宗教的儀式のうちに見出した（『社会契約論』の最後を見よ）」（OC3, 958）。

（10）サヴォアの助任司祭が語る言葉⑴と「人間の宗教」の規定⑵を比べれば、『エミール』の自然宗教が『社会契約論』における人間の宗教であることは疑う余地がない。⑴「宗教の真の義務は人間の制度から独立であること、正しい心は神の真の神殿であること、すべての国、すべての宗派においても、何にもまして神を愛し、隣人を自分自身のように愛することが法の要約であること、倫理の義務を免除するような宗教はないこと、真に本質的なものはこの義務しかないこと、内的な礼拝はこの義務の最初のものであること、信仰なしにいかなる真の徳も存在しないこと」（OC4, 632）。⑵「人間の宗教は、神殿も祭壇も儀式もなく、至高の神の純粋に内的な礼拝ならびに倫理の永遠の義務に限られ、福音書の純粋で単純な宗教であり、真の有神論であり、神的な自然法と呼びうるものである」（OC3, 464）。

（11）「否定的な教義」とは「市民が有害なものとして拒否すべき否定的な教義」（OC3, 340）である。

（12）『社会契約論』は人間の宗教である「福音書の純粋で単純な宗教」について次のように言う。「この神聖で至高的で真の宗教によって、人間は同じ神の子であり、すべての者を兄弟と認めあい、人間を結合する社会は死に至っても解消されない。／しかしこの宗教は政治体とのいかなる特殊な関係ももたないので、法そのものから引き出される力だけを法に与え、他の力を付け加えることをしない。それによって特殊社会の偉大な絆の一つは効力がないままである。その上、市民の心を国家に結び付けるどころか、地上のすべてのものから引き離すように、この宗教は市民の心を国家から引き離す。これ以上社会的精神に反するものを私は知らない」（OC3, 465）。「社会的精神に反する」と言われているが、それは「特殊社会の偉大な絆の一つは効力がないままである」ということ、つまり特殊社会（国家）の精神に反するのであって、社会一般の精神に反するのでない。人間の宗教は一般社会のうちにその場所をもっている。『山からの手紙』（第一の手紙）は次のように書いている。「『社会』というこの語は少し曖昧な意味を表わしています。世界のうちに多くの種類の社会が存在します。一つの社会に役立つものが他の社会に害を与えることは不可能でありません」（OC3, 703）。「国民宗教は国家の構造の部分として国家に有益です。これは議論の余地がありません。しかし国民宗教は人類に害を与え、他の意味において国家にさえ害を与えます。いかにしてかと何故かを私は示しました。／反対にキリスト教は人間を正しくし、穏健にし、平和の友にすることによって、一般社会に非常に有利です」（OC3, 705）。人間の宗教の特徴づけは、『山からの手紙』（第一の手紙）において次のように表現されている。「純粋な福音書が社会にとって有害であると非難しているどころか、排他的であるべき立法にとっていわばあまりに社交的であり、あまりにすべての人類を抱擁しすぎると私は思っています。それは祖国愛よりむしろ人間愛を吹き込み、市民よりむしろ人間を形成することに向かいます」(OC3, 706)。「特殊社会の偉大な絆の一つ」とは祖国愛であり、人間の宗教は人間愛に基づく一般社会に属する。

(13) 『社会契約論』の初稿である『ジュネーヴ草稿』は国家宗教について、「心のうちに祖国への愛をかき立てる」(OC3, 342) と書いている。

(14) 不寛容の否定は国外的と国内的の二つの側面をもっている。国外的な契機は他の国家との戦争(宗教戦争)の防止であり、国内的な契機は一つの国家のうちに主権者の権力以外の権力(聖職者の権力)が生じることを防ぐことである。前者の意味で否定される不寛容(国外的不寛容)は次のように言われている。「この宗教は排他的で暴君的となって、人民を残忍で不寛容にするとき、悪しきものとなる。従って人民は殺人と虐殺のみを熱望し、その人民の神々を認めないあらゆる者を殺すことによって神聖な行為を行っていると信じる。それはこのような人民を他の人民との戦争状態に置くが、戦争状態はその人民自身の安全にとって非常に有害である」(OC3, 465)。後者の意味で否定される不寛容(国内的不寛容)は神学的不寛容として語られている。「神学的不寛容が認められるあらゆるところで、それが何らかの国家的な効果をもたないことは不可能である。そしてそれが効果をもつとすぐに、主権者はもはや主権者でなく、世俗的なものに対してさえそうでない。そのときから聖職者が真の支配者であり、国王はその官吏にすぎない」(OC3, 469)。これは二重の権力(国家の支配者と聖職者)が生じるというキリスト教国家の弊害を阻止するためである。二重権力の防止こそ『社会契約論』の国家宗教の最も重要な狙いである。それがホッブズの洞察であったことをルソーは明確に認識していた(OC3, 463)。

ルソーの国家宗教に関して、別の意味での不寛容の問題がある。「主権者は誰にも信仰箇条を信じるよう強いることができないが、それを信じないいかなる者をも国家から追放できる。……もし誰かが公に教義を認めた後で、それを信じていないように振舞うとすれば、死をもって罰せられるべきである。彼は最大の罪を犯したのであり、法の前で嘘をついたのである」(OC3, 468)。ここに国家宗教がもつ不寛容が読み取れるだろう。『山からの手紙』(第四の手紙)も書いている。「法は国家において唯一の宗教しか許容しないので、他の宗教を公言し教えようと執拗にする者は、国家から排除されねばなりません」(OC3, 760)。しかしこの不寛容は二重権力を生み出す不寛容とはまったく異なり、「それを信じていないように振舞う」、「他の宗教を公言し教えようと執拗にする者」という言葉から明らかなように、この不寛容は行動のレベルに限られている。国家は心の内面に属する信仰そのものに干渉するのではない。これはホッブズ『リヴァイアサン』と同じである。「したがってあらゆるコモンウェルスにおいて、それと反対の超自然的な啓示をもたない者は、宗教の外的な行動と告白において彼ら自身の主権者の法に服従しなければならない。人である統治者が気づきえない（神のみが心を知るから）人間の内的な思想と信仰については、それは自発的でも法の結果でもなく、神の隠された意志と力の結果であり、したがって義務のもとにない」(LE, 323)。それ故『山からの手紙』（第五の手紙）は次のように明確に書いている。「宗教は人間の行動に関すること以外において、決して立法の一部をなすことができません。法はなすこと、あるいは差し控えることを命令しますが、しかし法は信じることを命令できません。こうして宗教の実践を少しも攻撃しない者は誰でも法を少しも攻撃していません」(OC3, 787)。これは『社会契約論』の国家宗教の立場である。「今や排他的な国民宗教はもはや存在せず、存在できないから、教義が市民の法に反するものを何ももっていないかぎり、他の宗教を許容するすべての宗教を、人は許容すべきである」(OC3, 469)。そして勿論『エミール』が語る自然宗教（人間の宗教）もこの国家のうちで許容される（本節五）。

(15) 「私が語っている章は、表題によって分かるように、いかにして宗教制度が国家の構造のうちに入りうるかを検討することに充てられています。だからここで問題なのは、宗教がそれ自身として真か偽かを検討することでないし、良いか悪いかを考察することでさえもなく、もっぱら政治体に対する関係から、立法の一部として宗教を考察することです」(OC3, 703)。『社会契約論』の第四編第八章「国家宗教について」について、『山からの手紙』（第一の手紙）はこのように言っている。この章は「いかにして宗教制度が国家の構造のうちに入りうるかを検討すること」を課題としているが、このことは「国家宗教（la religion civile）について」という表題から分かるとされている。それは civil という語が国家の次元を表現する言葉だからである（第六節一）。

(16) Cf. G. H. Sabine, *A History of Political Theory*, pp.590-591.

(17) このことを『社会契約論』は「政治体の本質は服従と自由の一致のうちにある」(OC3, 427) と表現している。『人間不平等起源論』からも引用しよう。「私は自由に、つまり私もどの人も尊敬すべき束縛を脱しえないほどに法に服従して、生きそして死ぬことを望んだだろう」(OC3, 112)。ここから、「自由である」＝「尊敬すべき束縛を脱しえないほどに法に服従する」がはっきり読み取れるだろう。法という束縛を脱することが自由なのでなく、その逆、つまり「法に服従すること」が自由なのである。

(18) 「こうした奇跡は法の作品である。人間が正義と自由を負っているのは、法にのみである」(OC3, 248)。「国家の構成員の自由をつくる国家の力だけが存在する」(OC3, 394)。『山からの手紙』（第六の手紙）は『社会契約論』について語っている。「この本の至るところであなたは法が人間の上に置かれていることを見るでしょう。至るところであなたは自由が求められていることを見るでしょう。しかしそれはつねに法の権威のもとにおいてです。法なしに自由は存在しえず、そしていかなる仕方で統治されていようと、法のもとで人はつねに自由です」(OC3, 811)。

(19) 自然状態から国家状態への移行は、自由に関しては「自然的自由から国家的自由へ」であり、所有に関しては「占有から所有権へ」である。さらに平等に関して次のように言われる。「自然的な平等を破壊するのでなく、反対に基本的契約は、人間の間の身体的な不平等に自然が置きえたものの代わりに、精神的で合法的な平等を置き換える」(OC3, 367)。

(20) 「第一の規則に劣らず本質的な、公共経済の第二の規則。一般意志が実現されることをあなたは欲するか。そうであれば、すべての特殊意志を一般意志に関係させるようにせよ。そして徳は一般意志への特殊意志のこの一致に他ならないから、同じことを一言で言えば、徳が支配するようにせよ」(OC3, 252)。「一般意志への特殊意志の一致」は国家法(一般意志)に従うことであり、それは徳を意味している。国家法に従う市民は有徳な者である。

(21) ここに主権者の自由を読み取ることができる。主権者の自由は『社会契約論』第三編第十五章において次のように語られている。「ギリシア人において、人民がなすべきすべてのことを人民が自分自身で行った。人民は絶えず広場で集会した。人民は快適な土地に住み、少しも貪欲でなく、奴隷がその労働を行い、人民の大事は人民の自由であった」(OC3, 430-431)。ここで人民集会に参加することが語られているのだから、「人民の自由」は、主権者の自由を意味する。

(22) 『エミール』は次のように言っている。「個人は主権者以外に服従していないし、主権は一般意志以外の何ものでもないから、何故主権に服従している各人間が自分自身以外に服従していないか、何故人が自然状態においてより社会契約においての方が一層自由であるか、を我々は見るだろう」(OC4, 841)。ここに「自分自身のみに服従し、以前と同様に自由である」(OC3, 360)という社会契約の基本的問題がある(第八節三)。「人は法に服従しているにもかかわらず自由であるが、一人の人間に服従しているとき自由でない。何故なら後者の場合私は他人の意志に服従しているからである。しかし法に服従することにおいて私は、他人の意志であるのと同様に私の意志である公共の意志にのみ服従している」(OC3, 492)。

「自分自身に課した法への服従が自由である」という自律のテーゼはカントへと導く。「自律の教説はルソーによってのみ先鞭をつけられた。何故ならルソーのみが法と自由の本質的な結びつきを見たが、一八世紀の他の人々は法を自由への制限としてのみ見たからである。ルソーはその本質的な結びつきを政治学においてのみ成し遂げ、政治学において彼の教説はほとんど変更なしにカントによって採用されたが、しかし自由な市民による法を通しての自己統治の教説はカントによって道徳的・形而上学的な教説へと深められた。ルソーとともに、その場合カントは自分自身が課した法への服従が唯一の真の自由であると語ることができる」(L. W. Beck, *A Commentary to Kant's Critique of Practical Reason*, The University of Chicago Press, 1960, p.200)。

(23) 「自分自身に課した法への服従が自由である」(OC3, 365) と同じ精神的自由が『新エロイーズ』においても語られている。「この賢明な人は、自分に課す法に従うために、どんな種類の生を選んだのでしょうか」(OC2, 666)。言うまでもなく、ここで語られている法は国家法でなく、「自然と秩序の永遠の法が存在する。それは賢者にとって実定法の代わりになる」(OC4, 857) と言われている自然法、つまり市民でなく人間の立場から肯定される自然法である。『新エロイーズ』は自然法について次のように書いている。「こうしたことは自然の神聖な法であり、人間にとって違反することが許されず、罰せられずに違反することも決してなく、身分や地位の考慮は不幸と罪を被ることを破棄できません」(OC2, 195)。『新エロイーズ』のこうした言葉は自然法を選ぶ『エミール』の立場と完全に一致している。

(24) 「自分自身の主人 (sein eigener Herr (sui juris))」(KA8, 295)。

(25) 徳を「法への服従」とする思想は、ストア派の伝統に属する。マッキンタイアは次のように言う (A. Macintyre, *After Virtue*, University of Notre Dame Press, 1984, pp.168-169)。「アリストテレスの見解と違ってストア派の見解においては、アレテー (徳) は本質的に単数表現」であり、「徳は内的な性向と外的な行為における宇宙の法への一致である」。「ストア哲学は、諸徳の構想に取って代わる仕方で法の概念を中心的なものとして主張する、すべてのその後のヨーロッパの道徳にとっての模範を示している」。

(26) 「それが法律であるが故に法律や習慣に服従するのはよいことだろう。導入すべき真の正しい法律など一つもないこと、これについて我々は何も知らないこと、受け入れられている法律にのみ従うべきであるということ、を知るのはよいことだろう」(L525/B325)。

(27) 「二重の目的」を「人間をつくる」と「市民をつくる」という二つの目的と考えるかもしれないが、しかしそうした解釈に対して、「人は同時に人間と市民をつくることができない」(OC4, 248) という言葉を対置させれば十分だろう。

(28) 「私のもの、君のもの――『この犬は私のものだ』とこの哀れな子供たちは言った。『これは私の日向ぼっこの場所だ』。これこそ全地上の簒奪の開始と縮図である」(L64/B295)。

(29) 『社会契約論』を切り離して考察すれば、そこに現在あるいは未来の歴史的状況を呼び起こすものは何もない。契約の仮説は社会的生の端緒に、自然状態からの出口に位置づけられている。平等な自由を確立するために不完全な社会を破壊することがそこで問題なのではない。……中間段階を経ずに一挙にルソーは、一般意志と理性的な法の支配を打ち立てる決定に我々を同意させる。この決定は除幕の性格をもっており、革命の性格をもっていない」(TO, 45)。

（30）「理性のみが我々に善と悪を認識することを教える。我々に善を愛させ悪を憎ませる良心は、理性から独立であるにもかかわらず、理性なしに発展することができない。理性の時期以前には、我々は善と悪を、それと認識することなしに、行う。我々の行動のうちに少しも精神性は存在しない……」（OC4, 288）。第二の誕生による理性の時期に達する以前に精神性が欠けていることは、子ども時代が自然状態に対応していることを示している。自然状態においては、「事物への依存はいかなる精神性ももっていないので、自由を損なわず、悪徳を生み出すこともない」（OC4, 311）のだから（第四節五）。

（31）佐々木毅『プラトンと政治』（東京大学出版会、一九八四年）六三―七三頁参照。

（32）グロティウス『戦争と平和の法』はアリストテレス『ニコマコス倫理学』第五巻第七章から「自然法と意志法」の区別を読み取っている。「このように理解された法の最善の区別はアリストテレスのうちに見出される、つまり自然法と意志法への区別である」（WP, 38）。

（33）M. J. Oakeshott, "Introduction to Leviathan", in: *Hobbes on Civil Association*, Liberty Fund, 2000, pp.7-8.

（34）「意志が道徳的価値を創造できるという見解は、実際、厳密に言えば、ヘーゲルの発明ではない。ヘーゲル自身がルソーに負っていることを認めている。『一般意志』のルソーの理論は倫理的国家の理論の真の源泉である」（A. P. d'Entrèves, *Natural Law*, p.75）。ヘーゲル『法の哲学』はルソーの政治思想の核心を意志のうちに見ている。「哲学的考察はこうしたすべてのものの内部にあるもの、思惟された概念のみに関わる。この概念を探し出すという点においてルソーは、単に形式において（例えば社会的衝動、神的権威）だけでなく内容において思想であり、しかも思惟そのものである一つの原理、つまり意志を国家の原理として立てたという功績をもっている」（『法の哲学』第二五八節）。しかしヘーゲルはルソーを次のように批判している。「引用した法の定義はルソー以来とりわけ流布された見解を含んでいる。それによれば、意志は即自かつ対自的に存在する理性的な意志としてでなく、精神は真の精神としてでなく、特殊な個体として、その固有の思惟における個人の意志として、実体的な基礎と第一のものとされる」（二九節）。ここで語られている「理性的な意志」という言葉はオークショットの「理性的な意志（Rational Will）」に対応するだろう。

（35）M. J. Oakeshott, ibid., p.60.

（36）「不幸にしていかなる状況証拠も、ルソーが読んだホッブズの著作が何か、いかなる版で読んだか、を確実に決定することを我々に許さない」（RS, 103）。

（37）「社会の確立以前にある人間に、その確立以後にのみ生まれるもの、互いに攻撃し守るための動機を見出さしめるものを付与していることを自覚していない」(EP, 235)。ホッブズの自然状態に対するモンテスキューのこの批判をルソーは知っていた。『人間不平等起源論』はモンテスキューに言及している。「人間が生まれつき大胆で、攻撃し戦うことだけに努める、とホッブズは主張する。或る著名な哲学者はそれと反対に考えている」(OC3, 136)。しかしホッブズの自然状態は次のように解釈されうる。「ホッブズの自然状態は、すべての法と契約の実施(つまり現在の不完全な実施さえ)が取り除かれたと仮定した場合、現在のあるがままの人間、文明社会のうちに生き文明人の欲望をもっている人間が導かれるだろう行動の記述である」(C. G. Macpherson, *The Political Theory of Possesive Individualism: Hobbes to Locke*, Clarendon, 1964, p.22)。

(38)　ホッブズは「主権は分割できない」と主張する。『リヴァイアサン』第十八章は主権者の権利を十二も挙げ、次のように言っている。「これらが主権の本質をなす権利であり、それによっていかなる一個人あるいは合議体に主権が置かれ存するかを見分ける特徴である。何故ならこれらは分かち合うことができず、分割できないからである」(LE, 127)。「明らかにそして直接的にコモンウェルスの本質に反する第六の学説がある。それは主権が分割されうるという学説である。何故ならコモンウェルスの権力を分割することは、それを解体すること以外の何であろうか。というのも分割された権力は相互に破壊しあうからである」(LE, 225)。「主権は分割できない」という点においてもホッブズとルソーは同じように見える。しかしドラテは両者の主権概念を次のように対比している。「(ホッブズにとって)主権の統一は、諸部分が『離れがたく』結びついて相互に独立に存在しえない一つの全体の統一である。ルソーにとって主権は一なるものである、何故なら主権は単一だからである……」(RS, 292)。ドラテの対比は正しいが、「主権は単一で一つであり、それを破壊することなしに分割できない」(OC3, 427)というルソーの主張は、主権の他の基本性格と同様に、意志の本質から導かれる(第八節五)。それ故ルソーにとって「コモンウェルスの権力を分割することは、それを解体すること」になるのは、「分割された権力は相互に破壊しあう」からではない。

(39)　ルソーはホッブズのうちに真理を見ていた。「ホッブズの政治学を嫌悪すべきものにしたのは、彼の政治学のうちにある恐ろしいものと誤ったものであるより、むしろそこにある正しいものと真であるものである」(OC3, 463)。それ故ドラテの理解は正しいだろう。「ルソーの初期の著作において優勢なのはロックの影響であるが、しかしその影響は後に弱まり、ホッブズの影響と代わる。自然法と政治法の問題を一層深めるに従って、ルソーは次第にホッブズの原理を評価する」(RS, 108, note 3)。「ホッブズの敵であった後に、ルソーが次第にホッブズの弟子になったことを認めるために、『社会契約論』と『人間不平等起源論』を比較することで十分である」(RS, 338)。契約論におけるロックとルソーとの対比については、cf. C. E. Vaughan, *The Political Writings of Jean Jaques Rousseau*, vol. I, pp.47-54.

（40）『自然学』第二巻第二章（194a21）、第八章（199a15）、『気象論』第四巻第三章（381b6）。竹内敏雄『アリストテレスの藝術理論』（弘文堂、一九七六年）六〇頁参照。

（41）「ホッブズを例外として、自然法学派の思想家はすべて、主権者の権威が自然法の権威に従属することを認める」（RS, 321）。

（42）「主権者は彼自身が神の臣民であり、従って自然法を遵守する義務があることを別にすれば、いかなるものに対しても権利を決して欠いていない」（LE, 148）。「主権者がすべて自然法に服することは真である。何故ならそのような法は神的であり、いかなる人間によっても、あるいはコモンウェルスによっても破棄されえないからである。しかし主権者自身つまりコモンウェルスがつくった法に主権者は服さない。何故なら法に服することはコモンウェルスに服すること、つまり主権的な代表者に、つまり自分自身に服することであり、それは服従でなく、法からの自由だからである」（LE, 224）。

（43）ホッブズは『リヴァイアサン』第一部「人間について」と第二部「コモンウェルスについて」に関して、第三部の冒頭ではっきり書いている。「これまで私は主権の権利と臣民の義務を自然の原理のみから導出した」（LE, 255）。

（44）『ジュネーヴ草稿』第一編第一章「この著作の主題」は国家と機械との類比を明確に語っている。「私は社会体のスプリングと部分を記述し、それらをその位置に配列する。私は機械を動く状態に置く。より賢明な別の人たちがこの機械の運動を調整するだろう」（OC3, 282, cf. OC3, 296-297）。Cf. R. D. Masters, *The Political Philosophy of Rousseau*, pp.260-261, pp.286-287; RS, 410-413; OC3, LXXIV.

# 第三章　孤独な散歩者

「とうとう私は地上で一人になってしまった、もはや自分自身の他に兄弟も隣人も友人も仲間もいない。人間のうちで最も社交的で最も優しい者が全員一致の取り決めによって締め出されてしまった。……しかし彼らとすべてから切り離された私、この私自身とは何か。これが私に探究すべく残されている」(OC1, 995)。

ルソーの最後の著作『孤独な散歩者の夢想』はこのように始まっている。この書における「私自身とは何か」という自己探究は、『告白』から始まる「私を語る」という歩みの終わりに位置している(第十節)。孤独な散歩者はもはや地上にいかなる秩序も見出すことができない。孤独な散歩者にとって残された秩序は、「自然の秩序」(第五節)でも「国家の秩序」(第八節)でもなく、「神の秩序」である(第十一節)。「とうとう私は地上で一人になってしまった」と語る孤独な散歩者は、他の人々との関わりからなる「地上の幸福」を享受することがもはやできない。しかし孤独な散歩者に固有な幸福がある。幸福を求める純化の思想家ルソーは、人間と市民の幸福とは異なった幸福に達するのである(第九節)。

孤独な散歩者という第三の理念型を解明する第三章「孤独な散歩者」は三つの節に分かれる。

## 第十節　私を語る

「私は決して例がなかったし、その実施の模倣者もないだろう一つの企てを行う。私は自分の同胞に自然の完全に真実の姿で一人の人間を示したい。そしてその人間とは私である」(OC1, 5)。

『告白』第一巻の冒頭でルソーはこのように書いている。『告白』から『孤独な散歩者の夢想』へ至る歩みは、私という一人の人間をその真実の姿で示すこと、「私を語る」こととして捉えることができる。しかしルソーにおいて私を語ることは『告白』で初めて開始されたわけではない。ルソーの思想そのものが「私を語る」ことから生まれたのである。

### 一　思想を語ることから私を語ることへ

ヴァンセンヌの霊感（一七四九年）から始まったルソーの思想活動は、「私の最も価値ある最良の書物」(OC1, 568) である『エミール』（一七六二年）において頂点に達する。ルソーにとって『エミール』は「私の最後で最良の作品」(OC1, 566) であった。最後の作品と言われているのは、彼の思想のすべてを語り終えた、とルソーが考えたからである。『対話』においてフランス人は言う。

「……それ故総合の道を辿るために最後の著作から始めねばなりません。それで私はまず著者が最後に出した『エミール』に専念したのです。その後に彼が出版した二つの他の著作はもはや彼の体系の一部をなさず、彼の祖国と彼の名誉を個人的に守るためのものにすぎません」(OC1, 933)。

ここでも『エミール』は最後の著作とされ、その後に書かれた「二つの他の著作」(『ボーモン氏への手紙』と『山からの手紙』)は「彼の体系の一部をなさず、彼の祖国と彼の名誉を個人的に守るためのもの」とされる。そしてこのように書いている『対話』自身もまた同じ意味でルソーの体系に属さないだろう。『エミール』と『社会契約論』において完成するルソー思想の体系は「矛盾していない緊密な一つの体系を形作るもの」(OC1, 930) である。このことを本書の第一章と第二章は証明した。ルソー思想を体系として考えるかぎり、これで終わってもいいのだが、本書はルソー思想を全体として捉えることを課題としている。それ故彼の思想体系に属さない著作をも視野に入れなければならない。

『エミール』以後にルソーが書いた著作を考えてみよう。『ボーモン氏への手紙』(一七六三年)と『山からの手紙』(一七六四年)そして『対話』(一七七二―一七七五年)は、「彼の祖国と彼の名誉を個人的に守るためのもの」、自己弁護の書と見ることができる。『コルシカ憲法草案』(一七六五年)、『ポーランド統治論』(一七七二年)は、依頼されて書かれたものであり、『社会契約論』の思想圏に、つまりルソー思想の体系に属する。『音楽辞典』(一七六七年)については、『告白』において次のように語られている。「これは単純労働の仕事であり、いつでもすることができ、金銭の収入のみを目的としていた。集計された私の他の資金がこの収入を必要とするか余計なものとするかに応じて、その仕事を止めるか、気楽に仕上げるかを私は保留した」(OC1, 516)。以上の著作はその執筆動機を外部(ルソーに対する攻撃、依頼、金銭の収入)にもっている。『エミール』以後の著作のなかで『告白』と『孤独な散歩者の夢想』だけは、その執筆動機がルソー自身のうちにある。『告白』の最初の執筆動機は次のように語られている。

「ペンを捨てたとき作家が陥ると言われている倦怠を隠退したとき予防するために、私は一つの仕事を取っておいた。それは私の孤独の空虚さを満たすことができるが、私の存命中にさらに印刷させる気はなかった」(OC1,

516)。

『告白』の執筆の動機は「ペンを捨てたとき作家が陥ると言われている倦怠を隠退したとき予防するために、私は一つの仕事を取っておいた」ことにある。ルソーは『エミール』執筆によって彼の思想体系をすべて語り終えたと考えた。その意味で「ペンを捨てた作家」に残された仕事は、その思想を語った者を語ることである。思想を語り終えた思想家に何か語るものが残されているとすれば、思想を語った者自身（私）を語ることだけである。ルソーは「思想を語ることから私を語ることへ」と歩むのである。

語ることとは「何かのために何かを何かとして誰かに語る」。「思想を語ることから私を語ることへ」は「何かを語る」という契機に即してその変容（思想から私へ）を表現している。では他の契機はいかなる変容をするのか。

まず「何かのために」であるが、ルソーは「私の同胞の幸福のためにだけペンを取ったことに満足し、私の献身的な熱意の代価として、私の隠れ家において安らかに死なせてくれることと私に害を加えないことだけを、私は同胞に願った」（OC4, 929）と語っている。「同胞の幸福のために」という契機は、幸福になるための唯一可能な二つの道を提示した『エミール』と『社会契約論』においてはっきり示されている。それに対して『告白』の執筆動機は「倦怠を隠れ家において予防するために」、「私の孤独の空虚さを満たす」ために、つまり「自分の幸福のために」である。

「私の存命中にさらに印刷させる気はなかった」という言葉は、それまでの著作のように同時代の同胞に語るのでなく、未来の読者に語ることを示している。しかし『孤独な散歩者の夢想』においてはさらに未来の読者も消え去り、ルソーに読者として残るのはルソー自身である。ルソーにとって私を私に語ることだけが残されている。「それを読むことは、それを書くとき味わった楽しさを私に思い出させるだろうし、過ぎ去った時をそのように私に蘇らせることによって、いわば私の存在を二重化するだろう」（OC1, 1001）。

「同胞の幸福のためにルソー思想（真の幸福への道として）を同胞に語ること」は「自分の幸福のために私を私に

語ること」へと変容する。ではこの変容において私は「何として」語られるのか。『エミール』執筆後に、ルソー自身を素直に語った『マルゼルブへの手紙』（一七六二年一月）に定位しよう[1]。

## 二　善良な者として

「私は素直に遠慮なしに私を描くでしょう。私は私が見る通りの私を、あるがままの私をあなたに示すでしょう」（OC1, 1133）。

『マルゼルブへの手紙』の第一の手紙においてルソーはこのように書いている。「私が見る通りの私を、あるがままの私をあなたに示す」という言葉は、「自然の完全に真実の姿で一人の人間を示したい」という『告白』第一巻の冒頭の言葉を想起させるだろう。何故ルソーがこのような企図をもつかは、第二の手紙の冒頭の言葉が語っている。

「私は始めてしまったから、あなたに私のことを報告します。何故なら私にとって最も都合の悪いことは、中途半端に知られることだからです」（OC1, 1134）。

ここで「中途半端に知られる」という言葉に注意しよう。ルソーの立場は「すべてか無か」であり、中途半端は無にすぎない。そこにルソー思想を可能にした純化の力を見ることができる（第一節五）。「決して例がなかったし、その実施の模倣者もないだろう一つの企て」と言われる『告白』をルソーが書きえたのは、中途半端を拒否する、この同じ純化の力によってである。『マルゼルブへの手紙』と『告白』における「私を語る」ことにおいて、純化の力が働いている。ではいかなる者として私は語られるのか。『マルゼルブへの手紙』の第一の手紙は次の言葉で終わっている。

「至高の神への希望をもって、そして私の人生において知ったすべての人間のうちで誰も私以上に善良な者はいなかったと強く確信して、私は死ぬでしょう」（OC1, 1133）。

この言葉も『告白』へ導く。「最後の審判のラッパがいつでも鳴るがいい。私はこの書物を手にして最高の審判者の前に出ていくだろう。……彼ら各人がそれぞれあなたの玉座の足もとで同じ誠実さをもって彼の心を見せるがいい。そして一人でも敢えて言えるなら、『私はこの男より善良だった』とあなたに言ってみるがいい」(OC1, 5)。『告白』のこの表現も「誰も私以上に善良な者はいなかった」という確信、「私は最も善良な者である」というルソーの確信を言い表わしている。『告白』がルソーを最も善良な人間として描く意図をもっていたことは、「自分を人間のなかで最も善良だとつねに信じてきたし、今でも信じている私」(OC1, 517) という『告白』第十巻の言葉からも明らかである。

ここで問題なのは、現実のルソーが実際に善良であったかどうかではない。「私は私の同胞に自然の完全に真実の姿で一人の人間を示したい」(OC1, 5) と言われるその「真実 (真理)」のうちに、事実的・歴史的な正しさを見るのでなく、純化の力によって描かれた人間の一つの型を見たいのである。ルソーは純化の思想家として「私を語る」ことにおいて、自分自身を善良な人間として描くが、その意味と射程を捉えることが問題である。『マルゼルブへの手紙』は次のように書いている。

「私が身を置いた状態は人間が善良で幸福に生きられる唯一の状態であることは、もう経験によって私に証明されています。何故ならそれはすべてのものから最も独立した状態であり、自分自身の利益のために他人を害する必要が決してない唯一の状態だからです」(OC1, 1137)。

「私が身を置いた状態」とは孤独の状態であるから、孤独の状態においてのみ「人間が善良で幸福に生きられる」。このことは「自然は人間を幸福で善良なものにつくったが、社会が人間を堕落させ惨めにする」というルソー思想の大原理を想起させる。「社会が人間を堕落させ惨めにする」が、社会から切り離された孤独の状態において「自然は人間を幸福で善良なものにつくった」ままの状態が可能だろう。しかし孤独な状態のうちで生きることは、社会(一般社会、特殊社会)のうちで生きる人間・市民と鋭く対立する。「社会と孤独」の鋭い対比によって、孤独の状態にある者は人間と市民という二つの理念型と異なった新たな第三の理念型を示しているだろう(三)。しかしこの第三の理念型はルソー思想の大原理の根底に潜んでいる(四)。そしてルソーは「私は最も善良な者である」と語ることによって、神の前に立つのである(五)。

## 三　第三の理念型としての孤独な散歩者

「私は孤独に対する生来の愛をもって生まれました。それは人間を一層よく知るにつれて増大するばかりでした。私は世間のうちで出会う人々とよりも、自分のまわりに集めた架空の存在との方がより益になるし、私の想像が私の隠れ家において作りだす交わりは、私が捨てたすべての交わりを嫌悪させてしまったのです」(OC1, 1131)。『マルゼルブへの手紙』においてルソーは「孤独に対する生来の愛」を語っている。このことは「人間と市民が社会のうちで生きる」ことと対照的である。そして「私の想像が私の隠れ家において作りだす交わり」とは「自分のまわりに集めた架空の存在」との交わりであり、「夢想」を意味する。『マルゼルブへの手紙』は「私の夢想(mes rêveries)」(OC1, 1140)という言葉を使っているが、孤独のうちでの夢想について『マルゼルブへの手紙』(第三の手紙)は書いている。

「私が私の夢想のうちで(dans mes rêves)たいていの場合最も喜んで思い出すのはいかなる時代であるとあなたは思いますか。……それは私の隠れ家での喜び、私の孤独な散歩での喜びです」(OC1, 1139)。

「夢想(rêveries)」と「孤独な散歩(promenades solitaires)」という言葉は、『孤独な散歩者の夢想(Les Rêveries du Promeneur solitaire)』へ導くだろう。『マルゼルブへの手紙』は『孤独な散歩者の夢想』と直接につながっているのである。孤独な者が語るとしたら、それは「私のみに語る」ことでしかなく、私のみに語ることは夢想することである。このように孤独のうちで夢想する者は、人間と市民という理念型とは異なる人間のあり方である。このあり方を一つの理念型として捉え、この理念型を「孤独な散歩者」と名づけることができる。

「誰も私以上に善良な者はいなかったと強く確信して、私は死ぬでしょう」(OC1, 1133)という『マルゼルブへの手紙』の言葉に、「感じやすく、善良なものとして生まれた (Né sensible et bon)」(OC1, 1053) という『孤独な散歩者の夢想』の言葉が対応している。さらに「感じやすく、善良なものとして生まれた」という言葉は「私は孤独に対する生来の愛をもって生まれました」(OC1, 1131) という『マルゼルブへの手紙』の言葉を想起させる。ルソーが「善良なものとして生まれ、孤独に対する生来の愛をもって生まれた」とすれば、孤独の状態においてのみ「人間は善良で幸福に生きられる」とされる孤独な散歩者は、ルソーの本性的なあり方を示している。第三の理念型はルソー自身のあり方を純化したことから生まれた。ルソーは「私を語る」ことによって、人間と市民と異なった「孤独な散歩者」という理念型を創造したのである。

孤独な散歩者という理念型は、「孤独と社会」という対比によって人間と市民という二つの理念型と峻別される。しかしさらに「善良さと徳」という対比によって区別される。孤独な散歩者は孤独のうちで社会から切り離され、それ故に善良なままである。[2] しかし社会化こそが人間と市民を有徳な者にするのだから、孤独な散歩者と人間・市民の対比は善良さと徳の対比として現われるだろう。『孤独な散歩者の夢想』はこの対比をはっきり語っている。「自分の性向に従うこと、性向の通りに善を行う喜びを感じることのうちに徳はない。徳は、義務が命じたとき、それが我々に命じたことを行うために、性向に打ち勝つことに存する。そしてこれこそ世間の誰よりも私がなしえなかったことである」(OC1, 1052-1053)。

ここで「善良さと徳」が対比されている。善良な者は自分の性向に従って善を行うが、しかしそこに徳はない。徳は自然的性向との戦いであり、自然的性向を克服する力である。[3]「徳という言葉は力を意味する。戦いなしに徳はないし、勝利のない徳はない。徳は単に正しいことのうちに存するのでなく、自分の情念に勝ち、自分自身の心を支配することによって正しいことのうちに存する」(OC4, 1143)。[4] 徳という力によって法が命じる義務を果たすことができる。孤独な散歩者と人間・市民は「善良さと徳」という対比のもとにある。さらにこのことは自由における対比をも含んでいる。有徳な者（人間と市民）は法（自然法と国家法）に従うことにおいて自由である。有徳でない孤独な散歩者はこの意味において自由と言えないが、それ独自の自由を語ることができる。『孤独な散歩者の夢想』は書いている。

「人間の自由は欲することを行うことに存する、と私が信じたことは決してない。そうでなく人間の自由は欲しないことを決して行わないことにまさに存する。そしてこれこそ私がつねに求め、多くの場合保持した自由であり、それによって私は同時代人にとっておおいに非難の的になったのである」（OC1, 1059）。

ここで「欲することを行う」と「欲しないことを決して行わない」とが対比されている。「欲することを行う」ことは、有徳な者として法に従って義務を果たすという積極的・能動的な自由を意味するだろう。それに対置された「欲しないことを決して行わない」ことは、自分の性向に反したことを行わないこと、つまり自分の性向にのみ従って行為することである。孤独な散歩者は善良であるから、その性向に従ったとしても、悪をなさないだろう。しかしそれは徳による善でなく、功績ではない[5]。

性向に従うこととしての自由は、性向と戦うのでなく、「義務と性向との間に見出される矛盾」（OC3, 510）に心を引き裂かれることがない。このように引き裂かれず一つであることは、幸福なことである。それ故、性向に全面的に従うことは幸福であることを意味する。『マルゼルブへの手紙』は書いている。「一言で言えば、私に必要な種類の幸福は、私が欲することを行うよりも、私が欲しないことを行わないことである。能動的な生活は私の心をひくものをもたない。私は私の意に反して何かを行うよりもむしろ決して何もしないことに何度でも同意するでしょう」（OC1, 1132）。

孤独な散歩者と人間・市民という理念型の対比は、「孤独と社会」、「善良さと徳」、さらに自由と幸福という視点に即して見ることができる。ルソーは「私を語る」ことによって、孤独な散歩者という第三の理念型を示している。しかしルソーが彼の思想として提示したのは人間と市民という理念型である。「善良なものとして生まれ、孤独に対する生来の愛をもって生まれた」にもかかわらず、何故ルソーはそれと対比的な人間・市民という理念型を提示できたのか。『対話』における対話者ルソーはジャン＝ジャックについて次のように語っている。

「この人間は有徳でないでしょう。何故なら彼は弱く、徳は強い魂だけに属するからです。しかし彼が到達できないこの徳を、誰が彼以上に崇拝し、深く愛し、崇めるでしょうか。誰が彼以上に生き生きとした想像力をもって徳の神聖な像をよりよく描くでしょうか……」（OC1, 824）。ルソー自身は有徳になりえない者であるが故に、「生き生きとした想像力をもって徳の神聖な像をよりよく描く」のである。「性向と徳」との対比において、ルソーは「極端から極端へ」という彼に独特な思考方法に従う。つまりルソーが一方の性向という極端（純粋型）にいるが故にこそ、他の極端（純粋型）である徳を純粋な姿で描くことができる。『エミール』と『社会契約論』はそれぞれ、有徳な人間と有徳な市民という二つの理念型を描いたのである。

第三の理念型である孤独な散歩者と「人間・市民」という二つの理念型との対比は、「孤独と社会」「善良さと徳」の対比として押さえることができる。しかし第三の理念型は単に「人間・市民」の理念型に対比されるだけでなく、この二つの理念型を生み出したルソー思想の大原理そのものに関わっている。「私を語る」ことにおいて剔出された善良さは自然人という理念型を発見させたのであり、「自然は人間を幸福で善良なものにつくった」という人間の自然的善性の思想を生み出した。純化の思想家ルソーは自らの善良さを純化し、彼の思想の根底に置いたのである。

## 四　自然人

孤独の状態が「人間が善良で幸福に生きられる唯一の状態」であるという言葉は、「自然は人間を幸福で善良なものにつくったが、社会が人間を堕落させ惨めにする」というルソー思想の大原理へ導いた(二)。「自然は人間を幸福で善良なものにつくった」の典型は、ルソーにおいて自然状態における自然人である。善良なものとして生まれ、孤独に対する生来の愛をもって生まれたルソーは、自分自身を描く（私を語る）ことによって自然人という理念型を創造した。実際『対話』においてフランス人はジャン＝ジャック・ルソーについて次のように語っている。

「今日このように歪曲され中傷されている自然の画家・弁明者は、彼自身の心からでないとしたら、どこからそのモデルを剔出したのでしょうか。彼は自分自身を感じている通りに、自然を描写したのです。……隠れた孤独な生活、夢想と観照への生き生きした好み、自分のうちに引きこもり、多数の人において消え去ったこの最初の特徴を情念の平静さのうちで探究する習慣、こうしたことだけが彼に再び見出させたのです。一言で言えば、原初的な人間をこのように我々に示すために一人の人間が自分自身を描くことが必要だったのであり、もし著者が彼の本と同じように特異でなかったとすれば、彼は決して本を書かなかったでしょう。しかし真に人間の生を生き、他人の意見を何とも思わずにひたすら彼の性向と理性に従って行動し、公衆が称賛するか非難するかを顧慮しない、この自然人はどこにいるのでしょうか」（OC1, 936）。

ルソーは「自分自身を描く」ことによって、つまり「私を語る」ことによって自然人という理念型を創造した。対話者ルソーは語っている。「私が知っているすべての人間のうちで、その性格が最も完全に彼の気質のみに由来する者はジャン＝ジャックです。彼は自然がつくったままです。つまり教育はほんの少ししか彼を変えなかったのです」（OC1, 799）。この「自然がつくったまま」の自分自身を描くことによって、自然人という理念型が可能となり、「自然は人間を幸福で善良なものにつくった」という思想へとルソーを導いたのである。自然状態における自然人を構想することによって「自然は人間を幸福で善良なものにつくった」という原理が鮮明になり、それと対比的に「社会が人間を堕落させ惨めにする」が明確となる。この大原理を可能にしたのは、「私を語る」ことに働いている純化の力であり、それによって「神の意志がつくったものと人間の人為がつくろうと意図したもの」（OC3, 127）の区別が可能となる。そして大原理のもとで自然と脱自然という二つの道が構想可能となった。「私を語る」ことがルソー思想の展開の根底にある。

ルソーの自然人（自然状態における自然人）は孤独な散歩者という理念型に従って描かれた。孤独な散歩者ルソーは自然人である。しかし自然人ルソーは自然状態における自然人そのままであるわけでない。さらに『エミール』がつくる人間も自然人と言われる。つまり自然人という言葉は、三つの意味（『エミール』がつくる自然人、自然状態における自然人、孤独な散歩者としての自然人ルソー）において語られるが、それらの意味を区別しなければならない。[6]『エミール』がつくる自然人は人間同士の関係であるモラルな秩序のうちで生きる自然人、社会のうちで生きる自然人である。その社会性に対して、自然状態における自然人と孤独な散歩者は人間関係から切り離された孤独のうちに生きている。しかし孤独な散歩者としての自然人は「彼の性向と理性に従って行動する自然人」（OC1, 936）、「理性によって照明された自然人」（OC1, 864）であって、自然状態において理性を欠いた自然人ではない。理性をもつという点において、孤独な散歩者は『エミール』の人間と共通である。しかし人間・孤独な散歩者・自然状態の自然人は、「自然―脱自然」という対比において市民から区別される。

「人間・市民」と「孤独な散歩者・自然状態の自然人」との対比を考えよう。『エミール』において自然状態は、人間への依存に対して事物への依存として描かれている。「事物への依存はいかなる精神性ももっていないので、自由を損なわず、悪徳を生み出すこともない」（OC4, 311）。これは自然状態の自然人の記述であるが（第四節六）、孤独な散歩者にもそのまま妥当する（cf. OC1, 824）。自然人が事物への依存にとどまり、人間への依存に陥らないのは、他の人間との関係のうちに入らないからである。同様に孤独な散歩者は社会から離れた孤独のうちにあるから、人間への依存から自由である。そして孤独な散歩者が悪を生み出すことがないのは、善なる性向に従うという意味で自由だからである。「この人間は有徳でないでしょう。何故なら彼は彼の性向に打ち勝たないでしょうから。しかし性向に従うことによって彼は、徳のみに聴き従う者が自分の性向を克服することによってなすことに反するような何ものもしないでしょう」（OC1, 864）。孤独な散歩者は「悪徳を生み出すこともない」。しかし自分の性向に従うことのうちには、精神性が欠けている。精神性は「法（自然法・国家法）に従うこととしての精神的自由」

のうちに、徳としての自由のうちにある。法に従うとは、法が命ずる義務を果たすことであるが、しかし孤独な散歩者は自分の性向に従うのであって、法に従うのでない。この意味で孤独な散歩者は精神的自由をもたない、つまり精神性を欠いている。孤独な散歩者は、自然法に従う『エミール』の人間とは区別されねばならない。

「私を語る」ことは、『告白』や『孤独な散歩者の夢想』において初めてなされたのでなく、自然人の構想と大原理の発見を可能にした。大原理は『エミール』において「万物の創造者の手で作られたばかりのときにはすべてが良い。人間の手のもとではすべてが変質する」と表現されていた（第二節一）。「万物の創造者」＝神という視点から「私を語る」ことに光を当てよう。

## 五　神に向かって語る

「最後の審判のラッパがいつでも鳴るがいい。私はこの書物を手にして最高の審判者の前に出ていくだろう」(OC1, 5)。

このように『告白』第一巻の最初の頁に書かれている。『告白』は最高の審判者である神の前に差し出すべき著書である。もともと告白は神に向かって語ることである。アウグスティヌス『告白』第一巻第六章は書いている。「どうか、しかし、あなたのあわれみのもとで、語ることを許したまえ。地と灰とにすぎない私ではありますが、どうか語ることを許したまえ。私が語ろうとしているのは、あわれみ深いあなたにむかってであって、私を嘲笑する人間にむかってではありません(7)」。

「告白」(confession, confessio) の意味から考えてみよう。「コンフェシオは、コンフィテーリ confiteri という動詞に由来する名詞である。コンフィテーリは、一語のうちに二つの意味を含んでいる。／1　ことがらを、あるがままにみとめる。／2　みとめたことを、ことばによっていいあらわす。／それゆえ、コンフィテーリするとは、『ことがらをあるがままにみとめ、みとめたことをことばによっていいあらわす』ということである(8)」。この告白の伝統のうちにルソー『告白』が立っていることは、「私は自分の同胞に自然の完全に真実の姿で一人の人間を示したい。そしてこの人間とは私である」（OC1, 5）という言葉がはっきり示している。しかし「自分の同胞に」という言葉に注意しよう。この言葉は「自分の同胞」を想定して、同胞に向けて書かれていることを意味している。確かに最初『告白』は生きている間に出版される予定ではなかった。実際は生前に出版されたが、しかしここでのポイントは「生前に出版するか、出版しないか」でなく、ともかく『告白』は出版されるものとして執筆されたことである。それに対して『孤独な散歩者の夢想』の執筆意図は異なっている。

「慰めも希望も平和も私のうちにしか見出さないのだから、私は余生を一人だけになって、もはや私以外のことに携わるべきでないし、携わりたくもない。こうした状態において、かつて私の『告白』と呼んだ厳しい誠実な検討の続きをまた始める。私は私自身を研究し、間もなくするだろう私についての報告を予め準備することに、私の晩年を捧げる。自分の魂と語り合う喜びに浸りきることにしよう。何故ならこの喜びは人々が私から奪うことのできない唯一のものだからである」（OC1, 999）。

『孤独な散歩者の夢想』は「かつて私の『告白』と呼んだ厳しい誠実な検討の続き」とされているから、この著書は『告白』と同じ性質をもっている。ルソーは『告白』という「この書物を手にして最高の審判者の前に出ていく」と言っているのだから、『告白』は神に向かって語られている。そして『孤独な散歩者の夢想』もまた「間もなくするだろう私についての報告を予め準備する」ために書かれているから、『告白』と同様に神に向かって語られている。

しかし『孤独な散歩者の夢想』は孤独な散歩者としてのルソーを「自分の同胞」に示すことを意図していない。私から奪うことのできない唯一の喜びである「自分の魂と語り合う喜び」のうちに、もはや同胞に対して自分を示すという意図はない。孤独な散歩者は同胞との関係を絶ち切った者であり、「孤独」という言葉は同胞に自分を示すという意図のないことをはっきり表現している。それは「同胞に示す」という契機が完全に消え去ることによって、「間もなくするだろう私についての報告」として神にのみ向けられた告白、真の意味での告白である。孤独な散歩者がする告白こそ、『告白』より純化された告白である。本来告白はただ神に向かってされるべきものであって、人間という同胞に対してなされるものではない。「私が語ろうとしているのは、あわれみ深いあなたにむかってであって、私を嘲笑する人間にむかってではありません」と、孤独な散歩者はアウグスティヌスと同じように言うことができる。

『告白』と『対話』が書かれた隠遁生活は、確かに同胞と離れての生活であったが、同胞への訴えという形で結びついていた。この繋がりを完全に断念することのうちで『孤独な散歩者の夢想』が書かれる。この孤独は強いられた孤独であるが、しかし同胞との繋がりを絶つことは地上の事柄から自分を純化することである。『孤独な散歩者の夢想』は人間に向かってでなく、神のみに向かって語る純粋な告白である。ここに純化の思想家ルソーの姿を見ることができるだろう。

以上の考察は『孤独な散歩者の夢想』の独自性を際立たせるためになされたが、「神に向かって語る」という契機は『告白』から始まる著作群にのみ見出されるだけではない。この契機は『エミール』にも指摘することができる。『山からの手紙』(第一の手紙)は『エミール』について次のように書いている。「ああ、いかにして私はこの作品を弁護する決心がつくだろうか。私はこの作品によって私の全生涯の過ちを消し去ると信じているのに。私は私がなした悪をこの作品が私にもたらした悪によって償うのに。私はいつの日か至高の審判者に『寛大さをもって期待しているのに』(OC3, 697)。『エミール』に対するこの考えは、「私はこの書物を手にして最高の審判者の前に出ていくだろう」(OC1, 5)と言われる『告白』に対するのと同じである。ルソーはつねに神に向かって著作を書いていた。彼の著作の背景に神がいる。このことは「神」がルソー思想の鍵概念であることを示している。

「私を語る」という視点に定位して、『エミール』以後の著作を検討したが、この考察はルソー思想の大原理（二）と幸福と自由という鍵概念（三）、そして最後に神という鍵概念（五）へと導いた。改めて神という視点から、ルソー思想の全体に光を当ててよう。それによって孤独な散歩者という理念型の意味が明らかとなるだろう。それは秩序という鍵概念に定位することであり、それが「神の秩序」をテーマとする第十一節の課題である。

## 第十一節　神の秩序

「神は汝に何になれと命じているのか、そして汝は人間世界のなかでいかなる位置を占めているのか、を学べ」(OC3, 127)。

『人間不平等起源論』の序文はペルシウス『風刺詩』第三編からのこの引用で閉じられている。ルソーは古典からの引用によって彼の著作の核心的な思想を言い表わすことを常とした。[1] それ故この引用は極めて重要なはずである。これはいかなる基本思想を表現しているのか。「神は汝に何になれと命じているのか」という問いは神の意志を問う。そして「汝は人間世界のなかでいかなる位置を占めているのか」は秩序のうちでの人間の位置を問うている。ここにルソー思想の鍵概念である「神」と「秩序」を、つまり「神の秩序」を読み取ることができる。神の秩序という思想は、『人間不平等起源論』だけでなく、人間・市民・孤独な散歩者という三つの理念型にも通底しているだろう。それは「神は義しい」という神義論（神の正義＝秩序）に関わる。神の秩序をその原理とするルソー思想は神義論という視点から見られねばならない。[2] まず『人間不平等起源論』から始めることにしよう。

### 一　神義論としてのルソー思想

「人間とその自然的能力とその能力の継起的発展の真剣な研究なしには、こうした区別をし、事物の現在の構造のうちで、神の意志がつくったものと人間の人為がつくろうと意図したものを分離することに決して成功しないだろう。それ故私の検討する重要な問題が要求する政治的および倫理的な探究は、とにかく役に立ち、政府の仮説的な歴史は人間にとってすべての点で有益な教訓である。我々自身だけで見捨てられていたら我々はどうなっていただろうかを考察することによって、我々は慈悲深い手をもつ者を祝福することを学ばねばならない。その慈悲深い手は我々の制度を改めそれに揺るぎない基礎を与えることによって、制度から生じるにちがいない無秩序を防ぎ、我々をさんざん惨めにするにちがいないと思われた手段から我々の幸福を生み出したのである。／神は汝に何になれと命じているのか、そして汝は人間世界のなかでいかなる位置を占めているのか、を学べ」（OC3, 127）。

『人間不平等起源論』の序文はこのように終わっている。前半部はすでに考察したが（第九節八）、改めて神義論という視点から考えてみよう。「人間とその自然的能力とその能力の継起的発展」を研究することによって、「人間の構造のうちで起こった変化、人間がなした進歩、人間が得た知識」が人間を堕落させたことが分かるだろう。「政府の仮説的な歴史」を叙述する『人間不平等起源論』は、このことを証明する試みである。それは神義論といかなる関係にあるのか。

神の正義（神は義しい）を証明する試みである神義論は、万物の創造者である神の全能と現実世界のうちにある悪の存在から出発する。神がすべてを創造したとすれば、悪もまた神に由来することになる。しかしこのことは神の正義に反する。全能の神が義しいとすれば、神が創造した世界のうちに悪が存在することなどありえないだろう。ルソーはこの問題を人間の悪から考察する。『人間不平等起源論』の註XIは次のように言っている。

「人間は悪である。悲しい絶え間ない経験は証拠を不必要としている。それにもかかわらず人間は生まれつき善良であり、そのことを証明したと私は信じている。それではこれほどまでに人間を堕落させえたのは、人間の構造のうちで起こった変化、人間がなした進歩、人間が得た知識でないとしたら、それは何なのか」（OC3, 202）。

ここでルソーは「人間は悪である」と「人間は生まれつき善良である」という見かけ上矛盾する問題に言及して

いる。この矛盾に正面から取り組むことがルソーの思想の原動力である。『ボーモン氏への手紙』は書いている。「私はその原因を我々の社会秩序のうちに見出した。この社会秩序は破壊できない自然にあらゆる点で反し、絶えず自然を圧制し、絶えず自然にその権利を要求させる。私はこの矛盾をその帰結において追跡し、この矛盾のみが人間のすべての悪徳と社会のすべての悪を説明することが分かった」(OC4, 966-967)。『人間不平等起源論』はこのことを、「人間の構造のうちで起こった変化、人間がなした進歩、人間が得た知識」が人間を堕落させた、と表現している。この世界に存在する悪はすべて人間に由来する。ここに読み取れるのは、「万物の創造者の手で作られたばかりのときにはすべてが良い(人間は生まれつき善良である)。人間の手のもとではすべてが変質する(人間は悪である)」というテーゼである。

確かにこのテーゼによって、「人間のすべての悪徳と社会のすべての悪」が神に直接由来するのでない、と語ることはできる。しかし悪を生じさせる人間を創造したのは神であり、神は万能だからそうした悪を阻止できただろう。「神が全能であるにもかかわらず、この世に悪が存在するのは何故か」、「全能の神がこの世の悪を放置しているとすれば、神は義しいのか」という神義論の問いは、結局答えられないままになるだろう。

ここで本節の冒頭にも引用したペルシウスの言葉「神は汝に何になれと命じているのか、そして汝は人間世界のなかでいかなる位置を占めているのか、を学べ」(OC3, 127)に着目しよう。神の秩序への問いがルソー思想の根底にあるとすれば、この言葉に対する応答として『エミール』と『社会契約論』を解釈することができるだろう。『エミール』においてサヴォアの助任司祭は次のように語っている。「……神が私を置いた位置に満足している私は、神のほかに私の種より良いものを見ない。そして存在の秩序のうちに私の位置を選ばねばならないとすれば、人間であること以上の何を私は選ぶことができるだろう」(OC4, 582)。ここから『エミール』が「神は汝に何になれと命じているのか」に対して「人間である」と答え、「汝は人間世界のなかでいかなる位置を占めているのか」に対して「存在の秩序のうちに位置をもつ」、つまり「自然の秩序のうちに位置をもつ」と答えている、と解釈できる。

『社会契約論』は国家の秩序における市民をつくることを選んだのだから、同じ問いに「市民である」、「国家の秩序のうちに位置をもつ」と答えたことになる。『人間不平等起源論』の序文を閉じる引用は、『エミール』と『社会契約論』への道を開く言葉である。

「神は汝に何になれと命じているのか、そして汝は人間世界のなかでいかなる位置を占めているのか」という問いに対して、「自然の秩序における人間である」、「国家の秩序における市民である」と答えることは、「神が義しい」ことへの確信から生まれている。この意味において、神の正義が支配する神の秩序は、自然の秩序と国家の秩序を包括している。改めて神義論という視点から『社会契約論』と『エミール』を考察しよう。

## 二　神義論としての『社会契約論』

『人間不平等起源論』の序文は「我々は慈悲深い手をもつ者を祝福することを学ばねばならない」と書いている。「慈悲深い手をもつ者」は神を意味するから、ルソーは「神を祝福することを学ばねばならない」と言っている。しかし神が不平等の進歩をそのままにしておいたとすれば、つまりこの世の悪を放置しているとすれば、万能の神を呪うとしても、決して祝福などしないだろう。何故「神を祝福する」と言えるのだろうか。

その理由は「その慈悲深い手は我々の制度を改めそれに揺るぎない基礎を与えることによって、制度から生じるにちがいない無秩序を防ぎ、我々をさんざん惨めにするにちがいないと思われた手段から我々の幸福を生み出した」ことにある。「我々をさんざん惨めにするにちがいないと思われた手段」とは、「人間のすべての不幸の源泉」(OC3, 142) である完成能力を指している(第三節三)。この完成能力が自然状態の平等から国家状態の不平等(人間の惨めさと不幸)へと人間を導いた。しかしそれは『人間不平等起源論』が、「我々自身だけで見捨てられていたら我々はどうなっていただろうか」についての考察だからである (OC3, 133)。「神の意志がつくったもの」を人間の人為から純化してみれば、「その慈悲深い手は……我々をさんざん惨めにするにちがいないと思われた手段から我々の幸福を生み出した」ことが分かるだろう。それは人間の完成能力を正しく発展させることによってである。しかしそれはいかにして可能だろうか。『人間不平等起源論』序文の「我々自身だけで見捨てられていたら(abandonnés à nous mêmes)」という言葉は、『ジュネーヴ草稿』を想起させる。

「我々にとって徳も幸福もなく、天は人類の堕落から脱する手段を与えずに我々を見捨てたと考えずに、悪そのもののなかからそれを治すべき薬を引き出すように努めよう。可能なら新しい結合によって、一般的結合の欠陥を直そう。その成否は、我々の乱暴な対話者が自分自身で判断してほしい。完成された人為のなかに、開始された人為が自然に加えた悪の補償を彼に示そう……」(OC3, 288)。

「天は人類の堕落から脱する手段を与えずに我々を見捨てたと考えずに」と「我々自身だけで見捨てられていたら我々はどうなっていただろうか考察する」という二つの表現は、同じ動詞 abandonner が使われ、語られている内実も同じである。そして「悪そのもののなかからそれを治すべき薬を引き出す」とは、「我々をさんざん惨めにするにちがいないと思われた手段から我々の幸福を生み出した」ことと同じことを意味するだろう。「人間の人為がつくろうと意図したもの」は我々を惨めにする悪、「開始された人為が自然に加えた悪」である。しかし「我々をさんざん惨めにするにちがいないと思われた手段」である人為を徹底化し、完成させることによって、悪からそれを癒すべき薬を引き出し、そこから人間の幸福を生み出すことができるだろう。「人間の人為がつくろうと意図したもの」を徹底化し、完成された人為によって人間の悪を克服する。それは『社会契約論』の道である(第七節八)。

「人間の人為がつくろうと意図したもの」は「神の意志がつくったもの」と区別されるのだから、完成された人為の道は神の意志に反するように見える。しかし「天は人類の堕落から脱する手段を与えずに我々を見捨てたと考えない」ことこそが、『社会契約論』における人為(脱自然)の道へと導く。脱自然の道は、神が人間に与えた能動的な自由と完成能力を完全に実現する道だから、神の意志に逆らうことでなく、神の意志に従う一つの道なのである。だからこそ『社会契約論』はその最後において国家宗教を論じ、「強く、賢く、慈悲深く、先見の明があり、配慮ある神の存在」（OC3, 468）を含む純粋に国家的な信仰告白を提示するのである。「慈悲深い神（la Divinité bienfaisante）」という言葉は、『人間不平等起源論』における「慈悲深い手（la main bienfaisante）」に対応するだろう。『社会契約論』は「神を祝福することを学ぶ」ための一つの道、一つの神義論なのである[3]。

『人間不平等起源論』は『社会契約論』への道を展望している。しかし『人間不平等起源論』序文における神の「慈悲深い手（la main bienfaisante）」という言葉は、『社会契約論』の「慈悲深い神」へ導くだけでなく、『エミール』第一編の冒頭の「万物の創造者の手（mains de l'auteur des choses）」へも導くだろう。サヴォアの助任司祭は語っている。「この名誉ある地位を占めることに満足することなしに、私をここに置いた手を祝福する（bénir la main）ことなしに、このように卓越している自分の姿を私は見ることができるだろうか」（OC4, 583）。『エミール』もまた「慈悲深い手をもつ者を祝福すること」を学ぶ一つの道なのである。『人間不平等起源論』は『社会契約論』への道と同時に『エミール』への道をも示している。神義論という視点から『エミール』に光を当てることができる。

## 三　神義論としての『エミール』

「意志し行うことのできるこの存在、それ自身によって能動的なこの存在、要するにそれが何であろうと、宇宙を動かし万物を秩序づけるこの存在、それを私は神と呼ぶ。私はこの名称に知性と力と意志の観念をまとめて付け加える。そしてその必然的な結果である善性の観念を付け加える」（OC4, 581）。

サヴォアの助任司祭はこのように語っている。神には「知性と力と意志」と「善性」が属する。神の善性からすれば、神が創造したこの世界に悪が存在しないことが帰結するように思われる。しかし現実にこの世界に悪は存在する。とすればその悪はこの世界の創造者である神の善性に反するだろう。それに対するルソーの答えは『エミール』の冒頭から読み取れる。「万物の創造者の手で作られたばかりのときにはすべてが良い。人間の手のもとではすべてが変質する」(OC4, 245)。神はすべてを良きものに造ったが、しかし人間はその良き秩序を破壊する。ここに「この世界におけるすべての悪は、神に由来するのでなく、人間に由来する」というルソーの神義論を見ることができる。[4]「人間よ、悪を引き起こした者をもはや探すな。悪を引き起こした者は君自身である」(OC4, 588)。しかしこの答えに対してさらに、人間をそのように創ったのは神ではないか、という反論が可能である。悪を引き起こした人間を創造したのが神であるとすれば、それは神の善性に反するのではないか。この批判に対してサヴォアの助任司祭は次のように答えている。

「人間が能動的で自由であるならば、自分自身から行動する。……何ということか、人間が悪であることを妨げるために人間を本能に限り獣にしなければならないのか。否、私の魂の神よ、あなたのように私が自由で善良で幸福であるために、私の魂をあなたの姿に似せてつくったことを決してあなたに咎めないでしょう」(OC4, 587)。

ここにルソーの神義論を読み取ることができる。神が人間をつくる二つのやり方がある。一つは「人間を本能に限り獣にする」こと、もう一つは人間を「能動的で自由」にすることである。どちらが我々人間にとってよいことだろうか。確かに前者の場合人間は悪をなすことがないだろうが、しかしそのために獣の状態にとどまることを望むだろうか。ルソーは後者を、つまり「私の魂をあなたの姿に似せてつくったこと」を肯定する。神が人間を「能動的で自由な」者、つまり「自由な動因」という性格と完成能力を人間に与えたことをルソーは肯定している。[5]『エミール』は次のように言う。「すべての動物は自己保存のために必要な能力をちょうどもっている。人間だけが余計な能力をもっている。この余計な能力が人間の惨めさの道具であるとは、とても奇妙ではないか」(OC4, 305)。人間を動物から区別する「余計な能力」は『人間不平等起源論』で語られる完成能力、「人間のあらゆる不幸の源泉」(OC3, 142)である完成能力である。この能力がここで「人間の惨めさの道具」と言われている。しかし不幸の源泉は同時に幸福の源泉となりうる。これを証明することが『エミール』全体の目的である。

「自然の最初の働きがつねに正しいこと、つまり人間の心のうちに本源的な邪悪が存在しないことを議論の余地なき格率と定めよう」（OC4, 322）。『エミール』での「自然による教育」（OC4, 58）が成功することを示せれば、「自然の最初の働きがつねに正しいこと」を、つまり「万物の創造者の手で作られたばかりのときにはすべてが良い」ことを示せるだろう。『エミール』の教育は「社会に生きる自然人」をつくることによって、「私の魂をあなたの姿に似せてつくったこと」を肯定すること、それによって「神が義しい」ことを真に示すことを目指している。教育論としての『エミール』は全体として、「神が義しい」ことを証明する神義論である。

『人間不平等起源論』は不平等の起源を辿り、「人間の手のもとではすべてが変質する」というテーゼを証明することを目指している。しかしこの著作は単に批判のみに終始しているのでなく、「神の意志がつくったものと人間の人為がつくろうと意図したもの」を区別することによって、新たな肯定の道を展望している。『人間不平等起源論』は人間が原因でこの世に悪が生まれたことを示した。しかし人間が原因であれば、それは人間によって直すことができる。『エミール』と『社会契約論』は、二つの道によって人間の悪を克服しうることを示す。悪が神でなく、人間に由来することを示すルソーの神義論は、悪が人間に由来すること（『人間不平等起源論』）、そして人間によって克服可能であること（『エミール』と『社会契約論』）という二つのことを示すことによって、思想体系として完成する。

『人間不平等起源論』は人間の完成能力が人間を惨めにすること、そして完成能力の未発達な自然状態に戻ることの不可能性をはっきり認識している。問題は人間の完成能力そのものを捨て去ることでなく、完成能力を正しく発展させる可能性を追求すること、「自由な動因」としての人間が幸福に生きる道を見出すことである。この道は自然の道と完成された人為の道という二つの道、『エミール』と『社会契約論』の道である。神が与えた完成能力を正しく使うことによって人間が幸福になる道を示せれば、「神が義しい」ことを証明することになる。『エミール』と『社会契約論』は、「神を祝福することを学ぶ」ことへ導く神義論である。

「神は汝に何になれと命じているのか」という問いに、「人間である」、「市民である」と答えることは、人間と市民という二つの理念型を提示することである。では第三の理念型である孤独な散歩者をどう考えればいいのか。『エミール』と『孤独な散歩者の夢想』は「神は義しい」という同じテーゼを語っている。この同じテーゼに対する態度を対照することによって、孤独な散歩者の位相を明らかにしよう。

## 四　神は義しい

(1)「神は義しい。私はそれを確信している。それは神の善性の一つの結果である。人間の不正は人間の所産であって、神の所産でない。哲学者の目にとって摂理に不利な証拠となるモラルな無秩序は、私の目にとって摂理を証明しているだけである。しかし人間の正義は各人に属するものを各人に与えることであるが、神の正義は神が各人に与えたものについて各人の責任を問うことである」(OC4, 593-594)。

(2)「神は義しい。神は私が苦しむことを欲している。そして神は私が罪のないことを知っている。これこそが私の確信の理由である。私の心と理性はこの確信が私を欺くことはないと私に叫んでいる。それ故人々と運命のなすがままにしよう。不平を言わずに苦しむことを学ぼう。すべては結局秩序を取り戻すはずであり、遅かれ早かれ私の番が来るだろう」(OC1, 1010)。

(1)は『エミール』第四編におけるサヴォァの助任司祭の信仰告白のうちにあり、(2)は『孤独な散歩者の夢想』の第二の散歩を閉じる言葉である。(1)と(2)はともに「神は義しい」と言い、神の正義を語っている。そして(1)の最後の言葉「神の正義は神が各人に与えたものについて各人の責任を問うことである」と(2)の最後の言葉「すべては結局秩序を取り戻すはずであり、遅かれ早かれ私の番が来るだろう」は、ともに最後の審判を指し示している。しかし(1)と(2)には違いがないのだろうか。

まず(1)から見ることにしよう。(1)において「神が義しい」ことは「神の善性の一つの結果」とされている。(1)の直前に次のように言われている。「神は善である。これ以上明らかなことはない。しかし人間における善性は自分の同胞への愛であり、神の善性は秩序への愛である。秩序によって神は存在するものを維持し、各部分を全体と結び付ける」(OC4, 593)。「秩序への愛」としての神の善性から、神の正義が帰結する。つまり正義は秩序を意味する。この秩序に対して現実の「モラルな無秩序」が対置されている。この対置は『エミール』の冒頭の言葉を想起させるだろう。「万物の創造者の手で作られたばかりのときにはすべてが良い。人間の手のもとではすべてが変質する」。それ故「人間の不正は人間が人間の所産であって、神の所産でない」と言われるのである。これは「神は義しい」に対するルソーの神義論である。確かに「モラルな無秩序」は神の正義に反するように見える。しかしそれは「神が各人に与えたもの」を人間が誤って使っているからである。「秩序によって神は存在するものを維持し、各部分を全体と結び付ける」と言われる秩序、つまり自然の秩序に従ってその能力(自由と完成能力)を正しく使うことによって、モラルな秩序が可能となるだろう。『エミール』の目的は「モラルな秩序のうちで生きる人間」をつくることであり(第五節)、それによって、神の与えた能力がモラルな秩序を築きうることを示すことにある。そのことが示せれば、「神は義しい」ことを証明できるだろう。その意味において『エミール』は「神は義しい」ことを証明する神義論である。

(1)において人間の正義と神の正義が対比されている。「各人に属するものを各人に与える」という人間の正義は、「各人のものは各人に帰属させよ(suum cuique tribue)」という正義の古典的な定義である(cf. OC3, 329)。この人間の正義の確立を目指すのは人為の道であり、『社会契約論』の課題である。『エミール』の自然の秩序と異なるが、この道もまた国家の秩序を創設することとして、この地上に秩序をもたらし、「モラルな無秩序」を克服するだろう。「各人に与えたものについて各人の責任を問う」という神の正義は、最後の審判であり、審判者としての神を考えている。この世において「神が各人に与えたもの」を各人がいかに使うかを神が審判する。「神が各人に与えたもの」は人間を動物と区別する自由と完成能力であろう。つまり審判者としての神は自由と完成能力を正しく使用したか否かを審判する。それは有徳な者として地上において義務を果たしたか否かの審判である。義務を果たすことは『エミール』において人間として自然法に従うことであり、『社会契約論』において市民として国家法に従うことである。人間も市民もこの地上において秩序（自然の秩序と国家の秩序）のうちに生きるだろう。

では(2)における「神は義しい」をいかに理解できるのか。(1)における「神は義しい」というテーゼは、神の善性と秩序から導かれている。しかし(2)は神の善性と秩序を前提せず、端的に「神は義しい」と断言している。(1)と(2)のこの違いは何に由来するのか。(1)において神の正義は「秩序への愛」としての神の善性から帰結する。しかし(2)における孤独な散歩者はもはやこの地上にいかなる秩序も見出すことができない。このことは『孤独な散歩者の夢想』の第一の散歩においてはっきり語られている。「いかにしてかを私は知らないが、万物の秩序から引き出され、不可解な渾沌のうちに私が陥っているのを見出した。そこにおいて何もまったく認められず、私の現在の状況を考えるほど、私がどこにいるのかを理解できなくなる」（OC1, 995）。この「不可解な渾沌」は修復可能な「モラルな無秩序」でないし、「人間の不正は人間の所産である」として説明できることではない。ではその理由を何に求めうるのか。その答えは「神は私が苦しむことを欲している」ことのうちにのみある。

ここでニーチェ『道徳の系譜』の言葉を想起しよう。「苦しみそのものが人間の問題でなく、『何のために苦しむか』という問いの叫びに対する答えが欠けていることが問題だった」[6]。私が罪なき者であるにもかかわらず苦しむことは、その苦しみの意味が理解できなければ耐えることはできない。「何のために苦しむか」を知っているならば、人間は苦しみそのものに耐えることができるだろう。ルソーは自分の苦しみの意味を「神は私が苦しむことを欲している」ことに求めたのである。では何故神はそのように欲するのか。その理由は人間の理解を端的に超えている[7]。或ることが義しいから、神がそれを欲するのではない。神が或ることを欲するが故に、それが義しいのである。神の正義は神義論という理論によって証明されることでなく、すべての前提、苦しみを耐えるための生きられた前提である。「神が欲することは、神が義しいが故に義しい」というこの前提によってのみ、「神が欲した私の苦しみ」を耐えることができる。しかし何故神がそのように欲するかという問いに対して、もはや答えはない。罪なき者が苦しむことを神が欲する理由、神の意図は窺い知ることができない。神は「隠れたる神（deus absconditus）」である。[8] この神は、万物の秩序のうちに読み取りうる『エミール』の神、「宇宙を動かし、万物を秩序づける存在者」（OC4, 581）ではもはやない。

「神は私が苦しむことを欲している」という言葉は、『人間不平等起源論』の序文の最後の言葉と結びつけることができる。「神は汝に何になれと命じているのか、そして汝は人間世界のなかでいかなる位置を占めているのか、を学べ」（OC3, 127）。「神は汝に何になれと命じているのか」という問いに、『エミール』と『社会契約論』は「人間、市民である」と答えた。それは完成能力を発展させた自由な動因（能動者）としての答えである（三）。しかし『孤独な散歩者の夢想』は同じ問いに対して「神はわたしが苦しむことを欲している」と答えていることになる。孤独な散歩者は、苦しみに耐える者、受苦する受動者である。[9]

「神は私が罪のないことを知っている」という言葉は、悪を行わなかったという「罪のなさ」を表現している。これは『エミール』を書いたという功績と対照をなす。「私はいつの日か至高の審判者に『寛大さをもって一人の弱き人間を審判して下さい。私は地上で悪をなしましたが、この著作を公にしました』と言うことを確信をもって期待している」（OC3, 697）。ルソーはもはやこの地上で彼が積極的になしたことをもって神の前に立つのでなく、消極的な罪のなさをもって神の前に立つ。この対比はすぐ前で指摘した「自由な動因（能動者）―受苦する受動者」の対比とパラレルである。そして「不平を言わずに苦しむことを学ぶ」（孤独な散歩者）ことは、有徳な者として義務を果たすという能動的な行為（人間と市民）と対照的である。

「不可解な渾沌のうちに陥っている」から、孤独な散歩者にとって地上の秩序のうちに位置をもつ可能性はもはやない。『エミール』と『社会契約論』において地上の幸福は、自由な動因としてその完成能力を正しく発展させることによって、「自然の秩序」と「国家の秩序」において可能であった。神の正義はこの地上で実現されうると考えられていた。しかし孤独な散歩者にとって、神はもはや地上の秩序（この世の秩序）を与える者でなく、最後の審判者として来世において秩序を回復する者にすぎない。

『エミール』において到達した最初の原理は「万物の創造者の手で作られたばかりのときにはすべてが良い」という言葉のうちに読み取ることができる。神をめぐる思索はサヴォアの助任司祭の信仰告白に結実した。しかし「神は義しい。人間の不正は人間が人間の所産であって、神の所産でない」という理論としての神義論は、「神は義しい。神は私が苦しむことを欲している」という苦難の神義論へ転化する。[10] この転化は人間と市民という二つの理念型が孤独な散歩者という理念型へ転換したことをはっきり示している。それは自然の秩序における人間と国家の秩序における市民から、「すべては結局秩序を取り戻すはずである」という神の秩序のうちに自分の位置を見出すことへの転換である。

この地上での秩序は消え去り、「すべては結局秩序を取り戻すはずである」という来世での秩序だけが秩序として残る。しかしこの意味での神の秩序の思想はルソー思想の通奏低音としてその根底にある。このことを確認しよう。

## 五　すべては結局秩序を取り戻す

「すべては結局秩序を取り戻すはずであり、遅かれ早かれ私の番が来るだろう」（OC1, 1010）。『孤独な散歩者の夢想』の第二の散歩は、このように終わっていた。「すべては結局秩序を取り戻すはずである」とは、神が最後の審判者としてあらゆる人間を審判し、来世において秩序を取り戻すことを意味する。「遅かれ早かれ私の番が来るだろう」とはルソーもまた審判者としての神の前に立つことである。ルソーはこの審判者としての神を意識して『告白』を書いた（第十節五）。『孤独な散歩者の夢想』もまた告白の付録として審判者としての神の前で告白していることは、「間もなくするだろう私についての報告を予め準備する」（OC1, 999）という言葉から明らかである。

孤独な散歩者は「不可解な渾沌」を前にして、地上に秩序を求めることを断念する。しかし孤独な散歩者は審判者としての神が秩序を取り戻すであろうことを、この地上にでないとしても、見ている。「遅かれ早かれ私の番が来る」のだから、「安らかに生を終えること」（OC1, 1001）が孤独な散歩者の願いである。「老人の研究は、彼にまだなすべきことが残っているとすれば、死ぬことを学ぶことだけである」（OC1, 1012）[11]。

「すべては結局秩序を取り戻すはずである」という秩序は、『対話』の「前著作をめぐる話」においても語られている。「この世の何ものも我々にその観念を与えないモラルな秩序は、異なった体系のうちにその場所をもっている。その体系は地上で探しても無駄であるが、すべてはいつかその体系のうちへ連れ戻されるはずである」（OC1, 972）とルソーの内的感情が叫ぶ。同じことが次のようにも表現されている。「自然の秩序は遅かれ早かれ回復する」（OC1, 973）。「すべてはいつか秩序を取り戻すはずであるから、待つだけで十分である」（OC1, 979）。「すべてはいつか秩序を取り戻すはずである」と言われる秩序は来世における秩序であるが、その秩序が「モラルな秩序」、「自然の秩序」と呼ばれている。このことは『エミール』と鋭い対照をなしている。『エミール』はこの地上において自然の秩序に従って子どもを教育するのであり、モラルな秩序のうちに生きる人間をつくることを課題としていた。しかし『対話』のルソーにとって、モラルな秩序、自然の秩序はもはやこの地上にでなく、来世における神の秩序としてしか望みえない。この地上にはいかなる秩序も見出しえないからである。この対照は鮮明であるが、しかし『エミール』においても「すべては結局秩序を取り戻すはずである」という秩序は語られている。

「我々にとって生とともにすべてが終わるのではない。死においてすべては秩序を取り戻す」（OC4, 590）。「死においてすべては秩序を取り戻す」という表現は、「すべてはいつか秩序を取り戻すはずである」という「前著作をめぐる話」と同じ表現であり、『孤独な散歩者の夢想』における「すべては結局秩序を取り戻すはずである」と同じことを言い表わしている。『エミール』は地上の秩序として自然の秩序とモラルな秩序を語るとともに、来世における秩序をも語っていた。しかし『エミール』における地上の秩序は「前著作をめぐる話」と『孤独な散歩者の夢想』において完全に消え去り、死において回復される来世の秩序（神の秩序）のみが残る。ルソー思想の根底にある秩序は、最後まで残る神の秩序である。『新エロイーズ』はヴォルマールとジュリの結婚によって、「哲学者とキリスト教徒の和解」を、つまり「国家の秩序と自然の秩序の和解」を、クラランの共同体において実現することを狙いとしていた（第三節四）。しかしクラランの共同体というこの地上の秩序が幻想であったことは、ジュリの最後の手紙から明らかである。ルソーの心情に深く根ざしていたのは、地上の秩序であるより、来世において回復される秩序である。ジュリの最後の手紙における最後の言葉は、このことをはっきり示している。

「いいえ、私はあなたと別れるのではありません。私はあなたを待とうとしているのです。地上において私たちを引き離した徳は、天国において私たちを結び付けるでしょう。この甘美な期待をもって私は死にます。私の命と引きかえにして、罪なしにあなたをつねに愛する権利を、そしてあなたを愛するともう一度あなたに言う権利を手に入れることを、とても幸福に感じながら」（OC2, 743）。

ルソー思想の根底に神の「慈悲深い手」への信頼があり、それが『エミール』と『社会契約論』における地上の秩序（自然の秩序と国家の秩序）の構想の根底にあった。その意味で、自然の秩序と国家の秩序という二つの秩序思想の根底に神の秩序が潜んでいる。しかし地上の秩序が幻想となった孤独な散歩者において、神の秩序は地上にでなく、来世にのみ求められる。しかしそれにもかかわらず孤独な散歩者は、人間と市民と違った仕方で、幸福である。第三の理念型を明らかにするために、孤独な散歩者の幸福をテーマにしなければならない。それが第十二節の課題である。

## 第十二節　孤独な散歩者の幸福

「人々が私の兄弟であったかぎり、私は地上の幸福の計画を心に抱いた。その計画はつねに全体と関係するので、私は公共の幸福によってのみ幸福であることができた。個人の幸福の観念が私の心を動かすことは、私の兄弟が彼らの幸福を私の惨めさのうちにしか見出さないと私が分かるまで、決してなかった」(OC1, 1066)。

『孤独な散歩者の夢想』の第七の散歩は、「公共の幸福」と「個人の幸福」を対比している。公共の幸福という地上の幸福は、社会のうちで人々とともに生きる幸福であり、『エミール』と『社会契約論』が追求した幸福、人間としての幸福と市民としての幸福である。では孤独な散歩者の「個人の幸福」とは何か。幸福を求める純化の思想家ルソーは「個人の幸福」を何に見出したのか。まず「公共の幸福から孤独者の幸福へ」の変容を明らかにすることから始めよう。

### 一　公共の幸福から孤独者の幸福へ

「彼だけが見かけから実在を区別し、我々の制度と偏見が変えたわざとらしい異常な人間から自然人を区別することを教えることによって、真の幸福への道を人々に示していると私に思われました。一言で言えば、彼だけが隠された意図と個人的利益なしに公共の福祉への愛だけによって引き起こされた激しさのうちにいるように、私に思われました」(OC1, 728)。

『対話』は、「真の幸福への道を人々に示す」ことがルソーの著作活動を導いていた、と語っている。地上の幸福としての「公共の幸福」を彼が描いたのは、「公共の福祉への愛」からであった。幸福を求める思想家ルソーは公共の幸福を求めた。この真の幸福への道は、人間をつくる道と市民をつくる道という二つの選択肢として提示された。この二つの道は一般社会か特殊社会の選択であり、ともに社会における幸福である。ルソーは「私の同胞の幸福のためにだけペンを取った」(OC4, 929)が、しかし孤独な散歩者として次のように言わざるをえなくなる。「幸福は、この世で人間に似合うと思えない永続的な状態である。……こうしてこの生のための幸福を求める我々のすべての計画は妄想である。精神の満足が生まれるときは、それを利用しよう」(OC1, 1085)。

第九の散歩の冒頭に書かれたこの言葉は、『孤独な散歩者の夢想』における幸福についての最後の言葉である。ルソーは『エミール』と『社会契約論』において「この生のための幸福の計画」を立てたが、しかしそれはすべて幻想とされる。「この生のための幸福を求める我々のすべての計画は妄想である」という言葉が、幸福を求めた思想家ルソーの幸福についての最後の言葉であるとしたら、ルソーは幸福を得ることに失敗したのだろうか。しかし「精神の満足が生まれるときは、それを利用しよう」という言葉は、「この生のための幸福」とは異なった幸福の存在を示している。

ルソーは「絶対的な孤独が自然に反する悲しい状態である」(OC1, 813)ことを知っていた。しかし彼は自らを「孤独な散歩者」と名づけざるをえない状況を強いられる。しかし社会から切り離されることは、社会性から純化された幸福を見出すことを可能にするだろう。幸福を社会性から純化することのうちに、純化の思想家ルソーを見ることができる。

「人間社会から排除され、この世で他人のためにも自分のためにも有益で役に立つことを何一つできない不幸な者は、この状態のうちに、運命と人々が彼から奪えない、すべての人間的な幸福の埋め合わせを見出すことができる」(OC1, 1047)。

人間的な幸福は人間社会において可能となるが、孤独な散歩者は社会から排除されているが故に、こうした人間的な幸福を得られない不幸な者である。孤独な散歩者は「他人のためにも自分のためにも有益で役に立つことを何一つできない」とされるが[1]、それは人間と市民になりえないことを意味している。人間と市民は社会のうちで生き、ともに「自分のためにも他人のためにも役立つ者」である（第九節六）。こうした者のみが社会において幸福になりうる。それ故孤独な散歩者はもはや人間と市民の幸福を味わうことができない不幸な者である。

孤独な散歩者の不幸は人間的な幸福（社会における人間と市民の幸福）から見られている。しかし「運命と人々が彼から奪えない、すべての人間的な幸福の埋め合わせ」という言葉は、孤独な散歩者の独自の幸福を示している。孤独な散歩者と人間・市民との対比は「孤独と社会」の対比であるが、社会のうちでの幸福と異なった独自の幸福を孤独のうちに見出しうるだろう。それは「個人の幸福」（OC1, 1066）と呼ばれていた。

ルソー自身は彼が提示した「真の幸福への道」である人間にも市民にもなれなかった。確かにルソーは強いられて孤独な散歩者になるが、しかし彼は孤独のうちに「個人の幸福」を見出す。孤独な散歩者に固有の幸福を明らかにすることによって、人間・市民と異なった孤独な散歩者という第三の理念型に光を当てることができるだろう。

## 二　自分の魂と語り合う喜び

「私の外にあるすべては、今後私に無縁である。……こうした状態において、かつて私の『告白』と呼んだ厳しい誠実な検討の続きをまた始める。私は私自身を研究し、間もなくするだろう私についての報告を予め準備することに、私の晩年を捧げる。自分の魂と語り合う喜びに浸りきることにしよう。何故ならこの喜びは人々が私から奪うことのできない唯一のものだからである」（OC1, 999）。

『孤独な散歩者の夢想』の第一の散歩においてルソーはこのように書いている。「私の外にあるすべては、今後私に無縁である」という言葉は、「これが私の語った第二の誕生である。ここにおいて人間は真に人生に生まれ、人間的なものは何ものも彼にとって無縁なものでない」（OC4, 490）という『エミール』の人間との対照を鮮やかに示している。しかし人間的なもの・社会的なものから切り離された孤独は、公共の幸福から純化された孤独者の幸福を見出す。それが「自分の魂と語り合う喜び」である。告白は過去の私を語ることだから、「自分の魂と語り合う」

とは、「過去の私を現在の私に語ること」である。『告白』は過去の私を自分の同胞に示すという意図をもっていたが、『孤独な散歩者の夢想』は「私を私に示す（語る）」。「私を私に語る」ことは、それが夢想であることを意味している。「私が私を私に語る」という夢想は、語る者（私）と語られる内実（私）と語られる相手（私）との区別を消し去る。過去の私（語られる内実）に現在の私（それを聞く私）が同化する。孤独な散歩者の幸福は区別を消し去ることにあるだろう。

さらに「魂」という言葉に着目しよう。「自分の魂と語り合う」ことは、身体から魂が純化されることを意味する。「私の身体は私にとってもはや妨害、障害でしかない。私はあらかじめできるかぎり私の身体から私を解放する」（OC1, 1000）。この言葉は『エミール』へ導く。「身体の拘束から解放され、私が矛盾なき分裂なき私となり、幸福であるために私以外の何ものも必要としなくなる時を、私は渇望している」（OC4, 604-605）。「自分の魂と語り合う喜び」はこの渇望の実現として理解することができる。「自分の魂と語り合う喜び」は、「身体の拘束から解放され、私が矛盾なき分裂なき私となる」ことであり、「幸福であるために私以外の何ものも必要としなくなる」という意味で幸福である。地上の幸福から純化された孤独な散歩者の幸福は、身体から解放された純粋な魂の幸福、来世における至福者の生活と同質の幸福と見ることができる。[2]「自分の魂と語り合う」ことは「私を私に語る」という自己関係・自己充足の状態であり、神の「思惟の思惟」に近づくことでもある（三）。それ故次のように言われる。「地上においてすべては私にとって終わった。……深淵の底で安らかであり、哀れな死すべき不幸な者であるが、しかし神そのもののように不動である」（OC1, 999）。

「過去の私を語る」ことは、失われた過去を回想し単に思い出にふけることでも、失われた過去を単に再び生き直すことでもない。それは過去を純粋な姿へと彫琢すること、純化することを意味する。第一の散歩において語られた「自分の魂と語り合う喜び」が過去の純化であることは、サン・ピエール島での生活の回想から明らかである。「それらの対象は私の恍惚状態においてしばしば私の感官から逃れてしまったが、今や私の夢想が深まれば深まるほど、夢想はそれらの対象を一層生き生きと描き出すのである。私はしばしば、実際にそこにいた時よりも一層そうした対象のただ中にいるのであり、なお一層快いのである」（OC1, 1049）。「私の夢想が深まれば深まるほど、夢想はそれらの対象を一層生き生きと描き出す」ことを、『告白』との比較によって示すことができる。⑴『告白』と⑵『孤独な散歩者の夢想』は同じようにサン・ピエール島の生活を回想している。

⑴「私はつねに情熱的に水を愛した。そして水を見ることは、しばしば一定の対象がないにもかかわらず、私を甘美な夢想のうちに投げ入れた」（OC1, 642）。「しばしば私の舟を風と波にまかせ、私は対象なしの夢想に耽った。それは愚かなことであったが、快かった。時として私は感動して叫んだ。おお自然よ、おお私の母よ、私はここであなただけの加護のもとにいます、あなたと私の間に介在する狡猾なずるい人間などいません」（OC1, 643-644）。「夕方、とりわけ湖が波立っているとき、砂浜に坐りに行くことを私は習慣としていた。私の足もとで波が砕けるのを見ることに私は特異な喜びを感じた」（OC1, 645）。

⑵「このような状態が、サン・ピエール島においてしばしば私の孤独な夢想のうちで私がいた状態である。それは、波のままに流されるにまかせた私の舟のなかで横たわっているとき、あるいは波立っている湖の岸に坐っているとき、あるいは美しい川のほとりや砂の上をざわめく小川のほとりなど別のところで、のことである」（OC1, 1046-1047）。

⑴と⑵が同じ状況を描写していることは明らかである。⑴において「甘美な夢想」、「おお自然よ、おお私の母よ……」という感動の叫び、「特異な喜び」が語られているが、しかしそれだけのことである。⑵においても同じく「私の孤独な夢想のうちで私がいた状態」と言われているが、そこで記述されている状態は、単なる感動・喜びといったものではない。この記述の変化にこそ、過去を純化する力が見出されるだろう。「サン・ピエール島においてしばしば私の孤独な夢想のうちで私がいた状態」を『孤独な散歩者の夢想』はいかに記述しているのか。そこから孤独な散歩者の独自の幸福、「幸福であるために私以外の何ものも必要としなくなる」という意味で幸福が読み

取れるだろう。

## 三　永遠性としての現在

「魂が完全に休らい、すべての自分の存在を集めるために十分にしっかりした基盤を見出し、過去を思い出すとも未来に関わる必要もない状態、時間が魂にとって無である状態、現在がつねに持続するが、それにもかかわらずその持続を残さず、継起のいかなる跡もなく、欠如や享受、喜びや苦しみ、欲望や恐れといったいかなる感情もなく、我々の存在の感情だけがあり、この存在の感情だけが完全に魂を満たしている状態があるとすれば、こうした状態が持続するかぎり、その状態にある者は幸福だと呼ぶことができる。それは生の喜びのうちに見出されるような不完全で哀れで相対的な幸福でなく、十分で完全で充実した幸福、満たす必要を感じるようないかなる空虚も魂のうちに見出されない幸福である」(OC1, 1046)。

これが(2)の「このような状態」の記述である。この記述が『告白』における単なる感動・喜びとはまったく異なっていることは明らかだろう。『孤独な散歩者の夢想』においてルソーは、自分の過去を純化し、幸福を純粋な姿で描いている。それは過去を振り返るという単なる回想でも、過去の単なる美化でもなく、純化することによって一つの純粋型を創造することである。「私の悪い頭は事物に従うことができない。それは美化することができず、創造しようとする」(OC1, 171-172)。

まずここで描写されている状態が幸福と呼ばれうることを、「引き裂かれずに一つであること」というルソーの幸福の規定から考えてみよう(第一節五)。「過去を思いだすことも未来に関わる必要もない状態、時間が魂にとって無である状態」は、過去と未来という対立するものが消え去っていることであり、現在のみがある。つまりこの現在は過去と未来へ引き裂かれずに一つであることを意味する。これは「引き裂かれずに一つであること」としての幸福であり、「身体の拘束から解放され、私が矛盾なき分裂なき私となり、幸福であるために私以外の何ものも必要としなくなる時」（OC4, 604-605）である。自分の外部をもはや欲しないことは「十分で完全で充実した幸福」である。その意味をルソーは語っている。

「このような状況において人は何を享受するのか。自分の外にあるものでなく、自分自身と自分自身の存在以外の何ものでもない。この状態が持続するかぎり、人は神のように自分自身で充足している」（OC1, 1047）。

「自分自身と自分自身の存在」のみを享受することは、「自分自身と自分の存在を享受する」（OC1, 865）という自然人のあり方と類比的である。しかし注目すべきなのは、「神のように」という言葉である。これは「真に幸福な存在は孤独な存在である、つまり神のみが絶対的な幸福を享受する」（OC3, 503）という『エミール』の言葉を想起させるだろう。そしてこの言葉から読み取れるように、「自分自身と自分自身の存在」のみを享受することは、アリストテレス『形而上学』の神、思惟の思惟としての神の規定である。この神は純粋なエネルゲイアとして幸福である。さらに「神のように」という言葉は、アウグスティヌスの神、「つねに現在であるもの」[3]としての神を想起させる。神の現在は「そこでは、すべてのものは、『あった』のではなく、また『あるだろう』でもなく、ただ『ある』」と言われる現在である。[4]過去と未来との対比のうちにない現在は永遠性としての現在であり、時間のなかでの持続としての永続性と区別される。これはプラトン『ティマイオス』に由来する「永遠性と時間」という形而上学の伝統である。[5]この伝統から改めてルソーの表現を見てみよう。

「過去を思い出すことも未来に関わる必要もない状態、時間が魂にとって無である状態、現在がつねに持続するが、それにもかかわらずその持続を残さず、継起のいかなる跡もない状態」と言われている。時間が魂にとって無であるとすれば、現在は過去と未来と並ぶ現在、時間の中の現在でなく、時間を超えた現在であろう。「その持続を残さず、継起のいかなる跡もない」という言葉は、「あった」とも「あるだろう」とも言えず、ただ「ある」とのみ言える現在を意味している。それは時間の中での持続でなく、永遠性としての現在である。

「こうした状態が持続するかぎり、その状態にある者は幸福だと呼ぶことができる」と言われるが、この言葉はウィトゲンシュタインへ導く。『草稿』（一九一六年七月八日）は「時間のうちに生きるのでなく、現在のうちに生きる者のみが幸福である」と書き、『論理哲学論考』は「人が永遠性を無限な時間持続としてでなく、無時間性として理解するならば、現在のうちに生きる者は永遠に生きる」（6.4311）と言う。「現在のうちに生きる者は永遠に生きる」は「現在のうちに生きる＝永遠に生きる」であり、「永遠性としての現在」を語っている。[6] つまり永遠性としての現在のうちに生きる者のみが幸福である。[7] このことをルソーは「こうした状態が持続するかぎり、その状態にある者は幸福だと呼ぶことができる」と表現したのである。ウィトゲンシュタインがプラトン『ティマイオス』以来の「永遠性と時間」の伝統のうちに立っていると同じように、ルソーも現在としての幸福を語ることにおいて、この同じ伝統に属している。『孤独な散歩者の夢想』における「私自身とは何か」（OC1, 995）という問いに対する最も深い答えは、この永遠性としての現在のうちに、「現在のうちに生きる者」のうちに求められる。

永遠性としての現在の幸福は、過去・現在・未来の区別が消失した地点における幸福である。区別が消失することは矛盾・対立なしに一つであるという幸福を意味する。『孤独な散歩者の夢想』は区別の消失という意味での幸福をさらに語っている。それは第二の散歩（四）と第七の散歩（五）においてである。

## 四　生へと生まれる

第二の散歩は一七七六年一〇月二四日の出来事を語っている。散歩から帰る途中、ルソーは突進してきたデンマーク犬に倒されてしまう。意識不明となったルソーが気がついたときの状態が描かれている。

「夜がふけていった。私は空といくつかの星とわずかの草木を見た。この最初の感覚は甘美な瞬間だった。私はまだそのことによって自分を感じるだけだった。私はこの瞬間において生へと生まれつつあった。私が見るすべての対象を私の軽やかな存在によって満たしていると私に思われた。私は完全に現在の瞬間にあり、何も思い出さなかった。私は自分の個体というはっきりしたいかなる観念ももたず、私に起きたばかりのことを何も分からなかかった。

た。私は私が誰であり、どこにいるのかを知らなかった。私は痛みも恐れも不安も感じなかった。私は水が流れるのを見るように、私の血が流れるのを見、それが自分の血であることを少しも考えていなかった。私は私の全存在のうちに魅惑的な静けさを感じていたが、それを思いだすたびに、知っている喜びのすべての活発さのうちにはそれと比べうるものを何も見出さない」（OC1, 1005）。

意識を取り戻すことが「この瞬間において生へと生まれつつあった」と表現されている。それは「自分の個体というはっきりしたいかなる観念ももたない」という未分化の状態である。ただ「空といくつかの星とわずかの草木を見た」という形での世界の感覚があるだけである。世界を感じている私は世界から区別された存在ではない。「私が見るすべての対象を私の軽やかな存在によって満たしている」とは、「世界がある」と「私がある」が同じ一つのことである、ということを意味する。そして時間に関しても「完全に現在の瞬間にある」から、「現在の私＝世界」しか存在しない。「何も思い出さなかった」から、過去の私は存在しない。「それが自分の血であることを少しも考えていなかった」から、自己保存への配慮から解放され、これからどうするかという未来の私も存在しない。つまり「完全に現在の瞬間にある」という生への誕生の瞬間に生きている。この瞬間において「私の全存在のうちに魅惑的な静けさを感じていた」が、それは「知っている喜びのすべての活発さのうちにはそれと比べうるものを何も見出さない」幸福な瞬間である。世界と私との分離がなく、すべてが現在であることは、いかなる区別も存在しないことを意味する。ここにも「引き裂かれずに一つである」というルソーの幸福が読み取れる。

しかも「生へと生まれる」という言葉は、ルソー思想の根幹に関わる。『エミール』も『社会契約論』も、堕落した既存の状態を正しい秩序へと変革することを目指したのでなく、まったく新たに最初から始めることをその目的としていた（第二節四、第九節七）。『エミール』はその教育を第一の誕生から始め、その決定的な瞬間を第二の誕生のうちに見た。『社会契約論』は「自然状態から国家状態への移行」を国家の誕生として構想し、それを「幸福な瞬間」とすることを狙っていた。ルソーは既存のものの変革（革命）の思想家でなく、新たに始める誕生の思想家である。『エミールとソフィー』の次の言葉は、ルソーが誕生の思想家であることを端的に示している。「……実際我々は始めること以外を決してしない、その最初の瞬間がつねに現実態である現在の瞬間の継起以外の他のつながりなど我々の存在のうちにない。我々は我々の生の各瞬間に死にそして誕生する」(OC4, 905)。『孤独な散歩者の夢想』は「私自身とは何か」を探究することを目的としていた。その探究は私が生へと生まれるという誕生を語っている。それは私が私として明確な輪郭なしに世界と一体である状態を記述している。私の探究は私という独立の存在の消失へと至る。この私の消失ということは、第七の散歩における「自然との同一化」のうちにも読み取ることができるだろう。

## 五　自然との同一化

(1)「観照する者が感じやすい魂をもっていればもっているほど、一層彼はこの調和が彼のうちに引き起こす恍惚に耽る。そのとき快く深い夢想が彼の感官をとらえ、彼は甘美な陶酔でこの美しい体系の無限の広さのうちで我を忘れ、それと自分が同一化しているのを感じる。そのときすべての個別的な対象は彼から消え去り、彼は全体のうちでしか何も見ないし、感じない。彼が包括しようと努めていたこの宇宙を部分を通して観察できるためには、何らかの特殊な事情が彼の考えを引き締め、彼の想像を限定することが必要である」(OC1, 1062-1063)。

(2)「個人的なもの、私の身体の利害に関わるものは何も、私の魂を真に満たすことができない。私が自分自身を忘れるとき以上に甘美に私が省察し夢想することは決してない。いわば万物の体系のうちに溶け込み、自然全体と同一化することに、私は言い表わしえない恍惚と陶酔を感じる」(OC1, 1065-1066)。

(1)と(2)は第七の散歩において語られている。(1)の「甘美な陶酔でこの美しい体系の無限の広さのうちで我を忘れ、それと自分が同一化しているのを感じる」と(2)の「存在の体系のうちに溶け込み、自然全体と同一化する」は、同種の体験を言い表わしている。これを「自然との同一化」の経験と名づけよう。ともに「恍惚に耽る」、「言い表わしえない恍惚と陶酔を感じる」という仕方で幸福感を感じている。自然との同一化は、もはや自分の外に対立するものをもたない状態、一つとなった分裂なき状態として、幸福の状態である。しかも(2)で言われる「自分自身を忘れる」という契機は、「生へと生まれる」瞬間における私の消失と同質のものである。

(1)の「観照する者（un contemplateur）」と「宇宙」という言葉は、『エミール』におけるサヴォアの助任司祭の信仰告白を想起させる。「私は存在とそれらの関係を観察し、認識できる。私は秩序、美、徳とは何かを感じることができる。私は宇宙を観照し、それを支配している手へと高まることができる。私は善を愛し、善を行うことができる」（OC4, 582）。しかし『エミール』との対照は明らかだろう。『エミール』において「宇宙を観照する」ことは、「宇宙を支配している手」（神）にまで高まることであり、「善を愛し、善を行う」ことへと結びつく。それは徳という力によって自然法に従って義務を行うことを意味する。このことは自然との同一化によって自分自身を忘れることとはまったく異なっている。

確かに『孤独な散歩者の夢想』において「美しい体系の無限の広さ」、「万物の体系」が語られている。しかしそれはもはや「宇宙を動かし、万物を秩序づける存在者」（OC4, 581）としての神へ導くのでなく、「美しい体系の無限の広さのうちで我を忘れ、それと自分が同一化している」、「万物の体系のうちに溶け込み、自然全体と同一化する」だけである。そこから宇宙を秩序づける神へと高まることも、神の善性も語られない。自然のうちから神の観念が消え去ることは、この世界のうちに神の秩序が見られないことを意味する。自然はただ、それと同化すべきものであり、秩序という意味を失う。それはサヴォアの助任司祭の強調した自然法が消え去ることである。死後にのみ回復される神の秩序のみが、孤独な散歩者に残された秩序である[8]。

自然との同化において、自然は『エミール』が語っていた自然の秩序をもはやもっていない。モラルな秩序としての自然法は孤独な散歩者にとってもはや存在しない。孤独な散歩者は他の人間との関係から切り離されているからである。自然法という言葉は、「自然」と「法」との結合、つまりピュシスとノモスとの結合から成っている。

孤独な散歩者にとってもはや自然は法として人間社会に秩序を与えることはない。確かにルソーにおける自然法と国家法との峻別は、「ピュシスとノモス」という二つの原理の純化と見なすことができる（第九節九）。しかし「自然―法」という概念そのものが「ピュシス（自然）とノモス（法）」という二つの契機を未だもっている。孤独な散歩者は、『エミール』の人間が従う自然法を最終的にピュシスとノモスへとさらに解体したのである。『孤独な散歩者の夢想』がもはや自然法を語らないことは、ピュシスが規範性を喪失したこと、純化の思想家ルソーが自然を法からも純化したことを示している。それはピュシスとノモスの相互純化という純化の力の最後の到達点である。

## 六　私の消失

孤独な散歩者の幸福について考察してきたが、これまでの考察を振り返ってみよう。孤独な散歩者の幸福は「引き裂かれずに一つであることとしての幸福」の徹底化・純化である。孤独は社会から切り離された状態であり、他の人々との葛藤・分裂から解放されている（一）。しかし社会との分裂がない者にもまだ、過去・現在・未来の区別、そして私と自然（世界）の区別・分裂が残っている。孤独な散歩者の幸福はこうした区別が消え去ることのうちに求められる。「自分の魂と語り合う喜び」は純化された過去の私に現在の私を同化させる（二）。「永遠性としての現在」において過去・現在・未来の区別が消え去る（三）。「生へと生まれる」という経験は、「世界がある」と「私がある」が一致する経験である（四）。そして「自然との同一化」はこの一致を自然との融合という仕方で恍惚感をもって経験する（五）。孤独な散歩者の幸福はさまざまに語られるが、それに一貫した性格は「区別の消失」であり、区別の消失による「分裂せずに一つであること」である。この一つであることは、人間と市民の場合より一層徹底した次元にある。

区別が消え去ることは対立する区別項がなくなることであり、私は対立する外をもたない自己完結した全体となる。それ故孤独な散歩者は、「哀れな死すべき不幸な者であるが、しかし神そのもののように不動」（OC1, 999）であり、「神のように自分自身で充足している」（OC1, 1047）と言われる。しかし対立する区別項が消え去ることは、私という個体が消え去ることを意味する。私が個体として意味をもつのは、私と区別される対立項をもつかぎりにおいてだからである。区別項をもたない私は、もはや「私」（世界・他者と区別された私）と呼ぶことはできない。それ故孤独な散歩者は「私が自分自身を忘れるとき以上に甘美に私が省察し夢想することは決してない」（OC1, 1065）と語るのである。

『孤独な散歩者の夢想』は「彼らとすべてから切り離された私、この私自身とは何か」（OC1, 995）を探究するために書き始められた。この探究は孤独者の独自の幸福のうちにその答えを見出しうる。しかし孤独者の幸福は私という独立の存在の消失、私の忘却のうちにある。私の探究は私の消失に終わるのである。

第三章「孤独な散歩者」は、「私を語る」、「神の秩序」、「孤独な散歩者の幸福」を考察することによって、孤独な散歩者という第三の理念型に光を当てた。第一章と第二章において人間と市民という二つの理念型を解明したのだから、改めて三つの理念型の相違と共通性を考察することにしよう。それが終章の課題である。

## 註

### 第十節

（1）「私があれほど尊敬していた人間のこのような思い違いに敏感だったので、私は一連の四通の手紙を彼に書いた。その手紙で私は私の行為の真の動機を示し、私の趣味、私の性向、私の性格、そして私の心のうちで起きたすべてのことを忠実に記述した。この四通の手紙は下書きなしに手早く一気に、そして読み直すことさえなく書かれたが、恐らく私の全生涯のうちで私がすらすら書いた唯一のものである」（OC1, 569）。

（2）「この人間は生まれつき、他人の苦しみのうちに自分の利益を見出しうるような状況に決して身を置かないという倫理の偉大な掟に、しかしすべての社会の秩序を破壊する掟に服している。この掟に厳密に従おうとする者は、そのために社会から完全に身を引く以外の手段を少しももたないし、社会から切り離されて生きる者はそのためだけに、そう考えることなしにこの掟に従う。／それ故この人間は有徳でないだろう。何故なら彼はそうである必要がないだろうから。そして同じ理由によって、彼は不徳な者でも悪人でもないだろう」（OC1, 824)。

（3）「自然の真の性向はすべて善であるから、それに身を委ねていれば彼ら自身は善良である。しかし徳は我々のもとでしばしば自然と戦いそれに打ち勝つように強いるし、彼らに同様な努力ができることは稀である」(OC1, 670)。カントも次のように語っている。「人は徳なしに心の善良さをもつことができる。何故なら徳は原則による善い行いであって、本能による善い行いではないからである。しかし善良さは本能による道徳法則との一致である。徳には多くのものが必要である。心の善良さは生まれつきでもありうる。しかし誰も訓練なしに有徳ではありえない。何故なら悪への性向が道徳的原則に従って抑制され、行為が道徳法則と一致させられねばならないからである」(KA27, 463)。「自己強制の道徳的能力は徳と名づけられうる」(KA6, 394)。

（4）『エミール』においては次のように表現されている。「勇気なしに幸福はなく、戦いなしに徳はない。徳という言葉は力に由来する。力はすべての徳の基礎である」(OC4, 817)。「徳という一般的な呼称は力という語源から来ている」(Montaigne, *Essai*, Gallimard, 1950, p.421)とモンテーニュは書いている。「一体となった自分自身の幸福は徳に反しているのでなく、力を意味する徳という美しい言葉が我々に示しているように、むしろそれ自体が徳である」(Alain, *Propos sur le bonheur*, J. Fabre, 1925, p.118)。

ギリシア語のアレテー、ラテン語の virtus, 英語の virtue も力を意味する。こうした語を「徳」と訳すことは、適切である。日本語の「徳」が力を意味することは、「三徳包丁」、「十徳ナイフ」といった用例から読み取れるだろう。「かかる徳は物の本性もしくは物に固有な力と解するほかにはない」（和辻哲郎『倫理学』上（『和辻哲郎全集』第十巻、岩波書店、一九七七年）六二八頁）。

（5）「善を行うことは善良に生まれた人間の最も快い仕事である。……我々を善く行うように仕向ける趣味を満足させることは、善良さであるが、しかし徳でない」(OC4, 1142-1143)。

（6）ドラテはルソーにおける自然人を三つに区分している (R. Derathé, "L'homme selon Rousseau", in: *Études sur le Contrat social de Jean-Jacques Rousseau*, pp.208-211)。⑴『人間不平等起源論』における「孤立した人間」、⑵『エミール』における「抽象的な人間」、⑶『告白』におけるルソー自身。

（7）アウグスティヌス『告白』（山田晶訳、世界の名著『アウグスティヌス』、中央公論社、一九六八年）六四－六五頁。

（8）山田晶「教父アウグスティヌスと『告白』」（世界の名著『アウグスティヌス』一二―一三頁）。

## 第十一節

（1）ルソーの最初の著作である『学問芸術論』は、その本文の冒頭にホラティウス『詩論』V. 25を引用している（OC3, 1240）。「我々は正しさの見かけによって欺かれている」（OC3, 5）。この引用は、「いかなる徳ももたずに、すべての徳の見かけをもっている」（OC1, 7）という学問・芸術に対するこの書の基本的批判を言い表わしている。『人間不平等起源論』のモットーはアリストテレス『政治学』第一巻第五章（1254a36-37）から取られている。「腐敗したもののうちにでなく、自然に従って良い状態にあるもののうちに、自然的なものを考察すべきである」（OC3, 109）。この言葉は自然状態における自然人という核心的な概念を表現しようとしている。『エミール』と『社会契約論』のモットーは、それぞれが自然と脱自然という相反する道を選んでいることを示している。『エミール』のモットーはセネカ『怒りについて』からの引用である。「我々が苦しんでいる病気は治療しうるし、我々は正しさのうちに生まれているので、もし改良しようと望めば、自然自身が助けてくれる」（OC4, 239）。この言葉のうちに、自然的な善と自然の道を読み取ることができる。『社会契約論』のモットーはヴェルギリウス『アエネイス』からの引用である。「我々は契約の公平な法を定める」（OC3, 347）。これは契約という人為（脱自然）によって善き社会制度を作るという『社会契約論』の目的を言い表わしている。

（2）神義論はライプニッツ『神義論』（一七一〇年）によって定式化され、ヴォルテールがライプニッツを批判するという形で、ルソーの時代において議論されていた問題であり、ルソーも『ヴォルテールへの手紙』においてこの論争に参加した。カントも「オプティミズム試論」（一七五九年）と「神義論におけるすべての哲学的な試みの失敗について」（一七九一年）を書いている。ルソーが生きた一八世紀は「神義論の世紀」と呼ばれる。Cf. C.-F. Geyer, “Das “Jahrhundert der Theodizee””, in: *Kant-Studien*, 73, Heft 4, 1982.

カントはルソー思想の根底に神義論があることを正確に見抜いていた、とカッシーラーは指摘している。「カントはルソーについての有名な意見において、神義論の解決というまさに重要な功績をルソーに認め、この理由からルソーをニュートンと同列に扱った」（PR, 35）。カッシーラーが引用しているのはカント「『美と崇高の感情にかんする観察』への覚え書き」である。「ニュートンは、彼以前に無秩序と悪しく結合された多様性が見出されたところに、偉大な単一性と結びついた秩序と規則性を初めて見た。それ以来彗星は幾何学的な軌道を動いている。／ルソーは、人間的と考えられた形態の多様性の下に、深く隠された人間の自然本性を、そして彼の観察によって摂理が正当化される隠された法則を初めて発見した。以前にはアルフォンススとマネースの反論がまだ成立していた。ニュートンとルソーの後では、神は正当化され、今やポープの命題は真である」(KA20, 58-59)。

カントがルソーのうちに見出したのは、一般意志（普遍的意志）である。「覚え書き」は「普遍的意志」について書いている。「この選択意志は単なる自己の意志だけでなく普遍的意志を含んでいる、言い換えれば、人間は自分を同時に普遍的意志との合致（consensus）において考察する。／普遍的意志によって必然的なものは、責務である」（KA20, 145）。そして『視霊者の夢』は、ニュートンの万有引力の法則とパラレルに普遍的意志を語っている。「それによって我々は、我々が最も内密な動機において普遍的意志の規則に従属しているのを見るのであり、そこからすべての思惟する者たちの世界のうちに、純然たる精神的な法則に従った道徳的な統一と体系的な体制が生じる。我々のうちに感じられる我々の意志の、普遍的意志との合致（Einstimmung）へのこの強制を、我々が道徳的感情と名づけようとすれば、我々のうちで現実に起きていることの現象について語っているだけで、その原因を突き止めていない。……人倫的感情とは、普遍的意志への私的意志の感じられたこの従属であり、自然的で普遍的な相互作用の結果であろう。それによって非物質的な世界は、その世界に固有なこの連関の法則に従って精神的な完全性の体系へと自己形成することによって、人倫的統一を獲得するだろう」（KA2, 335）。

（3）「神義論の問題は、ただ国家のうちで国家を手段としてのみ解決されうる。『神の正当化』を遂行することは、人間の仕事であり、人間の最高の課題である。つまりそれは、人間が幸不幸、善悪についての形而上学的思案にふけることによってでなく、それに従って人間が生きようと欲する秩序を自由に産出し自由に形成することによって、である」(PR, 43)。

（4）「神義論は、世界のうちの反目的的なものに基づいて理性が起こす訴訟に対して、世界創始者の最高の知恵を弁護することを意味する」（KA8, 255)。カントは神義論をこのように規定し、神義論が次の三つの何れかを証明すべきであるとする。「⑴我々が世界のうちで反目的的だと判定するものは反目的的なものではない、あるいは、⑵反目的的なものが存在するとしても、それは決して事実としてではなく、物の本性からの不可避的な帰結だと判定されねばならない、あるいは⑶反目的的なものは少なくとも万物の最高創始者の事実としてでなく、単にいくらか帰責させうる世界存在者の事実として、つまり人間（ひょっとしたらまた、善か悪かのより高次の精神的存在者）の事実として見なされねばならない」(ibid.)。ルソーの神義論は⑶を証明するタイプに属する。

（5）サヴォアの助任司祭の見解はアウグスティヌス『自由論』と同じである。「たしかに、人は自由意志なしには正しく生きることはできない。それは善きものであり、神から与えられるべきものであった。そして、与えるべきでないものを与えたといって、与えた方を非難するのはやめて、むしろその善きものを悪しく用いる人をこそ非難すべきである」（アウグスティヌス『自由論』（泉治典訳、『アウグスティヌス著作集3』、教文館、一九八九年）一三一頁）。

（6）F. Nietzsche, *Zur Genealogie der Moral*, in: *Nietzsche Werk*, $VI_2$, Walter de Gruyter, 1968, p.429.「もともと苦しみに対して憤慨させるのは、苦しみそのものでなく、苦しみの無意味さである」(idid., p.320)。

（7）パスカル「病気の善用を神に求める祈り」は次のように書いている。「主よ、私が一つのことしか知らないということを知っています。それは、あなたに従うのが善であり、あなたに背くのが悪であることです。ですから、すべてのうちでどれが最も善く、どれが最も悪いかを私は知りません。健康と病気、富と貧しさ、この世のすべてのもののうち、どれが私にとって有益なのかを私は知りません。それは人間と天使の力を超えた分別、あなたの摂理の秘密のうちに隠された分別であり、その摂理を私はあがめ、究めようと思いません」(B. Pascal, *Œuvres complètes*, ed. L. Lafuma, Éditions du Seuil, 1963, p.365)。

（8）「これまで人間の悪意の結果としか見なさなかった同じ所産を、これから私は、人間の理性の窺い知れぬ天の秘密の一つと考えずにいられない」(OC1, 1010)。ルソーに振りかかる悪はもはや「人間の悪意の結果」と考えられない。つまり「人間の不正は人間の所産である」という神義論の一つの核心をルソーはもはや保持できず、「人間の理性の窺い知れぬ天の秘密」という形で、ルソーの神は隠れたる神となる。これはウェーバーが「隠れたる神（deus absconditus）の予定説」と呼んだ神義論に属するだろう。「神義論への根絶しがたい欲求が呼び起こす、神と世界についての形而上学的な観念は、……運命と功績との不一致の根拠へと問いに対する合理的に満足させる答えを与えた三つの思想体系だけを生み出しえた。つまりインドのカルマの教説、ゾロアスター教の二元論、そして隠れたる神の予定説である」(M. Weber, *Gesammelte Aufsätze zur Religionssoziologie*, I, J. C. B. Mohr, 1972, pp.246-247. Cf. M. Weber, *Soziologie, universal-geschichtliche Analysen, Politik*, A. Kroner, 1973, pp.481-483)。

（9）「私がなおこの世で行うべきすべてのことは、自分を純粋に受動的な存在と見なすことだから、運命を耐え忍ぶために私に残された力を、私の運命に無益に逆らうのに使い尽くすべきでない」(OC1, 1079)。ここにルソーの単なる諦めを見るのでなく、フランクルのホモ・パティエンス（苦しむ人）の思想を見出すことができるだろう。「人間存在は最も深く最も究極のところで受難(Passion)である。苦しむ人、Homo patiensであることは人間の本質である」(V. E. Frankl, *Homo Patiens*, F. Deuticke, 1950, p.67)。

（10）ウェーバーは「苦難の神義論（Theodizee des Leidens）」を「幸福の神義論（Theodizee des Glueckes）」との対比で語っている。Cf. M. Weber, *Gesammelte Aufsätze zur Religionssoziologie*, I, pp.242-244. しかしここでは「苦難の神義論」を理論としての神義論との対比を言い表わすために使う。理論としての神義論から苦難の神義論への転換は、ホモ・サピエンスからホモ・

パティエンスへの転換である。「Homo sapiens（賢い人）に対して我々はHomo patiens（苦しむ人）を対置する。『敢えて賢かれ』という命令に対して我々は他の命令を対比する。つまり、敢えて苦しめ」（V. E. Frankl, *Homo Patiens*, p.68）。フランクルの思想も神義論の地平を動いている。「最後の問題、つまり『信仰と苦難』という問題―神義論の問題」（idid., p.113）。

（11）死をめぐるルソーの思想を『エミール』と『ド・フランキエール氏への手紙』から引用してみよう。(1)「我々が不死であるとしたら、我々は非常に惨めな存在であろう。確かに死ぬことはつらいことである。しかしいつまでも生きるのでなく最良の生がこの生の苦しみを終わらせるだろうと希望することは快い。この世での不死が我々に提供されるとしたら、誰がこの悲しい贈り物を受けようとするだろうか。……死ぬことの必然性は賢い人間にとって生の苦しみを耐え忍ぶ理由以外の何ものでもない。一度は生を失うことが確実でなければ、生を保存するのはつらいだろう」（OC4, 306）。(2)「死は私が生きたということを消し去ることなどできない」（OC4, 857）。(3)「私は死を免れえない、何故なら私は生を受けたから。私にとって死なない一つの手段しか存在しなかった。それは決して生まれないことであった。生は肯定的だが有限な一つの善であり、生の終わりは死と呼ばれる。肯定的なものの終わりは否定的なものでなく、ゼロである」（OC4, 1141）。

こうした思想はジャンケレヴィッチ『死』の最終章において再現されている。(1)は次のように表現される。「ジャン・ヴァールが言うように、生きているものは死ぬことができるものである。死なしに生は経験されるに値しないだろう。死なしの生は呪われてあれ。死なないことは呪いである、と語るのはエピクテトスである」（V. Jankelevitch, *La Mort*, Flammarion, 1966, p.449）。「死なないことは呪いである」という思想はヴォーヴォワール『人はすべて死す』を貫いている。ジャンケレヴィッチは(2)を次のように言い表わしている。「永遠の生、つまり存在したという消し去れない事実は、死が生きている人にする贈り物である。それ故存在したという事実は、文字通り永遠の瞬間である」（ibid., p.459）。(3)に対応する言葉は次のものである。「決して死なないために生きないこと、あるいは、何十年かの間であれ、生きるという比類ない喜びを知ってしまうためにある日死ぬことを受け入れること、どちらに価値があるのか」（ibid., p.451）。

### 第十二節

（1）「自分自身のためにも他人のためにも善を行うことができず、私は行動することを差し控える。強いられているが故にのみ罪がないこの状態は、非難されることなく私の自然的な性向に完全に身を委ねることに一種の快さを私に見出させてくれる」（OC1, 1056）。

（2）「……最後の希望として私に残されたのは、気兼ねなしに永遠の余暇のうちで生きるという希望だけだった。それはあの世における至福者の生であり、私はこれからそれをこの世で私の最高の幸福とした」（OC1, 640）。

（3）アウグスティヌス『告白』第十一巻第十一章。

（4）アウグスティヌス『三位一体』第四巻第一章三。ルソーが神の現在を知っていたことは、『エミール』から明らかである。「至高の知性は純粋に直観的であり、存在するすべてのものと存在しうるすべてのものを等しく見る。至高の知性にとって、すべての場所が唯一の点であり、またすべての時間が唯一の瞬間であるように、すべての真理は唯一の観念にすぎない」（OC4, 593）。

（5）「永遠性と時間」という形而上学の伝統については、拙著『形而上学者ウィトゲンシュタイン』（筑摩書房、二〇〇二年）七五―七九頁、二五二―二五五頁参照。さらに拙著『アインシュタイン　物理学と形而上学』（創文社、二〇〇四年）二四七―二四八頁参照。

（6）拙著『形而上学者ウィトゲンシュタイン』第十一節参照。

（7）「幸福と永遠性」については、ボルノウ『気分の本質』におけるプルーストとニーチェに即した分析を参照（O. Fr. Bollnow, *Das Wesen der Stimmungen*, Vittorio Klostermann, 1956, pp.200-236）。

（8）「空しい議論は、私の永遠の本性とこの世界の構造とそれを支配するように見える身体的な秩序の間に私が認める一致を破壊しない。その体系が私の探究の成果である対応するモラルな秩序のうちに、私は私の生の惨めさを耐え忍ぶために必要な支えを見出す」（OC1, 1018-1019）。孤独な散歩者は『エミール』におけるサヴォアの助任司祭の信仰告白に書かれている思想を保持しているとされる。しかしサヴォアの助任司祭は次のように語っている。「こうして感覚的な対象の印象と、私の自然の光に従って原因を判断させる内的な感情とから、それを知ることが私に重要であった主要な原理を導いた後に、私の行為のためにいかなる格率を私が引き出さねばならないか、私を置いた者の志向に従ってこの地上での私の使命を果たすためにいかなる規則を自分に課さねばならないかを探究することが私に残っている」（OC4, 594）。しかし孤独な散歩者にとって「行為のための格率」「使命を果たすための規則」を探究することは問題とならない。確かに孤独な散歩者ルソーは「モラルな秩序のうちに、私は私の生の惨めさを耐え忍ぶために必要な支えを見出す」と言っている。しかし孤独な散歩者は孤独故に「他の人間とのモラルな関係」（OC4, 833）が欠けているから、「他人にしてもらいたいと望む通りに他人にもするという掟」（OC4, 523）、つまり福音書の教えとしての自然法がもはや働いていない。「孤独と社会」という対比によって、孤独な散歩者と『エミール』がつくる人間は対照的である。

# 終章　人間・市民・孤独な散歩者

「自然は人間を幸福で善良なものにつくったが、社会が人間を堕落させ惨めにする」（OC1, 934）。

ルソー思想はこの大原理の展開として理解できる（第三節）。そして大原理とそのヴァリアントから、ルソー思想の鍵概念を導出した（第二節五）。本書はルソー思想の全体を三つの理念型のもとに統一的に理解するという課題を立てた（第一節六）。第一、二、三章において人間・市民・孤独な散歩者という三つの理念型を解明したので、最後に三つの理念型を四つの鍵概念の光のもとで見ることにしよう。三つの理念型は社会化以前の人間との対比において捉えることができるから、まず社会化以前の人間を改めて考察することから始めよう。

## 一　社会化以前の人間

ルソー思想の大原理は、自然によって幸福で善良なものとしてつくられた人間、「社会が人間を堕落させ惨めにする」以前の人間を想定している。この社会化以前の人間をルソーがどう考えていたのかを、『人間不平等起源論』、『社会契約論』、『エミール』からの引用によって示そう。

(1)「人間の第一の感情は自分の存在の感情であり、その第一の配慮は自己保存の配慮であった」（OC1, 164）。

(2)「この共通の自由は、人間の本性の一つの帰結である。人間の第一の法は自己保存に気を配ることであり、その第一の配慮は自分自身に対してなすべき配慮である」（OC3, 352）。

(3)「自己愛はつねに善であり、つねに秩序に一致する。各人は特に自己保存に責任があるのだから、彼の配慮のうちで第一の最も重要な配慮は、絶えず自己保存に気を配ることであり、そうでなければならない」（OC4, 491）。

人間の本性は一貫して自己保存への配慮として考えられている。自己への配慮という自然の感情が自己愛であるから、自己保存の配慮はそれ自身善である。では自然によってつくられた人間はいかなる意味で幸福なのか。『エミール』は次のように言っている。

「最善を期してすべてをつくる自然は、最初に人間をこのように創った。自然が人間に直接的に与えたのは、自己保存に必要な欲望とその欲望を満足させるに十分な能力だけである。他のすべての能力は、必要があれば発展させるために、人間の魂の奥に予備として置かれた。この原初的な状態においてのみ、力と欲望の平衡が見出され、人間は不幸でない」（OC4, 304）。

幸福は「力と欲望の平衡」と考えられている。自然が「自己保存に必要な欲望とその欲望を満足させるに十分な能力」を人間に与えているとすれば、自然は人間を幸福なものにつくったのである。自分の能力によって自分の欲望を十分満たすことができれば、人間は幸福である。欲望が自分の能力を越え、満たすことができないとき、人間は不幸である。つまり欲望と能力の平衡・一致が人間を幸福にし、欲望と能力との矛盾が人間を不幸にする。ここでも幸福は力と欲望が分裂・矛盾しないこと、分裂なしに一つであることと考えられている。

自己保存のために自分に与えられた能力を使用することは自由である。「各人間の力と自由は自己保存の最初の道具である」（OC3, 360）という意味において、「人間は自由なものとして生まれた」（OC3, 351）と言われる。この意味での自由が(2)において語られている。

(2)は「人間の第一の法は自己保存に気を配ることである」としているが、この法は『エミール』では「必然性のきびしい法」として語られていた（第五節四）。「必然性のきびしい法に反抗してはならない。それに逆らおうとして、力を使い果たしてはならない。その力を天が君に与えたのは、君の存在を拡大し延長するためでなく、天が気に入るように、また天が気に入るかぎりにおいて、単に君の存在を保存するためである。君の自由、君の能力は、君の自然的な力が及ぶかぎりで発揮されるだけで、これを越えるものではない。それ以外のものはすべて奴隷状態、幻想、幻惑にすぎない」（OC4, 308）。自由と能力は「君の存在を保存するため」与えられたとされている。この限度のうちで自由と能力を発揮することが「人間の第一の法」＝「必然性のきびしい法」＝「すべてに命令する自然法」に従うことであり、この法に従うことが自由である（第五節四）。

この意味で法に従うことは、自然の秩序のうちに位置を占めることである。だから(3)において自己への配慮としての自己愛は「つねに善であり、つねに秩序に一致する」と言われる。それは「天が気に入るように、また天が気に入るかぎりにおいて」に適う、つまり神の意志に適っている。人間がこうした「原初的な状態」にとどまるかぎり、「万物の創造者の手で作られたばかりのときにはすべてが良い」（OC4, 245）。

社会化以前の人間をルソー思想の鍵概念（幸福・自由・秩序・神）に定位して見てきたが、しかし人間の社会化は避けることができない。このことをルソーがよく知っていたことは、「他のすべての能力は、必要があれば発展させるために、人間の魂の奥に予備として置かれた」（OC4, 304）という『エミール』の言葉から明らかである。ここでルソーが考えている能力は、『人間不平等起源論』での「完成能力」である。完成能力は社会化によって顕在化し、「人間のすべての不幸の源泉」（OC3, 142）となる。それ故「社会が人間を堕落させ惨めにする」と大原理は言うのである。

しかし社会化を肯定し、完成能力を正しく発展させることによって、社会化以前の人間とは異なった意味において、それ独自の幸福（自由、秩序）を獲得することができるだろう。そしてそれは「他のすべての能力は、必要があれば発展させるために、人間の魂の奥に予備として置かれた」とされる神の意志に適うだろう。そのことは人間と市民という二つの理念型によって可能である(第一、二章)。人間と市民はともに社会における幸福であるが、ルソーは孤独へと強いられることによって孤独な散歩者という理念型を創造した(第三章)。

三つの理念型をルソー思想の鍵概念に定位して考察することによって、それぞれの独自性と共通性を明確にしたい。まず幸福から始めよう。

## 二　幸福

「人間の惨めさをなしているものは、我々の現状と欲望の間、義務と性向との間、自然と社会制度との間、人間と市民との間に見出される矛盾である。人間を一つにせよ。そうすればあなたは人間を可能なかぎり幸福にするだろう。人間を全部残らず国家に与えよ、あるいは人間を全部残らず人間自身に引き渡せ。しかしもしあなたが彼の心を二つに分けるとすれば、あなたは彼の心を引き裂くことになる」(OC3, 510)。

これは本書で何度も言及した重要な言葉である。人間の惨めさを知ることは、確かに惨めなことであるが、その惨めさの自覚から真の幸福への道が開ける。二つの項の矛盾によって心が引き裂かれていることが人間の惨めさ・不幸をなしている。幸福になるためには、矛盾を統一へともたらすのでなく、対立項を相互に純化し、純化された対立項の一方を選択することが必要である。それによって人間は一つになり、幸福になるだろう。ルソーは矛盾の思想家でなく、一であることを求めた純化の思想家である。幸福は「矛盾に引き裂かれずに一つであること」にある。

「我々の現状と欲望の間に見出される矛盾」は、一で語った不幸、つまり欲望が自分の能力を越え、満たすことができないという不幸・惨めさを意味する。この場合幸福は「力と欲望の平衡」のうちに求められる[1]。この意味での幸福がすべての幸福の根底にある。「義務と性向との間に見出される矛盾」は義務と性向のどちらかを選択することによって解決される。義務(法に従う徳)を選ぶのは人間と市民であり、性向(善良さ)を選ぶのは孤独な散歩者である。

さらに「自然と社会制度との間、人間と市民との間に見出される矛盾」を解決するために、「人間を全部残らず国家に与える」という市民の道か（『社会契約論』）、「人間を全部残らず人間自身に引き渡す」という人間の道か（『エミール』）、どちらかを選ばねばならない。『エミール』と『社会契約論』というこの二つの道は、自然の道と脱自然の道として相反する道であるが、ともに「社会（一般社会・特殊社会）における幸福」（公共の幸福）への道、「地上の幸福」を実現する道である。

しかし孤独な散歩者となったルソーは「この生のための幸福を求める我々のすべての計画は妄想である」（OC1, 1085）と言うに至る。「この生のための幸福を求める我々のすべての計画」をルソーは、人間と市民という理念型として追求した。その計画を幻想と言うが、しかしそれは単なる断念の言葉ではない。孤独な散歩者は「公共の幸福」でなく、「個人の幸福」という独自の幸福（自分の魂と語り合う喜び、永遠性としての現在、生へと生まれる、自然との同一化）を獲得する（第十二節）。こうした幸福は人間と市民の幸福と明らかに異なるが、しかし「矛盾に引き裂かれずに一つであること」という意味において共通性をもっている。しかも過去・現在・未来の区別と自然と私の区別が消え去ることによる「一つであること」として、人間と市民の「一つであること」より一層徹底している（第十二節六）。孤独な散歩者の幸福は、「引き裂かれずに一つである」という幸福を求めたルソーが最後に達した境地である。

孤独のうちにありながら、同胞に向けて『告白』を書き、自己弁護のために『対話』を書いたルソーは、「孤独と社会性」に引き裂かれていた。しかし『孤独な散歩者の夢想』において純粋な孤独に撤することによって、この分裂を克服し、孤独な散歩者の幸福を手に入れた。純化の思想家ルソーは自らの生き方を孤独へと純化したのである。

本項の冒頭に引用した断章は、「義務と性向との間に見出される矛盾」を語っていた。義務を選ぶか、性向を選ぶかという選択肢もまた三つの理念型に関わるが、それは幸福の問題であると同時に、自由の問題でもある。

## 三　自由

「自分の性向に従うこと、性向の通りに善を行う喜びを感じることのうちに徳はない。徳は、義務が命じたとき、それが我々に命じたことを行うために、性向に打ち勝つことに存する。そしてこれこそ世間の誰よりも私がなしえなかったことである」(OC1, 1052-1053)。

『孤独な散歩者の夢想』は「義務と性向」をこのように対置している。「自分の性向に従うこと」は孤独な散歩者のあり方であり、「性向に打ち勝つこと」としての徳は人間と市民のあり方である。三つの理念型を自由という視点から考えてみよう。

徳は性向に打ち勝って義務を果たす力であるが、義務を命じるのは法である。有徳な人間・市民は法に従うこととしての自由を獲得する。それは「人間の上に法を置く」ことによって人間への依存から解放された自由である。人間の自由と市民の自由はともに、法への服従としての精神的自由であり、法が命じる義務を果たすという徳としての自由である。徳は自然的性向(情念)との戦いであり、自然的性向を克服する力である。人間も市民も有徳な者である。しかし人間と市民は自然と脱自然という相反する道であり、その違いは自然法と国家法という対比にある。人間の自由は自然法への服従としての自由であり、市民の自由は国家法への服従としての自由である(第九節四)。

しかし「これこそ世間の誰よりも私がなしえなかった」という言葉が示すように、ルソー自身は有徳な者(人間・市民)になることはできなかった。ルソーは孤独な散歩者であった。「性向の通りに善を行う」ことが、善良な者としての孤独な散歩者のあり方である。「人間の自由は欲しないことを決して行わないことにまさに存する」(OC1, 1059)と『孤独な散歩者の夢想』は語るが、それは孤独な散歩者の自由、自分の性向に反したことを行わないこと、つまり自らの性向にのみ従って行為する自由である。孤独な散歩者は善良であるから、その性向に従ったとしても、悪をなさないだろう。しかしそれは性向に打ち勝って義務を果たす徳とは対照的である（第十節三）。法に従うこととしての自由と性向に従う自由の対比は、有徳な者としての人間・市民と善良な者としての孤独な散歩者との対比である。

「法に服従し徳によって義務を果たすこと」（人間・市民）と「自分の性向に従うこと」（孤独な散歩者）は相反するあり方であるが、「義務と性向との間に見出される矛盾」を解決するという同じ目的をもっている。人間・市民は義務を選び、孤独な散歩者は性向を選ぶ。それによって「矛盾に引き裂かれずに一つであること」が実現し、人間・市民・孤独な散歩者は幸福である。しかも自分の性向に従う孤独な散歩者の一性は人間・市民の義務より徹底している。義務を果たす徳は性向との戦いであり、この戦いのうちに分裂が残っているが、性向に端的に従うことにはもはやいかなる分裂もない。

ルソーにとって人間への依存こそが人間を不自由にする。有徳な者（人間・市民）として義務を果たすとは、法（自然法・国家法）に従うことであり、「人間の上に法を置く」ことによって、人間への依存から解放されている。善良な者として孤独な散歩者が「自分の性向に従う」こともまた、他の人間から切り離されて自分の性向にのみ従うが故に、人間への依存に陥ることはない。ルソーの自由の基本的意味は「人間への依存からの解放」にある。それを実現するために、「法に従う」（徳）か、「性向に従うか」（善良さ）という相反する二つの道がある。法に従う自由はさらに、「自然法に従う」（人間）か「国家法に従う」（市民）という二つの道に分かれる。

人間への依存からの解放を目指して「法に従うこととしての自由」を人間と市民という理念型のもとで主張した自由の思想家ルソーは、善良な者として「性向に従うこととしての自由」を最後に選んだのである。

「神は汝に何になれと命じているのか、そして汝は人間世界のなかでいかなる位置を占めているのか、を学べ」(OC3, 127)。

## 四　秩序

すでに言及したように(第十一節)、『人間不平等起源論』の序文はペルシウス『風刺詩』からの引用で終わっている。「神は汝に何になれと命じているのか」という問いに対して、三つの理念型はそれぞれ人間・市民・孤独な散歩者と答える。この答えは秩序に関わる。何故なら「汝は人間世界のなかでいかなる位置を占めているのか」という問いは、秩序のうちでの人間の位置を問うているからである。この問いに定位して、三つの理念型を対比しよう。

「神は汝に何になれと命じているのか、そして汝は人間世界のなかでいかなる位置を占めているのか」という問いに対して、人間という理念型は「人間であり、自然の秩序のうちに位置をもつ」と答える。そして市民という理念型は「市民であり、国家の秩序のうちに位置をもつ」と答える(第十一節一)。自然の秩序は第五節において、国家の秩序は第八節において解明された。

人間と市民はともに社会(人間世界)のうちに生きる。しかし人間は一般社会のうちに生き、市民は特殊社会のうちに生きる。社会であるかぎり、そこに秩序がなければならない。一般社会の秩序は自然の秩序であり、特殊社会の秩序は国家の秩序である。秩序は法のもとでの秩序を意味する。自然の秩序は自然法に求められ、国家の秩序は国家法に求められる。自然法は国家法から純化され、国家法は自然法から純化される。『エミール』は国家法から独立した自然法のもとでの人間をつくる。『社会契約論』は自然法から独立した国家法の理念によって国家の創設を目指す。純化の思想家ルソーは自然法と国家法を相互に純化することによって、独自な人間論と国家論を作り上げたのである(第九節九)。

人間と市民はそれぞれの秩序のうちに位置をもつ。秩序のうちに位置をもつ者はその秩序を愛するが、人間は人間愛として、市民は祖国愛としてである（第四節四）。教育が秩序のうちに生きる者をつくるが、家庭教育によって人間が、そして公教育によって市民がつくられる（第四節三）。家庭教育と公教育は「自分自身のために育てる」―「他人のために育てる」という相反する目的をもっているが、しかし人間と市民は人間世界のうちで「自分のためにも他人のためにも役立つ者」である（第九節六）。そして人間と市民は共存可能であるから（第九節五）、自然の秩序に生きる者と国家の秩序に生きる者は、ともに一つの人間世界に生きることができる。

孤独な散歩者という理念型は「神は汝に何になれと命じているのか」という問いに対して、「神はわたしが苦しむことを欲している」と答える。人間・市民が自由な能動者であるのに対して、孤独な散歩者は受苦する受動者である（第十一節四）。「汝は人間世界のなかでいかなる位置を占めているのか」という問いに対して孤独な散歩者は、人間世界のうちでいかなる位置ももたない、と答えるだろう。孤独な散歩者にとってこの地上にもはや秩序は存在しない。「いかにしてかを私は知らないが、万物の秩序から引き出され、不可解な渾沌のうちに私が陥っているのを見出した」（OC1, 995）。これは秩序（自然の秩序・国家の秩序）のうちに位置をもっている人間・市民と見事な対照をなしている。これは人間世界での秩序の喪失であるが、自然世界においても秩序は消えている。孤独な散歩者にとって自然はもはや観照される秩序ある体系でなく、それと同化・融合すべきものなのである（第十二節五）。

地上の秩序が失われることによって、秩序はただ死後においてのみ、つまり来世において望まれるだけとなる。「すべては結局秩序を取り戻す」という望みだけが残されている（第十一節五）。この希望を支えるのは、「神は義しい」という苦難の神義論である（第十一節四）。しかし「神は義しい」という神義論はルソー思想を一貫して支えている。自然の秩序と国家の秩序の背景に、神の秩序が潜んでいる（第十一節一、二、三）。秩序の思想家ルソーは神の正義を信じる思想家である。

## 五　神

「万物の創造者の手で作られたばかりのときにはすべてが良い。人間の手のもとではすべてが変質する」(OC4, 245)。

『エミール』第一節の冒頭のこの言葉に何度も言及したが、このテーゼは「最後の著作において初めて最初の原理に到達した」とされるルソー思想の「最初の原理」(OC1, 933)であり、彼の大原理の一つのヴァリアントと見なせる(第四節一)。この原理のうちにルソー思想を貫く神義論の問題を読み取ることができる。「万物の創造者の手で作られたばかりのときにはすべてが良い」というテーゼは神の善性を言い表わしている。神が善であり、全能であるとすれば、何故神は「人間の手のもとではすべてが変質する」ことを黙って見過ごすのだろうか。神義論はルソーの思想そのものが含む基本的な問題である(第二節五)。

「人間の手のもとではすべてが変質する」というテーゼは、悪が人間に由来することを意味している。『エミール』は自然の秩序に従って、人間に由来する悪が影響を与えないように人間を教育することを目指している。この教育が成功すれば、それは「人間が正義と秩序を愛する生まれつき善なる存在であること、人間の心のうちに本源的な邪悪が存在しないこと、自然の最初の働きがつねに正しいこと」(OC4, 935-936)を証明することになる(第二節一、第五節)。つまり『エミール』は全体として、「万物の創造者の手で作られたばかりのときにはすべてが良い」ことの証明、神の善性と正義を証明する神義論である(第十一節三)。『エミール』は自然の道を選ぶが、『社会契約論』はそれと対照的な脱自然の道を歩む。「人間の手のもとではすべてが変質する」とすれば、そしてそれによって自然を破壊する悪が生じるとすれば、その悪を徹底化する脱自然の道が考えられる(第四節一)。それは「悪そのもののなかからそれを治すべき薬を引き出す」(OC3, 288)こと、完成された人為の作品である国家の建設、自然性を完全に消し去った国家の秩序を作り出す『社会契約論』の道である(第七節八)。『エミール』と『社会契約論』は自然の道と脱自然の道として相反する二つの道であるが、ともに人間に由来する悪を克服しうることを証明する神義論である。このことを『人間不平等起源論』の序文から出発することによって示すことができる。

「我々自身だけで見捨てられていたら我々がどうなっていただろうかを考察することによって、我々は慈悲深い手をもつ者を祝福することを学ばねばならない」(OC3, 127) という『人間不平等起源論』序文の言葉は、ルソー思想が「神は義しい」ことを示す神義論であることを示している。「我々自身だけで見捨てられていたら我々がどうなっていただろうかを考察する」のは『人間不平等起源論』である。この考察は人間が原因でこの世に悪が生まれたことを描いている(第三節三)。悪は神からでなく、人間から生じる。人間に由来する悪は人間によって克服することができる。人間をつくる『エミール』と市民をつくる『社会契約論』は、神が与えた自由な能動性と完成能力を正しく使うことによって、悪を克服する二つの選択肢を提示している。人間と市民という二つの理念型を通して幸福になりうることを示せれば、「神が義しい」ことを証明することになる。ルソーの神義論は、悪が人間に由来すること(『人間不平等起源論』)、そして人間によって克服可能であること(『エミール』と『社会契約論』による人間と市民という理念型の提示)を示すことによって、体系として完成する。ルソーの思想体系は「神を祝福することを学ぶ」ことへ導く神義論である(第十一節)。

「神は汝に何になれと命じているのか、そして汝は人間世界のなかでいかなる位置を占めているのか、を学べ」(OC3, 127) という『人間不平等起源論』序文を閉じる言葉は、『エミール』と『社会契約論』への道を開く言葉である(第十一節一)。この問いに『エミール』は「人間であり、自然の秩序のうちに位置をもつ」と答え、『社会契約論』は「市民であり、国家の秩序のうちに位置をもつ」と答える。自然の秩序に従うことも国家の秩序を創設することも神の意志のもとにあるという意味において、神の正義が支配する神の秩序は、自然の秩序と国家の秩序を包括している。人間と市民というこの二つの理念型はともに、神の正義のもとに地上の幸福を実現する。

「神は汝に何になれと命じているのか」に対して、孤独な散歩者は「神はわたしが苦しむことを欲している」と答える。そして彼にとって「人間世界における汝の位置」はもはやない。孤独な散歩者は「この生のための幸福を求める我々のすべての計画は妄想である」（OC1, 1085）と言うに至る（第十二節一）。「万物の創造者の手で作られたばかりのときにはすべてが良い」という世界はもはやこの地上では不可能であり、「神が義しい」ことは、「すべては結局秩序を取り戻す」という望みとしてのみ表明される。『エミール』と『社会契約論』における地上の幸福によって示された神義論（幸福の神義論）は、『孤独な散歩者の夢想』における苦難の神義論に至るのである。

ルソー思想をその根底において導いたものは、「神は義しい」ことへの信頼である。その信頼が地上の幸福（人間と市民という理念型）の構想を可能にし、また最後まで来世における秩序の回復への望み（孤独な散歩者という理念型）としてルソーの生を支えたのである。

## 六　純化の思想家ルソー

四つの鍵概念に定位して三つの理念型（人間・市民・孤独な散歩者）を考察した。三つの理念型は明確な対立軸に従って区別されている。「人間・市民と孤独な散歩者」を区別しているのは、「社会性と孤独」、「徳と善良さ」、「義務と性向」という対立軸である。人間と市民の対照をなしているのは、「自然と脱自然」、「自然法と国家法」、「一般社会と特殊社会」、「家庭教育と公教育」、「人間愛と祖国愛」という対立軸である。

ルソーはこれらの二つの対立項が矛盾することを鋭く意識し、その矛盾が人間を不幸にすることをはっきりと自覚していた。そうした矛盾に陥らないために、矛盾する二つの項を相互に純化して、純化された二つの項のどちらかを選ぶことによって、三つの理念型を創造したのである。三つの理念型を創造したルソーは、矛盾の思想家とまさに正反対の思想家、選択を迫る純化の思想家である。

三つの理念型は対立軸によって相互に相反しているが、理念型を創造した志向は同一である。三つの理念型は、幸福、自由、秩序、神を志向している。確かにそれぞれの内実は異なっているが、しかしその基本的な意味は一貫している。幸福は「矛盾に引き裂かれずに一つであること」として目指されている（二）。自由は「人間への依存からの解放」という意味が通底している（三）。秩序を求めることはルソー思想に一貫している（四）。そして秩序への希求は「神が義しい」ことへの信頼に支えられている（五）。理念型を創造した純化の思想家ルソーは、幸福の思想家、自由の思想家、秩序の思想家、そして神の正義を信じる思想家である。

しかし理念型は「その概念的な純粋性において現実のうちにどこにも経験的に見出されえない」だろう（第一節六）。確かにそうであり、そのことをルソーはよく知っていた。『エミール』についてルソーは手紙（一七六四年一〇月一三日）で書いている。「エミールのような人をつくるのは不可能である、とあなたが言うのは適切です。しかしこの題名をもっている著書を真の教育論とあなたが見なす、と私は信じられません」（CC21, 248, Lettre 3564）。『社会契約論』の課題は「人間の上に法を置く統治形態を見出すこと」であるが、ルソーはその不可能性を「人間の上に法を置くことは、幾何学における円積法の問題に私がなぞらえる、政治学における問題である」（OC3, 955）と表現している。そして孤独な散歩者という理念型は、ルソーが夢想のうちで過去の純化を通して創造したものである。この夢想のうちでルソーの純化の力は極限にまで高められる。夢想はどこにもないものを夢見ることであり、理念型がどこにも見出されえないものであるとすれば、理念型の創造者ルソーは夢想家である。理念型がこの世に存在しないものであるとすれば、『エミール』の言葉はルソーが何を求めていたかをはっきり示している。「自分自身によって実在する存在を除いて、存在しないものだけが美しい」（OC4, 821）[2]。

しかし夢想家という言葉は非難の言葉ではない。現実状況に密着し現実の後を追う者は決して優れた思想家とはなりえない。その都度の状況は変わるのであり、現実を追う思想はすぐに古びたものとなる。その都度の現状に依存せず自由に思索する者こそが大きな射程をもった思想を創造できる。現実主義者にとってそれは確かに夢想に見えるだろう。しかしそれに対してアインシュタインの論文「物理学の空間、エーテルおよび場の問題」（一九三〇年）の言葉を引用しよう。「このようなことを企てる理論家を、非難して夢想家（Phantast）と呼んではならない。むしろ夢想することを理論家に認めてやらねばならない。何故なら目標への別の道が彼にはまったく存在しないからである。勿論それは計画なき夢想でなく、論理的に最も単純な可能性とその帰結を探し求めることである」[3]。「論理的に最も単純な可能性とその帰結を探し求める」を「純化の力によって純粋な理念型とその帰結を探し求める」と読み変えれば、この言葉はそのままルソーに妥当するだろう。

「人は教育論を読むというより、教育についての幻想家の夢想（rêveries）を読んでいると思うだろう」（OC4, 242）と書いたルソーは、自らが夢想家であることをはっきり自覚していた[4]。夢想家が見る夢を夢として提示することがルソー思想をなしている[5]。夢想家としてルソーが提示した夢をいかに解釈するかを、彼は我々読者に委ねたのである。『エミール』の言葉は、純化の思想家ルソーの核心を言い表わしている。

「私もまた夢を見ている、と人は言うだろう。私はそのことを認める。しかし他の人がしないようにしていることだが、私は私の夢を夢として与え、その夢が目覚めている人々にとって有益な何かをもっているかどうかを読者に探究させる」（OC4, 351）。

## 註

（1）「我々の現状と欲望の間に見出される矛盾」とは、現実の状況が自分の欲望（自分の望むこと）に反している、ということである。その場合、現状を選ぶか、欲望を選ぶかしなければならない。現状を選ぶ場合、現状を変えようという欲望を抑えること（何も求めないこと）によって、現状と欲望の矛盾は解消される。欲望を選ぶとは、自分の力を発揮して現状を変え、欲望を満足させることである。現状（欲望を抑える）と欲望（欲望を満足させる）の選択は、「情念を抑える」と「情念を満足させる」の選択として表現される（第一節五）。「私は幸福へ至る二つの仕方を考える。一つは情念を満足させることによって、もう一つは情念を抑えることによって、である。第一の仕方によって人は享受し、第二の仕方によって人は何も求めない。真の幸福を構成する持続が一方に、そして生気が他方に欠けていなければ、二つの仕方によって人は幸福だろう。／この二つの状態へ至るための道は完全に対立している。それ故選ばねばならない……」（OC4, 13）。

（2）これがルソー思想の核心にあることは、同じことを『新エロイーズ』のジュリに語らせていることからも明らかである。「空想の世界がこの世界で住むに値する唯一のものです。人間的な事柄は無だから、自分自身によって実在する存在を除いて、存在しないものだけが美しいのです」（OC2, 693）。

（3）A. Einstein, *Mein Weltbild*, Ullstein, 1986, p.144. 拙著『アインシュタイン　物理学と形而上学』二二六頁参照。

（4）「何という夢想家（Phantast）だろう！」というルソーに浴びせられるだろう嘲笑に対して、カント『脳病試論』は次のように書いている。「このように曖昧に見える、それ自体善なる道徳的感覚における夢想は熱狂であり、こうした熱狂がなければ、世界において偉大なことは決して成就されなかった」（KA2, 267）。

（5）ポーランドに「夢を夢として」与えた『ポーランド統治論』は次のように終わっている。「……私の夢想のうちに伯爵が彼の祖国にとって実際に有益でありうる何ものも見出さないわけでない、と私は自分勝手に思い込んでいるのでない。伯爵の祖国が敵に勝利し、平和に幸福に自由になり、そのままであり、世界に偉大な模範を示し、そしてヴィロルスキ伯爵の愛国的な仕事を利用して、彼と似た多くの市民をその内奥のうちに見出し、形成しますように！」（OC3, 1041）。

# あとがき

本書『純化の思想家ルソー』の基本となるアイデアは、九州大学文学部における私の講義「倫理と政治思想」に由来する。この講義は一九九三年前期講義「倫理学とユートピア」の続きとしてなされた。「倫理と政治思想」というテーマのもとに、一九九三年後期はノージック『アナーキー・国家・ユートピア』を、一九九四年前期はロールズ『正義論』を主題とした。この講義のために私はルソーの『エミール』と『社会契約論』を改めて読み直した。大学一年のときに読んでいた『エミール』を読み返したとき、その最初の箇所で語られている「人間と市民の両立不可能性」が私に強い印象を与えた。その瞬間に「『エミール』は人間をつくり、『社会契約論』は市民をつくる」というアイデアが私に浮んだ。一挙にルソーが「選択を迫る純化の思想家」として私に立ち現われたのである。このとき初めてルソーは私にとって魅力ある思想家となった。それまで私はルソーを哲学者としてさえ認めていなかったのである。

こうして得られたアイデアを私は一九九三年後期の講義用ノートに素描したまま、長い間放置しておいた。このアイデアをさらに確証・展開することは私の仕事でないと考えたからである。しかしルソー研究者である浅田淳一君（現筑紫女学園大学教授）と、こうしたテーマについて何度も議論した。そしてできれば彼が私のアイデアを展開してくれることを期待していた。しかし浅田君は私の解釈にそれなりの理解を示したが、彼を完全に説得するに至らなかった。彼が私の解釈に最終的に同意できないことを明確に知った時点で、彼に納得できる形で私の解釈を提示しようと決心した。そして二〇〇〇年七月に、註を含めて原稿用紙一五〇枚ほどの草稿「ルソーにおける人間と市民――自然と脱自然という二つの道」を二週間で書き上げた。私のルソー解釈をテキストに基づいて浅田君に示すためであり、差し当たり論文としてでさえ発表する気はなかった。しかしこの草稿が本書への出発点となる。

一九九九年一月に私は、これまでの仕事の成果を本の形にするという方針を立て、ハイデガー論、ヘーゲル論、ニーチェ論、そしてウィトゲンシュタイン論を書くことに決めた。それぞれ基本的な解釈視点が確立しており、展開すべき素材が膨大な草稿としてパソコンの中に入っていたから、四冊の本は書けると思ったのである。この方針に従ってそれなりに順調に書き進めたが、最後のウィトゲンシュタイン論に取り組んでいるとき、これを仕上げたら私の仕事がなくなると考えると少し寂しくなった。そしてそれ以後何をしようかと考え、さらなる仕事の一つとして、ルソー論の草稿を発展させて本の形にしようと思い立った。孤独な散歩者というあり方を、「人間と市民」と区別された第三の理念型として押さえ、ルソーを純化の思想家として描くという構想である。なすべき仕事が私に残っていると知って、少し嬉しかったことを覚えている。

ルソー論に取り組み始めたのは、二〇〇一年二月であった。大枠は「人間・市民・孤独な散歩者」と決まっていたが、しかしそれを具体的に展開するための素材は、残念ながら私のパソコンに入っていない。そのために改めて素材を集める作業、つまりルソーの著作と研究書を本格的に読むという作業を始めたわけである。そしてその年の八月に本書の原型（粗削りの草稿）ができたので、改めて浅田君に読んでもらうことにした。私のルソー論は浅田君の疑問に答えることとして始められ、そして彼を納得させることを目的としていたのだから、書き上げたばかりの原稿をメールで彼に送ったのである。

さらにルソー論を仕上げるために、二〇〇二年前期から『社会契約論』を演習のテキストに取り上げた。フランス語のテキストを演習で扱うのは山口大学でのメルロ＝ポンティ『知覚の現象学』、そして九州大学でのソシュール『一般言語学』以来、三度目である。ソシュールの演習に仏文の末松壽教授が出席してくださったことが懐かしい思い出となっている。

私の演習の核心をなすのは、テキストに関するゼミ参加者の質問から始まる議論である。すべての疑問をできるかぎり解くことを目指すこうした議論は予想以上に長く続くこともあるが、そうした過程を通して私の解釈が鍛えられ、また修正される。それによってルソー論の構想を新たに練り直すことが可能となった。『社会契約論』第一、二編を読み終わった時点(二〇〇二年一二月)で、本書の第七節「反自然法論としての『社会契約論』」を新たに書き改め、その勢いで第八節も仕上げた。さらに序章から全面的な書き直しの作業に入り、すべてが終わったのは二〇〇三年一月二四日である。こうして出来上がった私のルソー論は演習において何度も検討された。私にとって実り豊かなルソー演習は二〇〇三年後期まで続いた。演習において私のルソー解釈に鋭く反論してくれた浅田淳一君と新名隆志君に対して、そして演習に積極的に参加した学生と院生に対してここで感謝する。

『社会契約論』の演習の続きとして、カントを取り上げた。『人倫の形而上学』の法論(二〇〇四年)、『人倫の形而上学の基礎づけ』(二〇〇五年)、そして二〇〇六年前期から『実践理性批判』を読み始めた。カント演習は何度もルソーに立ち帰る機会を私に与え、私のルソー理解を豊かにしてくれた。そうしたカント演習に参加している学生と院生に対して、そして演習の議論を活発にしてくれる浅田君と助手の林大悟君に対して、お礼を言いたい。

二〇〇六年九月三〇日の九州大学哲学会において、シンポジウム「純化の思想家ルソー」が開かれた。司会は渡部明君(東和大学助教授)、提題者は浅田君と私であった。「純化の思想家ルソー」という共通の視点で発表できたことは、私個人にとって感慨深い。私のルソー論は、浅田君に納得できる形で示そうという意図のもとで始まったからである。そして浅田君にはシンポジウムの準備資料の一つとして、「純化の思想家ルソー」の最新版を読んでいただいた。それに対する彼の新たな指摘・批判は、その最新版のさらなる書き直しの機会を私に与えてくれた。本書『純化の思想家ルソー』の背景に、浅田君との議論(個人的な、そして演習での)があることを、感謝の気持ちとともに明記したい。

本書を書いていた私を導いたのは、そして私のアイデアを本の形に仕上げる一連の仕事を支えているのは、ルソー

『孤独な散歩者の夢想』の次の言葉である。

「私はいま成熟期のうちに、知性の全力を出しうる状態のうちにある。それは、すでに私が下り坂にさしかかっているということである。私がさらに引き延ばしたら、熟慮するには手遅れになって、私の全力を傾けることができなくなってしまう。私の知的な能力はその活動力をすでに失ってしまうだろうし、私が今日最善をもってなしうることを、十分にできなくなるだろう。この好機を捉えよう」(OC1, 1016)。

本書を書く過程で、西嶋法友教授(久留米大学)が書かれた『ルソーにおける人間と国家』、そして翻訳されたドラテ『ルソーとその時代の政治学』を何度も読み返した。そして本書が二〇〇三年に一応の完成段階に達した後に、西嶋教授に私の草稿を読んでいただいた。ルソー研究者の貴重なコメントは私にとって極めて有益であった。西嶋教授の著書と翻訳書とコメントなしには、本書の基本的論点は明確にならなかっただろう。このことに対して西嶋教授に心からお礼を申し上げたい。

九州大学出版会の編集部長である永山俊二氏には、本書出版に至る最初からすべてにわたりお世話いただいた。改めて感謝の意を表する。

二〇〇七年三月二三日

細川亮一

# 人名索引

# 事項索引

**著者略歴**

細川亮一（ほそかわ・りょういち）

1947年東京都に生まれる。1970年東京大学文学部卒業。1975年東京大学博士課程修了。1984－1986年フンボルト奨学生としてドイツ留学。1995－1996年アメリカ合衆国留学。文学博士（東京大学）。

現在：九州大学大学院人文科学研究院教授。

著書『意味・真理・場所』（創文社，1992年），『ハイデガー哲学の射程』（創文社，2000年），『ハイデガー入門』（ちくま新書，2001年），『形而上学者ウィトゲンシュタイン』（筑摩書房，2002年），『ヘーゲル現象学の理念』（創文社，2002年），『アインシュタイン　物理学と形而上学』（創文社，2004年）

訳書『真理の本質について』（ハイデッガー全集　第34巻，創文社，1995年）

編書『幸福の薬を飲みますか』（ナカニシヤ出版，1996年）

純《じゅん》化《か》の思《し》想《そう》家《か》ルソー

2007年7月14日 初版発行

著　者　細　川　亮　一

発行者　谷　　隆　一　郎

発行所　(財)九州大学出版会

〒812-0053　福岡市東区箱崎7-1-146

九州大学構内

電話　092-641-0515（直通）

振替　01710-6-3677

印刷／(有)レーザーメイト・城島印刷(株)　製本／篠原製本(株)



ISBN978-4-87378-944-6